# 人：遵守规则的动物

韩林合 著

商务印书馆
The Commercial Press

图书在版编目（CIP）数据

人：遵守规则的动物 / 韩林合著. —北京：商务印书馆，2023（2023.10 重印）
ISBN 978-7-100-21376-9

Ⅰ.①人… Ⅱ.①韩… Ⅲ.①西方哲学—哲学史 Ⅳ.① B5

中国版本图书馆 CIP 数据核字（2022）第 115609 号

**权利保留，侵权必究。**

## 人：遵守规则的动物
### 韩林合 著

商务印书馆出版
（北京王府井大街 36 号　邮政编码 100710）
商务印书馆发行
北京市十月印刷有限公司印刷
ISBN 978 - 7 - 100 - 21376 - 9

2023 年 5 月第 1 版　　　开本 880×1230　1/32
2023 年 10 月北京第 2 次印刷　印张 10 7/8

定价：68.00 元

# 目 录

引言 ································································· 1

## 第 1 章 亚里士多德：人是有理性的动物 ················· 2
  1.0  基本概念 ················································· 2
  1.1  灵魂之定义 ············································· 13
  1.2  灵魂能力及其统一性 ································· 16
      1.2.1  营养能力 ········································ 16
      1.2.2  感性 ··············································· 18
      1.2.3  理性 ··············································· 30
      1.2.4  其他灵魂能力：想象力、欲求能力和位置运动能力 ···· 35
      1.2.5  灵魂能力的统一性 ························· 46
  1.3  灵魂与身体 ············································· 48
  1.4  灵魂与生命 ············································· 51
  1.5  人是有理性的动物 ···································· 54
  1.6  人是城邦动物 ·········································· 58

## 第 2 章 康德：人是拥有规则和原理能力的动物 ······ 66
  2.1  心灵能力 ················································ 66

i

|     |       |                                          |
| --- | ----- | ---------------------------------------- |
|     | 2.1.1 | 感性··········67 |
|     | 2.1.2 | 知性和想象力··········74 |
|     | 2.1.3 | 理性··········97 |
|     | 2.1.4 | 欲求能力··········129 |
|     | 2.1.5 | 感受力和判断力··········152 |
| 2.2 | 人是拥有规则和原理能力的动物··········173 |  |
| 2.3 | 人是拥有道德性的动物··········180 |  |

## 第3章 一种维特根斯坦式的人性观：人是遵守规则的动物··········186

- 3.1 理由与原因之区分··········189
  - 3.1.1 维特根斯坦论理由与原因之区分··········189
  - 3.1.2 麦克道尔论两种逻辑空间之区分··········193
  - 3.1.3 康德区分开了理由与原因吗？··········205
  - 3.1.4 理由之分类··········214
- 3.2 规则与规范··········219
  - 3.2.1 维特根斯坦论规则之"界定"及其分类··········219
  - 3.2.2 当代哲学家论规则及其分类··········229
  - 3.2.3 规则与规范··········238
- 3.3 规则之遵守：一种规范性的辩护关系··········241
  - 3.3.1 辩护关系··········241
  - 3.3.2 规范性的辩护关系··········244
  - 3.3.3 遵守规则活动中的规范性与因果性··········254
- 3.4 遵守规则与齐一性、规则性、一致性··········261
- 3.5 遵守规则之社会性及人之社会性··········270

# 目 录

**第4章 人性与教化** ·················· 282
   4.1 维特根斯坦论遵守规则能力及教化 ············ 282
   4.2 贝克和哈克对维特根斯坦相关观点的错误解读 ······ 283
   4.3 麦克道尔论人性：第二自然的自然主义 ·········· 295
   4.4 郭象的人性观：习以成性，遂若自然 ············ 309

**结束语** ······························ 317

**参考书目** ···························· 319
**后记** ······························ 340

# 引 言

亚里士多德所做出的最为著名的哲学断言之一是：按照其本性，人是有理性的动物。那么，我们应该如何进一步地阐释这个断言？康德对于理性的理解向我们提示了一种可能的阐释方式。按照康德的理解，知性是一种规则能力，而理性在其较窄的意义上则是一种原理能力。按照一般的理解，理性包括康德意义上的知性和理性。因此，亚里士多德的命题"人是有理性的动物"可以重新表述为：人是拥有规则和原理能力的动物。显然，作为拥有规则和原理能力的动物，人之本质当进一步体现为其自主制定规则并遵守自己所制定的规则的能力，进而体现在其所做出的相应的行动之上。这样，亚里士多德的这个命题应当可以进一步改写为如下形式：人是制定并遵守规则的动物，简言之，人是遵守规则的动物。

本书旨在借助于维特根斯坦有关遵守规则的诸多洞见，充分地阐释并论证这个论题。

# 第1章 亚里士多德：人是有理性的动物

## 1.0 基本概念

"人是有理性的动物（rational animal）"无疑是亚里士多德所提出的最为著名的哲学命题。本章旨在系统地澄清该命题在亚里士多德那里所具有的丰富的意义。

该命题包含着两个重要的概念，即理性和动物。按照亚里士多德的理解，这两个概念均预设了灵魂概念。那么，亚里士多德是如何理解灵魂的？在回答这个问题之前，有必要简单地了解一下亚里士多德的相关学说：四因说；质形说；潜能和现实之分；变化观；实体观。

亚里士多德断言，人按照其本性便拥有求知的冲动。真正说来，知道一个事物就意味着知道其原因（aition；cause）或本原（arche；principle）。亚里士多德将原因分为四种：质料因（material cause）、形式因（formal cause）、效力因（efficient cause）（也称"动力因"[moving cause]）和目的因（final cause）。一个事物的质料因是指其所从出的事物（that out of which a thing comes to be），或者是作为其变化的基础而在变化中持存下来的东

## 第 1 章　亚里士多德：人是有理性的动物

西（something underlying and persisting while there is change）。在其最宽泛的意义上，一个事物的形式因是指其在变化过程中获得或失去的任何性质；特别说来，是指其形状或结构（shape, structure），进而指其构成要素的比例；甚至于仅仅指包含在相关的本质规定中的项目。一个事物的效力因是指使得其质料获得其形式的事物，或者说引起相关的变化的事物。而其目的因则是指其所指向的目的（telos; end, that for the sake of which）。比如，就一座柏拉图的青铜雕像来说，其质料因是用来制作它的那块青铜，其形式因是指柏拉图的形状，其动力因是制作这座雕像的雕塑师，其目的因或许是为了对柏拉图这位哲学家表示敬仰之情。[①]

亚里士多德认为，每当我们真正地找到了一个事物的这四种原因之后，我们便完全而适当地解释了该事物。

质料与形式之分具有相对性。就一座房子来说，其质料为砖块和灰浆，其形式为其形状。但是，砖块本身又是一个个体事物，它自身又有自己的质料因和形式因：它的质料是泥巴，而它的形式则为砖块形状。进一步说来，泥巴本身又有自己的质料因和形式因：其质料为土和水，而其形式则为不确定的团状等等。亚里士多德将一个特定的个体事物本身所独有的质料称为其最近质料（proximate matter）[②]，而将这样的质料的质料称为该个体事物的非最近质料（non-proximate matter）。就一座房子来说，其最近质料为砖块和灰浆，其非最近质料首先是泥巴，进而是土和水，等等。如果将这样的分析一直进行下去，最后出现的将会是所谓原初质料（prime matter），即不具有任何形式的纯质料。这样的质料是

---

[①] 参见 Phys., ii 3, 7; Meta., i 3。

[②] 语出 Meta., 1045b18。

## 人：遵守规则的动物

构成万事万物的终极基础,当其拥有了最简单的形式——所谓基本相反者(elemental contraries)即干湿和冷热——之后,便形成水(形式为湿冷)、土(形式为干冷)、空气(形式为湿热)和火(形式为干热)这四大元素。这四大元素是其他更为复杂的事物的质料。亚里士多德断言,这四大元素也是可以互相转化的,因此最终只可能存在一种原初质料。这种原初质料是元素转化进而是万物转化的终极基底(the ultimate underlier),没有生成和毁灭,并且就其本身来说没有任何本质,甚至于根本没有任何性质,完全不具有任何规定性。①

按照亚里士多德的理解,形式意味着规定性,甚至于就意味着"某一这个"(tode ti; a this)。相反,就其本身来说质料(matter in virtue of itself)或者不具有任何规定性,不是任何确定的事项,不是任何"这个";或者至少不具有相关的特定的规定性,不是相关的那个确定的事项,不是"某一这个"。前者即所谓原初质料,后者是指比如作为一座柏拉图青铜雕像的质料的那块青铜(就其本身来说它并非就拥有柏拉图的外形)。②

亚里士多德区分开了不同意义上的形式。当其特指事物在变化过程中所获得或丧失的偶然性质时,形式被称为"偶然形式"(accidental form);当其特指包含在相关的本质定义中的项目时,形式被称为"实体形式"(substantial form)。③

众所周知,亚里士多德所谓原因总体来看不同于后来人们所

---

① 参见GC, ii; Meta., 1015a7-10, 1016a19-20, 1029a20-26, 1044a15-25, 1049a24-27; Phys., 194b8-9。进一步参见Bostock 2006: 30-36; Lewis 2008。
② 参见Meta., 1029a7-26; DA, 412a6-9。
③ 参见Bostock 2006: 81-82; Shield 2014b: 70-73。

## 第1章 亚里士多德：人是有理性的动物

说的原因,而是指相关的解释要素,即为了认识一个事物我们需要考虑的诸方面。不过,亚里士多德所说的效力因与我们通常所说的原因概念大体相当。但是,二者之间还是存在着明显的区别。因为,按照亚里士多德的理解,效力因与结果是同时发生的①,而按照我们通常的理解,从时间上看原因一般说来是先于结果而发生的。

近代以降,人们大多都不承认亚里士多德所说的目的因。但是,这点或多或少与人们对亚里士多德所谓目的因的误解有关。通常人们认为,只有人造的(或者神造的)事物才有所谓目的,即其创造者或设计者所赋予其的那种功能(ergon; function)。但是,亚里士多德实际上是在更为宽泛的意义上理解目的的。按照他的理解,一个事物的目的或功能②不过是其独特的活动(the characteristic activities)。在这种意义上,并非只有被有意识的施动者(agent)出于某种意图所特别地设计出来的事物才有目的或功能。相反,自然的事物也完全可以具有其独特的目的或功能。比如,植物和动物的部分乃至植物和动物本身均如此:前者的目的或功能就是其在所属的有机体中所扮演的角色;后者的目的或功能则是其内在的好(intrinsic goods)。因此,植物和动物的部分的目的是派生的(derived),而植物和动物本身的目的则是非派生的(non-derived)。③

在一些地方,亚里士多德明确地断言:形式因、效力因和目的因有时是重合为一的。按照一些解释者的观点,在此亚里士多德

---

① 参见Phys., 195b17-21。
② 亚里士多德常常将功能直接等同于目的。(参见EE, 1219a8; OH, 286a8-9。)
③ 参见Shield 2014: 2.7, 2.8。

## 人：遵守规则的动物

所要表达的意思并非是说这三种原因没有任何区别，而是说在一些场合下（比如在有机体的情形）它们所指涉的是世界中的同一个特征，也即它们是同外延的（co-extensive）。按照这样的理解，这三种原因不仅不是相同的，而且还有先后次序：目的因优先于其他两种原因，因为它为它们设置了必要的限制条件。进而，在亚里士多德的哲学体系中目的因所具有的这种优先性是由他所始终坚持的如下论题所决定的："一个事物之所是始终是由其功能决定的。"① 也即：一个个体x属于一个物类F，当且仅当x能够履行该物类的功能。此论题被称为"功能决定论题"（the function determination thesis）。它实际上是一个物类个体化原则（the principle of kind individuation）。显然，一种特定的功能只能经由某一种或某一些特定的形式表达出来，而这个或这些形式则又只能经由特定的质料实现出来。②

四因说蕴涵着这样的观点：任何一个具体的个体均是质料和形式的复合体，即拥有形式的质料（enformed matter）。此即亚里士多德的著名的质形说（hylomorphism）③。

亚里士多德还联系着其著名的潜能（dunamis; potentiality）和现实（energeia, entelechia; actuality）之分对质料和形式之分做出了进一步刻画：质料就是从潜能上说（或者说潜在地）具有某种形式的东西。当相关的质料事实上处于这种形式之中时，这种潜能便实现出来了，变成了现实。亚里士多德还常常直接将质

---

① Mete., 390a10-11.
② 参见Shield 2014: 104-109; 2016: xxv-xxvi, 176。
③ hylomorphism的构成是这样的：hylo+morph+ism。hylo来自希腊词hule，英语词为matter（质料），morph来自希腊词morphe，相应的英语词为form（形式）。（另外，亚里士多德常常在与morphe相同的意义上使用eidos。）

## 第1章 亚里士多德:人是有理性的动物

料看作潜能,将形式看作现实。①

通过潜能概念(或者说其变化形式"潜在地"),亚里士多德对质料的无规定性做出了进一步的说明:"我用质料所意指的是这样的事项,它尽管现实地不是某一'这个',但是潜在地是某一'这个'。"②

联系着潜能和现实的区分,亚里士多德对实体形式和偶然形式做出了进一步的刻画:前者是使得潜在地存在的事项成为现实地且不受限定地(haplos; unqualifiedly)存在的事项的东西;后者是使得已然现实地且不受限定地存在的事项失去或获得一种性质的东西。

亚里士多德实际上区分开了两种潜能和两种现实。第一潜能(first potentiality)是特定的事物生成时便拥有的能够获得某种潜能的潜能。这种潜能又被称为"初级的潜能"(raw potentiality)。一旦历经适当的过程,相关的事物完全地获得了相关的潜能,此时初级的潜能便成为展开的潜能(developed potentiality),即所谓第二潜能。第二潜能即第一现实(first actuality),而这种现实的实际运用被称为第二现实(second actuality)。比如,人生下来便拥有感觉能力,这是第一现实;实际的感觉活动则为第二现实。但是,人生下来时只是拥有获得读写知识的能力,此为第一潜能。经过适当的学习之后,人们获得了读写知识,此为第二潜能或第一现实。在适当的时候,当人们实际运用其读写知识进行读写活动时,他们便进入第二现实。③

---

① 参见 Meta., ix 6; DA, 412a10。
② Meta., 1042a27-28。
③ 参见 DA, 412a22-28, 412b25-413a3, 417a21-418a7; Polansky 2007: 149-150, 156-159, 166-167, 230-235。

## 人:遵守规则的动物

泛而言之,所谓潜能就是一个事物进入一种不同的且更为完全的状态(即相应的现实)的能力(dunamis; capacity)。① 因此,它当然是一种可能性(dunaton; possibility),但是其内涵要远比可能性的内涵丰富,因此其外延也要比可能性的外延窄。比如,就一个事物来说,所有并非不可能的事项均是可能的;但是它并非一定具有相应的潜能。只有拥有相关的内在本原的事物,或者说拥有特定的相关的现实特征的事物才具有相应的潜能。比如,人生下来便拥有习得读写能力的潜能,而植物则不具有这样的潜能。这点是因为人拥有感性和理性并且拥有相应的器官,而植物则不拥有这些必要的特征。不过,我们并不否认植物拥有读写能力的单纯可能性。②

亚里士多德之所以提出质料和形式以及潜能和现实的区分最终是为了解释充斥于世界之中的变化或运动(kinesis, metabole; change, motion)现象。显然,变化必然涉及两种因素:作为变化的基础且持存下来的东西;在变化过程中获得或失去的东西。按照上面的规定,前者即为质料,后者即为形式。在质料和形式之分的基础上,联系着潜能和现实之分,亚里士多德给出了其变化的定义:变化就是潜在地具有某种形式的质料所拥有的相应潜能之现实化(actualization)。简言之,变化就是潜在的事物作为潜在的事物之现实性(the actuality of the potential being as potential)。③ 这也就是说,当变化完成之时,相应的质料便现实地处于相应的形

---

① 参见 Meta., 1049b12-17。

② 参见 Meta., v 12, ix 7。进一步参见 Polansky 2007:439; Shield 2014: 68-69, 2016: 88, 303, 392。

③ 参见 Meta., 1065b16,比较 Phys., 201a9-11。关于相关文本的解释,请参见 Kostman 1987 和 Polansky 2007: 13, 229。

## 第1章 亚里士多德：人是有理性的动物

式之中。

根据如上分析,亚里士多德对变化进行了分类。如果变化过程中所涉及的形式是实体形式,那么这样的变化是所谓实体变化(substantial change)——生成和毁坏(genesis and perishing)。如果变化过程中所涉及的形式是偶然形式,那么相应的变化可分成三种：性质变化——改变(alteration)；数量变化——增加和减少(growth and diminution)；位置变化(change in place)即位置运动(locomotion)——严格意义上的位置运动包括直线运动(rectilinear motion)或前进式运动(progressive motion)和圆周运动(rotatory motion),还有它们的组合形式。亚里士多德断言,所有其他形式的变化均预设了位置变化(也即如果没有事先发生某种位置变化,那么其他形式的变化就不会发生)：首先,数量变化预设了性质变化；其次,性质变化预设了位置变化。这也就是说,位置变化是原初的变化(primary change, primary motion)。①

任何变化均涉及三个因素：质料、形式和形式的缺乏。在变化过程中,作为变化的基础的质料离开其缺乏的状态而逐步获得一种新的形式——一个新位置、新性质、新数量、新实体。②

显然,任何运动均预设了一个引起该运动的推动者(mover)。因此,在整个运动过程中,处于运动中的东西总是需要一个推动

---

① 参见Phys., iii 1, viii 7-9；Meta., xi 9。按照近代以降的用法,只有位置变化或位置运动才是运动。但是,亚里士多德则将所有的变化都称作运动。这也就是说,他是不加区分地使用"变化"和"运动"的。另外,不严格地说,数量变化甚至于实体变化也是位置变化,至少包含着位置变化(参见Phys., 213b4-5)。不过,它们不可能是前进式的位置变化。

② 参见Phys., i 7。

## 人：遵守规则的动物

者。①由于在运动过程中推动者总是在引起运动,而与此同时被推动者总是在被推动着,所以推动者的运动与被推动者的运动总是同时进行的。②另外,推动者必定总是与被推动者发生着接触,与后者是连续的,甚至于相关的运动就发生在后者之中。③因此,推动者与其被推动者某种意义上形成了一个统一体。假定由推动者和被推动者所构成的序列(the series of movers and moved)是无穷的,那么这就意味着在该序列中的任何一个推动者(或被推动者)的运动所占有的那个有限的时间段之内均发生着这样的事情:所有推动者与其被推动者所形成的那个统一体,在历经着由它们各自的运动所构成的那个无穷的运动。但是,这样的事情是不可能的。因此,推动者和被推动者所构成的序列不可能是无穷的。既然如此,就整个宇宙来说,必定存在着最终说来引起其内的所有运动的第一推动者(the first mover)。第一推动者是不被推动的推动者(the unmoved mover),进而也就是不动的推动者。④

由于运动是永恒的,所以第一推动者也必定是永恒的。⑤而且,第一推动者也不可能具有任何量值(megethos; magnitude),进而也不可能具有任何部分。对此,亚里士多德给出了如下论证:假定第一推动者具有量值,那么它的量值或者是有限的,或者是无限的。由于不存在无限的量值,因此第一推动者的量值只能是有限的。但是,有限的量值不可能具有无限的力量,而且有限的量值不可能在无穷的时间之内推动任何事物,而第一推动者恰恰在无穷

---

① 参见Phys., viii 4。
② 参见Phys., 195b17-21, 242a22-26, 242b19-23。
③ 参见Phys., iii 3。
④ 参见Phys., vii 1。
⑤ 参见Phys., viii 6。

## 第1章 亚里士多德：人是有理性的动物

的时间之内引起了永恒的运动。因此，第一推动者不可能具有任何量值，进而不可能具有任何部分。①

在《形而上学》第12卷，亚里士多德将第一推动者称作神，并断言它是纯形式（pure form），进而也就是纯现实，其全部的活动就在于思维自身。②与此相对，原初质料则只能是纯潜能——首先是四大元素的潜能，进而是月下世界（the sublunary world）的所有事物的潜能。③第一推动者首先是最外层天体的永恒运动的原因，其次是其他天体永恒运动的原因，最后是月下世界中的所有事物之运动的原因。不过，由于第一推动者是不动的，因而它并非是作为动力因而是作为目的因而推动其他事物运动的：其他事物最终说来均出于对它的无限爱慕而处于运动之中。④

---

① 参见Phys., viii 10。

② 耶格尔（Jaeger 1923: 231）等学者坚持这种解释。但是，一些作者（如Brennan 1981, Polansky 2007: 157）质疑这种解释。他们质疑的根据主要是这点：形式总是与质料关联在一起的，而且亚里士多德将形式（比如动物的形式即其灵魂）看成第一现实，而第一推动者总是在推动万物，因而总是处于活动之中，因而总是第二现实。而且，神总是在思维自身，因而也总是第二现实。

③ 参见Lewis 2008。

④ 按照亚里士多德的理解，在宇宙或世界之内还存在着另一种不被推动进而不动的推动者，即灵魂。不过，这种意义上的不被推动的推动者的存在预设了宇宙学意义上的不被推动的推动者的存在。这也就是说，如果没有宇宙意义上的不被推动的推动者，那么也就不会有天体的永恒运动，进而也不会有其他的自然物体的运动，最后灵魂也不可能推动相关的身体进而相关的生命体。（参见Phys, viii 2, 6。）在此，我们要特别注意：亚里士多德所说的第一推动者并不是指从时间上说的**第一**推动者，也即他并非是要说就宇宙整体来说，其内的运动（进而宇宙本身）有一个开始，即开始于所谓的第一推动者。因为他根本就否认宇宙内的运动有开始和结束（进而否认宇宙本身有开始和结束），而是认为运动是永恒的，即不曾有一个时间，在此之前没有运动，而且也不会有一个时间，在此之后就不会有运动了。运动之所以是始终存在的，是因为时间是始终存在的，而时间不过是运动的数。（参见Phys, viii 1。）这也就是说，在亚里士多德这里，（推动者与被推动者所构成的）因果序列与时间序列并

人：遵守规则的动物

最后,我们简单介绍一下亚里士多德的实体理论。实体(ousia; substance)即基本的存在物(basic being)。在《范畴篇》中,亚里士多德断言有两种实体:(具体的)个体及其属或种。它们的共同特点是均"不存在于一个主体之中"①——即均不用来偶然地表述某个特定的个体,进而均不依存于某个特定的个体②。不过,个体更为基本,是首要的实体(primary substance),因为只有它进一步满足下面这两个重要的实体条件:所有其他的事物均被用来表述它,而它则不被用来表述(无论是偶然地表述还是本质地表述)任何事物③;在变化过程中实体从数上说保持不变④。在《物理学》和《形而上学》等著作中,亚里士多德的实体观发生了重大的变化,他不再坚持上面提到的实体标准了,转而提出了这样的实体标准:实体必须是一个特定的东西,必须是"某一这个",而且其同一性条件(进而其之为其所是[it's being what it is]之原因)必须得自于自身,而其他相关事物的同一性条件(进而其之为其所是之原因)都要从它那里得到。按照这样的实体标

---

非是密不可分的,更非是重合甚而同一的。从其有关第一推动者的论证我们就可以清楚地看出这点,因为该论证假定了原因和结果的同时性。希尔兹(Shields 2014b: 265-266)将亚里士多德所谓运动的永恒性等同于由推动者与被推动者所构成的因果序列在时间上的无穷性,进而认为亚里士多德并不否认这种意义上的因果序列的无穷性,而只是不承认相应的因果序列的"垂直的无穷性"(vertical infinities),即在同一个时间之内推动者在被推动者上面的垂直的无穷堆叠。这种解释应当是有问题的。或许,亚里士多德的观点是这样的:就效力因(动力因)意义上的原因来看,世界内的因果序列是无穷的;但是,这样的无穷的因果序列从目的因角度看应当是有穷的,即它们均以第一推动者为最终目的。

① Cat., 3a6-10.
② 参见Cat., 1a24-25。
③ 参见Cat., 2a11-14, 2b5-6。
④ 参见Cat., 4a10-b18。

## 第1章 亚里士多德：人是有理性的动物

准，再考虑到其质形说，亚里士多德断言，只有形式才是真正意义上的实体，因为只有形式能够同时满足上面两个实体标准。与此相反，就其自身来说，任何特定个体的质料均不是某个特定的东西；而我们之所以会将它看作一个特定的东西，是因为它获得了相应的形式。[①]不过，在一些地方，亚里士多德仍然将个体甚至质料称为实体。[②]显然，在这种场合，相关的质料应当只能是指构成相关的个体的最近质料。[③]

有了如上基础知识，接下来，我们便可以开始梳理亚里士多德有关灵魂的观点了。

## 1.1 灵魂之定义

关于灵魂（psuche；anima；soul），亚里士多德首先给出了如下规定："灵魂是作为潜在地拥有生命的自然物体的形式的实体"（Soul is substance as form of a natural body having life in potentiality）。[④]显然，亚里士多德是在其质形说和实体观的框架中来规定灵魂的。按照其质形说，任何一个具体的个体均是由质料和形式构成的；而按照其实体观，只有形式是真正意义上的实体。亚里士多德将物体区分为自然物体（natural body）和人造物体（artificial body）。自然物体是指就其自身来说便包含着运动（在此泛指变化）和静止的本原或原因的物体，而人造物体的运动

---

[①] 参见 Phys., ii 1, 3; Meta., vii 3, 17。
[②] 比如 Meta., 1042a26-31; DA, 412a6-9, 414a14-16。
[③] 参见 Shield 2014: 6.7。
[④] 参见 DA, 412a19-21。所附英译文略有改动，下同。

## 人：遵守规则的动物

则完全源自外力或者源自它们所包含的自然的部分。① 自然物体包括生物及其部分、四大元素等等，人造物体包括床、大衣、书柜等等。自然物体是人造物体的本原，构成了后者的质料。亚里士多德断言，进入灵魂的定义中的物体只能是自然物体。当然，并非任何自然物体都与灵魂有着定义性关联，只有特定的自然物体才拥有这样的资格，此即拥有生命的自然物体（living natural body）（这样的自然物体构成了所谓最近质料之一种）。事实上，正是灵魂使得相应的自然物体拥有了生命。但是，就其本身来说，这样的自然物体并非现实地就拥有生命，而只是从潜能上说——或者潜在地——拥有生命。因此，我们便有了灵魂之为潜在地拥有生命的自然物体的形式这样的说法。

由于形式是现实，所以上面的定义也可表述为：灵魂是潜在地拥有生命的自然物体的现实。② 我们知道，亚里士多德实际上区分开了两种现实。那么，进入灵魂定义中的现实是哪一种现实？亚里士多德认为应当是第一现实，即所谓第二潜能。因此，灵魂定义应当进一步重新表述如下："灵魂是潜在地拥有生命的自然物体的第一现实。"③

那么，潜在地拥有生命的自然物体究竟是一种什么样的物体？无论如何，简单物体（simple body）无法担当此任。简单物体是指仅仅由一种元素构成的物体，包括水、土、空气和火，还包括组成天体的物质即以太（aether），进而还包括天体本身。月下世界中的事物均由四大元素构成。四大元素首先构成均一的

---

① 参见 Phys., ii 1。
② 参见 DA, 412a21-22。
③ DA, 412a27-28.

## 第1章 亚里士多德：人是有理性的动物

(homoeomerous)物体,即这样的物体:其各部分均具有相同的性质,同时每个部分均与它们所构成的整体具有相同的性质。诸如木头、血液、肉、骨头等等组织都是均一的物体。接着,均一的物体构成非均一的(anhomoeomerous)物体。就有生命的物体来说,相应的非均一的物体是指其各种器官(organs),诸如树干、枝叶、头、眼睛、耳朵、大腿、胃等等。最后,非均一的物体与均一的物体一起构成世间万物。按照亚里士多德的理解,只有复杂的物体即由非均一的物体构成的自然物体才可能是潜在地拥有生命的物体。因为只有这样的物体才能为诸种复杂的生命活动,进而复杂的灵魂活动乃至灵魂本身,提供适当的工具(organon; instrument, tool)。基于如上理解,亚里士多德给出了其灵魂定义的最终的表述形式:"灵魂是工具性的自然物体的第一现实"(the first actuality of an organic natural body, instrumental natural body)。[①]在此"工具性的"(organic, instrumental)一词所对应的希腊单词为"organikon"。按照一些作者的解释[②],其意当为:作为某某的工具的(或者说适合于充当某某的工具的);或者,拥有诸多工具的(或者说是由诸多工具构成的)。在有生命的物体的情况下,相关的工具中的一些或者说其某些关键的部分通常被称为器官。[③]

在此我们要特别注意,出现于灵魂定义中的形式是指包含在相关的本质规定中的项目,进而指实体形式,而非泛指性质或形状

---

[①] 参见DA,412b5-6。
[②] 比如Polansky 2007:160。
[③] 参见Shields 2016:171-173,384,391。

等等。换言之,作为相关的物体的形式的灵魂构成了其本质。①

按照亚里士多德的理解,自然物体之自然(phusis; nature)就是其所内在地包含的其变化的本原或原因。进而,这样的本原或原因根本说来只能是其形式。②因此,灵魂也可以说就是相关的物体的自然。此种意义上的自然即本然,进而即本性或本质。

## 1.2 灵魂能力及其统一性

根据如上灵魂定义,亚里士多德认为,并非像他以前的许多哲学家所认为的那样,只有动物,甚至于只有人,才拥有灵魂;相反,不仅动物拥有灵魂,甚至于植物也拥有灵魂。不过,植物的灵魂不同于动物的灵魂,更不同于人的灵魂。植物的灵魂只具备营养能力,而动物的灵魂除此而外还具备感知能力——感性,而人的灵魂则进一步具备理知能力——理性。除了如上三种基本的灵魂能力,亚里士多德还讨论了如下灵魂能力:想象力、欲求能力和位置运动能力。

下面我们将依次讨论这些不同的灵魂,进而不同的灵魂能力。

### 1.2.1 营养能力

亚里士多德将营养能力(threptikon, trophe; the nutritive capacity [power, faculty])进一步区分成三种能力:狭义的营养

---

① 参见DA,412b10-17。
② 参见Phys., ii 1。

## 第1章　亚里士多德：人是有理性的动物

能力、生长能力（auxetikon）和生产能力（gennetikon）（也称"生殖能力"）。狭义的营养能力，是一种让拥有它的存在物作为这样的存在物而持续生存下去的能力，进而也是维持其自身的存在的能力。生长能力让拥有它的存在物在给定的范围内从数量上有所增加，进而达于成熟，并最终让其拥有了生产能力。生产能力让拥有它的存在物通过生产从属上说（进而从性质上说）与其同一的后代的方式而不断地生存下去。不难看出，这三种能力实际上均是维持生存的能力。因此，我们可以将广义的营养能力理解成一种让拥有它的存在物持续地生存下去的能力，即一种保存能力。①

按照亚里士多德的分析，狭义的营养能力的运用即摄取营养的过程涉及三种因素：被喂养的东西；用来喂养它的东西；喂养它的东西。被喂养的东西是拥有灵魂的身体；用来喂养它的东西是食物；而喂养它的东西则是营养能力，或者说营养灵魂（nutritive soul）。由于食物必须经过消化才能够被身体吸收，而消化过程的进行必须借助于热或火（heat, fire），所以用以喂养身体的东西也包括热，或者说身体中的热构成了营养能力的工具或器官。在其运用过程中，营养能力或营养灵魂本身（作为不动的推动者）引导它所喂养的身体，进而内在于其中的热（作为被推动的推动者）作用于食物之上，使得食物（作为被推动者）发生了复杂的变化。食物一开始并不像其所喂养的身体，而仅仅是潜在地像它。在被充分消化以后，食物变得像其所喂养的身体了，甚至于成为了该身体的有机成分。因此，相关的生命得以保存并不断

---

① 参见DA, 416b17-19。

地延续下去。

### 1.2.2 感性

按照亚里士多德的观点,营养能力是所有生命形式均拥有的灵魂能力,感性或者说感觉能力(aisthesis, aisthetikon; sense, the sensitive faculty)则是仅仅为动物所拥有的灵魂能力。那么什么是感性?对此,亚里士多德给出了颇为复杂而精致的回答。

与营养能力一样,感性也是一种复合的能力,可以进一步区分为五种能力:视觉、听觉、嗅觉、味觉、触觉。亚里士多德断言,事实上也只存在着这五种感觉能力。前三种感觉能力统称为"距离感觉"(distance senses),后两种则统称为"接触感觉"(contact senses)。就动物来说,接触感觉更为根本,所有动物都具有接触感觉,但是并非都具有距离感觉。就接触感觉来说,触觉更为根本,因为个别动物仅仅具有这一种感觉能力。

关于感性,亚里士多德给出的初步定义是这样的:"感觉能力〔或者说能够感知的东西〕从潜能上说是已然处于现实中的可感知的对象所是的那种东西"(the sort of thing the sensible object is already in actuality)。[①] 根据亚里士多德的解释,这个定义当理解如下:在感知发生之前感性(或感觉能力)只是从潜能上说(或者说潜在地)像可感知的对象(aistheta),实际上并不像它们;但是,在感知发生之后,或者说在感性受到可感知的对象作用之后,它变得像可感知的对象了——换言之,它成为可感知的对象实际上所是的那种东西了。

---

① 参见DA,418a3-4。(〔 〕中的文字为笔者所加,以下皆同。)

### 第1章 亚里士多德：人是有理性的动物

此定义的属是潜能，其种差是成为可感知的对象从现实上说已然所是的那种东西，即成为已然处于现实中的可感知的对象（the sensible object already in actuality）。在此潜能是指类似于知识那样的展开的潜能，因为动物通常生下来就拥有了感觉能力。已然处于现实中的可感知的对象，意指的是实际上被某个动物感知到了的可感知的对象，也即作用于其感觉能力之上，并引起了实际的感知活动的可感知的对象。显然，只有感觉能力或者只有拥有感觉能力的物体，才能受到这样的可感知的对象的作用，而其他能力或者拥有它们的物体则均不能受到其作用（不过，它们当然可以受到并非处于现实中的可感知的对象的作用，比如身体被香水弄香，桌面被染成黄色，等等）。因此，这个种差成功地将感觉能力与其他种类的能力或潜能清晰地区分开来了。

按照这个感性定义，在感性运用过程中，感性最后变得"像"可感知的对象了。那么，如何理解这种相像性？为了回答这个问题，亚里士多德对该定义做出了进一步的限定："感性是这样的东西，它能够不带质料地接受可感知的形式"（the sense is that which is receptive of the sensible forms without the matter）。[①]在此，感性仍然被看成是一种能力或潜能，即"不带质料地接受可感知的形式"的潜能。那么，应当如何理解"不带质料地接受可感知的形式"这个种差？为了回答这个问题，我们应当首先澄清一下究竟何谓"可感知的形式"。

所谓"可感知的形式"当指狭义的可感知的对象。与此形成鲜明对照的是，在前面所分析的初步的感性定义中出现的"可

---

[①] 参见DA,424a17-20。

## 人：遵守规则的动物

感知的对象"则指广义的可感知的对象，即拥有质料的可感知的对象（enmattered sensible objects）。亚里士多德将狭义的可感知的对象分成三种：专门的可感知的对象（proper sensibles），共同的可感知的对象（common sensibles），偶然的可感知的对象（accidental sensibles）。

专门的可感知的对象是指只能为一种感觉能力知觉到的可感知的对象，并且就它们而言，在正常情况下人们不会受到欺骗。按照亚里士多德的说法，它们是经由自身而被知觉到的东西，因为在它们的定义中便包含着可被相应的感觉能力知觉到这点，而且它们能够直接作用于相应的感觉能力之上。颜色、声音、味道、气味、冷热等等均是专门的可感知的对象，相应于它们的专门的感觉能力分别为视觉、听觉、味觉、嗅觉、触觉等。

共同的可感知的对象是指：能够被两种以上甚至全部五种感觉能力感知到的可感知的对象。亚里士多德声称，共同的可感知的对象也是经由自身而被知觉到的东西，因为它们必然伴随着经由自身而被感知到的专门的可感知的对象，而且能够像专门的可感知的对象那样，直接地作用于相关的感觉能力之上。不过，只有借助于对专门的可感知的对象的感知，共同的可感知的对象才能够被感知到。运动、静止、数量、形状、量值等等均是共同的可感知的对象。比如，触觉和视觉均可感知运动和静止。

偶然的可感知的对象是指这样的对象，它们不能直接地作用于感觉能力之上，因而不是经由自身而是经由专门的可感知的对象和共同的可感知的对象而被知觉到的。例如，苍白是专门的可感知的对象，如果某人的儿子面色恰好是苍白的，那么他被偶然地感知为苍白的，在这种意义上他便是偶然的可感对象。一般说来，

## 第1章 亚里士多德：人是有理性的动物

偶然的可感知的对象是指具体的个体事物以及某些特定的关系。就关系来说,其中的一些属于专门的可感知的对象(比如更白、更绿),另一些属于共同的可感知的对象(更大、更快),还有一些属于偶然的可感知的对象(比如父子关系)。

虽然就专门的可感知的对象来说,人们通常不会出错,但是就共同的和偶然的可感知的对象来说,人们常常会出错,比如认错了具有白色的对象,或者弄错了太阳的大小,等等。

专属于一种特定感觉能力的专门的可感知的对象,也可以被另一种感觉能力偶然地(或者说附带地)感知到。因此,亚里士多德有时也将处于这样的情形中的专门的可感知的对象称为偶然的可感知的对象。比如,当我们看到胆汁时,某种意义上说我们不仅看到了它是黄色的,而且还看到了它是苦味的,或者我们不仅尝到了它是苦味的,而且还尝到了它是黄色的。

综上所述,专门的可感知的对象和共同的可感知的对象均是经由自身而被感知到的,它们均可以说是直接作用于感觉能力之上的,而偶然的可感知的对象则并非如此。[①]

在上面的感性定义中出现的"可感知的形式"首先应当是指专门的可感知的对象,其次还指共同的可感知的对象。感性是如何"**不带质料地**接受可感知的形式"的?根据注释者们的解释,我们可以从如下三种意义上来理解这个断语:(1)感性仅仅受到可感知的形式的作用,而非受到可感知的形式及其质料的合并的作用;(2)感性只是接受了相关的可感知的形式,而并没有同时接纳该可感知的形式原本所依附的质料;(3)感性在接受可感知的

---

[①] 参见DA,418a7-25,425a30-b3,428b18-25;Polansky 2007:250-262,376-377,428。

## 人：遵守规则的动物

形式之时并没有给予其以任何质料，特别是没有给予其来自于感性自身的质料，因为感性本来就是形式，不是任何量值，因此它不可能为可感知的形式提供任何质料。①

那么，应当如何理解感性之**接受**可感知的形式？按照一种理解，感性之接受可感知的形式，就意味着可感知的形式本身某种意义上进入了感性之中；或者，相应的感觉器官例示了相关的可感知的形式。比如，当我们看到一朵红色的玫瑰时，红色这个可感知的形式本身进入了我们的感性之中；或者，眼睛（或其某个部分）变成红色的了。按照另一种理解，感性之接受可感知的形式只是意味着可感知的形式的某些抽象特征——比如其结构或比例——进入了感性之中，更准确地说被"转换"（transducted）或"编码"（encoded）到感性之中；或者，相应的感觉器官拥有了相关的抽象特征。按照第三种理解，感性之接受可感知的形式，意味着可感知的形式本身进入了感性之中，而且这点是由如下事实引起的②：可感知的形式的结构或比例被转换或编码到相应的感觉器官之中，或者说相应的感觉器官拥有了可感知的形式的结构或比例。③

由于感性在其运用过程中并没有给予其所接受的可感知的形式以任何质料，而通常意义上的运动（或曰变化）均是以质料为基础的——所谓运动即一个质料失去一个形式并获得一个新的形式的过程，所以感性的运用均不可能是通常意义上的运动，特别

---

① 参见Polansky 2007：341。

② 按照当代哲学的通行说法，应当这样来表述：这点是经由如下事实实现的（realized）。

③ 参见Burnyeat 1995a, 1995b; Caston 1998, 2005; Miller 1999; Polansky 2007: 348-349; Shields 1995; Sorabji 1974, 1995。

## 第1章 亚里士多德：人是有理性的动物

说来不可能是通常意义上的改变。亚里士多德将感性的运用称作"活动"（energeia; activity）。活动是一种完全的现实（complete actuality），即在每个时刻都是完全的，并且始终可以继续进行下去（continuable），而不必停留在某个特定的点，这是因为活动已然将其终点包含在自身之内了。与此相对照的是，运动总是在趋向一个外在的终点，并且当达到其终点以后，它才算最终完成了。因此，运动是一种不完全的现实（incomplete actuality），而且并非总是可以继续进行下去。最后，对于相关的事物来说，通常意义的运动是其所拥有的某种形式的丧失，即该形式之被同一个属的相反性质（the contrary in the same genus）所替换，而活动则是其所拥有的相关能力的保存和实现（进而是其本身的自然即本性的实现）。感性的运用均具备活动所拥有的上述独特特征。比如，就视觉来说，其运用即看的过程的终点可以说包含在其自身之内了，因此就看的过程的每个时刻来说，它都是完全的，而且它总是可以继续进行下去。视觉的运用，当然并非意味着视觉原有性质的丧失或新的性质的获得，而是保存和实现其本身的方式。相反，如果总是得不到正常的运用，那么视觉终有一天会退化并最终丧失殆尽。[①]

这也就是说，严格说来，感性根本不会处于运动之中，进而也不是被推动的推动者，而只能是不动的推动者。

虽然感性的运用严格说来不同于通常意义上的运动或变化，进而感性之受到可感知的对象的作用或影响（being acted upon, being affected by sensibles），不同于通常意义上的被推动者之受到推动者的作用或影响，但是在《论灵魂》和其他相关文本中，亚里

---

① 参见 DA, 417b2-b16, Meta., ix 6, NE, x 4; Irwin 1999: 315-316; Polansky 2007: 12-15, 228-230, 234-240, 345-346。

## 人：遵守规则的动物

士多德还是乐于将感性的运用径直称作"运动"或"变化"——当然是一种非常特别的运动或变化。他之所以这样做，是因为只有通过这样的方式他才能够比照（甚或直接利用）他有关运动或变化的理论框架，来谈论感性的运用进而灵魂的所有其他活动。[①]

感性作为形式属于或内在地存在于感觉器官之中。因此，感性的运用预设了感觉器官能够适当地起作用。在其起作用过程中，感觉器官从一种意义上也可以说是"不带质料地接受可感知的对象"的：感觉器官只是接受了相关的可感知的形式或者说其某些抽象的特征，而并没有同时接纳该可感知的形式原本所依附的质料。不过，在如下意义上，感觉器官是"带有质料地接受可感知的对象的"：（1）感觉器官受到可感知的形式及其质料的合并的作用，或者说受到拥有质料的可感知的形式即广义的可感知对象的作用；（2）感觉器官在接受可感知的形式或其抽象特征之时，必定立即将其置入自身的质料之中。[②]

在感知过程中，感觉器官受到了可感知的对象之作用或影响。由于感觉器官是不带质料地接受可感知对象的，而且它们一般说来不具备任何可以被取代的相关性质——特别是所谓的影响性质（affective qualities）（因通常意义上的因果影响或作用而来的性质），因此通常情况下它们所受到的作用或影响，不同于通常意义上的运动或改变。但是，面对着极端的或过于强烈的可感知的对

---

[①] 参见 DA,417b2-b16; Polansky 2007:15-16,223,234-240。按照亚里士多德的理解，营养能力的运用本质上也是活动，而非运动，因为在其运用中营养能力也并非受到了破坏，而是得到了实现和保存，进而相应的生命本身得到了保存。不过，与感性的运用相比，营养能力运用中的大部分过程的确是通常意义上的运动而非活动。（参见 Meta.,1050a34-b2; Polansky 2007:13-14,200,217-218,284。）

[②] 参见 DA,425b23-24; Polansky 2007:383-384。

## 第1章 亚里士多德：人是有理性的动物

象,感觉器官所经受的作用或影响则同于通常意义上的运动或改变,因为这时它们的正常功能可能会受到干扰甚或损坏。与此形成对照的是,相应的感性并没有受到损坏(它也不可能受到损坏,因为通常意义上的变化或运动根本不可能在它那里发生),而只是暂时因为外在的原因而无缘起作用了。在感觉器官的功能得到恢复以后,感性能够立即得到重启并再次发挥作用。①

按照亚里士多德的说法,感性——严格说来,运用中的感性(sensing, sense in operation)——是一种比例(logos; ratio, proportion),进而是一种中间者(meson; intermediate)甚或中项(mesotes; mean)。在此,中项是指诸种相反的可感知的形式的中项(the mean of the sensible contraries)。(相反的可感知的形式包括：黑白、高低音、香臭、甜酸、冷热、干湿、软硬等等。)许多可感知的形式本身——可感的中间者(sensible intermediates)——也是诸种相反的可感知的形式的比例。因此,感性能够很好地辨别诸可感知的形式进而可感知的对象之间的差别,以及它们与它本身之间的差别。正是在这种意义上,感性被看作一种辨别性或批判性的能力(a discriminative or critical faculty)。

按照一些解释者的理解,当亚里士多德断言感性是诸可感知的形式,即可感知的性质的中项时,他的意思并非如该断言字面上所暗示的那样,是想说感性是某种特定的比例的可感知的性质；相反,他是想说感性是一种特殊的关系,即这样一种关系：准备好了经受可感知的对象,进而可感差异的作用并且以自身为标准来辨别它们。事实上,由于感性不是物体,不是任何量值,所以它也

---

① 参见DA,424a24-b18,426a27-b8; Polansky 2007: 346-352,392。

## 人：遵守规则的动物

不可能拥有任何特定的可感知的性质（即使在其运用之时事情也是如此）。这与感觉器官的情况形成了鲜明的对比。显然，作为物体进而量值，感觉器官均具有一定程度的可感知的性质。通常认为是触觉器官的肉体部分尤其如此。最终说来，所有感觉的总的器官——所谓终极的感觉器官（the ultimate sense organ）——即心脏也如此。恰恰是因为感性不是任何量值，进而不具有任何可感知的性质，所以它能够接受任何相关的可感知的性质，而不会使自身受到干扰或损坏；与之形成对照的是，因为感觉器官是特定的量值，总是具有一定程度的可感知的性质，所以它们会受到极端的可感知的对象的干扰甚或损坏进而丧失其正常的感知功能。[1]

我们看到，关于感性与感觉器官的关系，亚里士多德断言：感性属于或内在地存在于感觉器官之中。在此，感觉器官当指形式和质料的复合物。如果感觉器官仅仅指质料，那么感性构成了感觉器官的形式（logos, form）。因为就一个特定的事物来说，其形式构成了其本质，所以可以说其形式即其本身。相应地，我们可以说感性即感觉器官，进而某一特定的感觉能力（如视觉）即其感觉器官（如眼睛）。不过，严格说来，这种说法是错误的，因为感性不是物体，不是任何量值，而感觉器官则是物体，是一种量值。感性是使得感觉器官能够感知可感知的对象（在此指广义的可感知的对象，即处于质料中的可感知的形式）的东西。换言之，感性将感知潜能（the potentiality to perceive）赋予感觉器官。严格说来，只有拥有相关的感知潜能的身体部分即拥有感性的进而被赋予了灵魂的（ensouled）身体部分（即正常地起作用的身体部分）才

---

[1] 参见DA, 424a28-32, 426a27-b8; Polansky 2007: 332-336, 349-352, 391-393。

# 第1章 亚里士多德：人是有理性的动物

可能是感觉器官。①

那么，感性之运用与感觉器官之运用之间究竟存在着一种什么样的关系？按照前面提到过的一种解释，亚里士多德的相关观点是这样的：感性之运用意味着感性不带质料地接受了（或接纳了）可感知的形式，进而意味着可感知的形式本身进入并处于感性之中，而且这点是由如下事实引起的：可感知的形式的结构或比例被转换或编码到相应的感觉器官之中，或者说相应的感觉器官拥有了可感知的形式的结构或比例。基于这种理解，完整的感知过程是这样的：首先，可感知的对象作用于感觉媒介（sense medium）比如空气和水之上，使得在后者之中发生一种不同寻常的变化；接着，感觉媒介将感觉对象的作用传导给感觉器官，因之在感觉器官之内发生了一种不同寻常的生理（进而物理）变化，致使它们拥有了可感知的对象中的可感知的形式的结构或比例；最后，感觉器官中的这种生理（进而物理）变化让可感知的形式进入感性之中，恰恰是处于感性中的可感知的形式使得感性——更准确地说，我们（还有其他所有动物）——感知到了相应的可感知的对象本身。②

在此提到了感觉媒介的作用。在亚里士多德看来，任何感觉均要经由感觉媒介的作用才能发生。即使触觉也是如此，通常被看作触觉器官的肉体部分（至少相关肉体部分的外层部分）严格说来并不是触觉的器官，而是触觉的媒介。在感知过程中，感觉媒介当然也会发生某种变化，但是相关的变化主要不是通常意义上的变化，因为诸如空气和水之类的感觉媒介本身并没有任何可

---

① 参见DA，424a25-28；Polansky 2007：349-351。
② 参见Polansky 2007：16-19，27-28，247-248，346-349，354-56。

## 人：遵守规则的动物

以被取代的影响性质（空气和水是无色、无声、无臭、无味的）。在触觉媒介即肉体部分的情况下，的确会有通常意义上的变化发生（因为肉体部分本身必定拥有一定程度的可被取代的影响性质，比如特定的温度和硬度等），但是这样的变化或者程度非常微弱，或者仅仅是表面上的（比如肉体会因可感知的对象的作用而发生微弱的形状上的变化或温度上的变化，或者仅仅在表面上变湿了）。[①]

感性是一种辨别能力。其所辨别的可感知的形式进而可感知的对象，或者属于同一种感性能力，或者属于不同的感性能力。在这两种情况下，感性均必须在其运用之时做出如下形式的辨别：相关的两种或多种可感知的形式在此是相同的或不同的。但是，这点似乎要求相应的感觉能力能够处于一种互相冲突的状态：它能够同时既受到一个可感知的形式的作用，又受到与之相反或对立的（contrary or opposing）[②]可感知的形式的作用。为了解决这种冲突，亚里士多德认为我们有必要做出这样的假定：对于任何动物来说，其所拥有的所有感觉能力均隶属于所谓的中央感觉能力或共同感觉能力（the central or common sense faculty），均构成了后者的子能力（subfaculties）。每当一个动物运用其某一种感觉能力时，它的中央感觉能力必定就已经在起作用了（换言之，特殊的感觉能力是通过中央感觉能力起作用的）。这样，当一个动物看起来在通过一种或两种感觉能力辨别两种可感知的形式时，实际上是其统一的中央感觉能力在做出这种辨别。正如个别的感觉

---

① 参见DA, 418b26-419a1, 419a22-b3, 420a7-19, 422a35-b10, 422b34-423b27, 424b14-16; Polansky 2007: 17-19, 238-239, 281-283, 332-335, 346-347, 354-356。

② 对立关系包含相反关系（进而还包含矛盾关系），此外还包含相关的关系、缺失和拥有的关系、肯定和否定的关系。（参见Cat., 10; Meta., v 10, 22, 23。）

## 第1章 亚里士多德：人是有理性的动物

能力均是中项一样，统一的中央感觉能力也是一种中项，它是由相应的感觉能力的中项构成的唯一的中项。最后，这种中央感觉能力属于或内在地存在于所谓的终极的感觉器官即心脏之中。①

在亚里士多德看来，中央感觉能力不仅使得属于不同感觉能力的可感知的对象的辨别成为可能，而且还使得自我感知（self-perceiving）或感知的感知（perceiving of perceiving）成为可能。每当一种特定的感觉能力起作用时，它不仅感知到了相应的可感知的对象，而且还感知到了它在感知该可感知的对象这个事实，也即它感知到了它的感知。事情之所以如此，是因为一方面，感觉能力在进行感知时某种意义上已经变得像其对象了（即接受了其对象的形式），进而某种意义上已经变成其对象了；另一方面，感觉能力的运用或运用中的感觉能力，即实际的感知活动与其所感知到的对象（即已然处于现实中的可感知的对象），从某种意义上说（比如从因果关系上说，进而从时间上和位置上说）是同一的（尽管就其本质或存在来说是不同的）。②不过，最终说来，或者说严格说来，不是感觉能力本身在感知其运用，而是统一的中央感觉能力在感知所有感觉能力的运用。比如，不是视觉在看它在看某个对象这个事实，而是统一的中央感觉能力在感知这个事实。③

那么，感性的辨别功能与其自我感知之间是什么关系？亚里

---

① 参见DA，425a30-b3，426b8-427a16，431a17-b1；Polansky 2007：324-331，375-377，393-402，486-489。

② 参见DA，425b12-426a27。按照亚里士多德的理解，只有在其实际起作用时，一个原因（比如某个可感知的对象）才成其为原因，而且此时该原因的作用是包含在结果（比如某种特定的感觉能力之运用）之中的。（参见Phys，ii 3，iii 3，vii 1；Polansky 2007：387，390。）

③ 参见Aristotle，OD，455a12-26；Polansky 2007：380-391。

士多德的回答是：前者预设了后者，因为只有在其感知到了其在感知不同的可感知对象的前提下，感性才能对相关的可感知的对象做出辨别。①

尽管感性处理的是个体事物（广义的可感知的对象），但是严格说来它所处理的是个体事物所拥有的可感知的形式（可感知的性质），而后者则是作为理性认识之对象或基础的共相（universal）的特例，因此感性之运用为有理性的动物的理性认识活动做好了准备。②

### 1.2.3 理性

理性（nous, logos; reason）是一种高级的灵魂能力，就月下世界（或者地上世界）中的存在物或者说有死的存在物来说，只有人拥有理性。按照亚里士多德的规定，理性是这样一种可能性或潜能：它从潜能上说是可理知的对象（noeta; intelligible objects），从现实上说已然所是的那种东西，进而它能够不带质料地接受可理知的形式（intelligible forms）。③

根据前文提到的对于亚里士多德有关感性之运用的观点的一种解释，我们不妨以如下方式来理解其有关理性之运用的观点：理性之运用意味着可理知的形式本身进入并处于理性之中，与此同时理性并没有给予可理知的形式以任何质料。

人类成员出生时便拥有理性，不过这时的理性还仅仅是一种单纯的可能性，还处于未展开的形式。只有在历经了一系列感性

---

① 参见Polansky 2007: 380, 386, 393。
② 参见DA, 424a22-24, 432a3-6; Polansky 2007: 348, 497-498。
③ 参见DA, 429a13-18, 429b29-430a2。

# 第1章 亚里士多德：人是有理性的动物

认识活动并且历经了适当的教育和学习以至获得了一定的有关共相的知识以后，真正意义上的理性才算最终形成。此时的理性是一种第一现实或第二潜能，而未展开的理性则为第一潜能。拥有展开了的理性的人，才是真正意义上的人类成员（即正常的、成熟的人类成员）。只有这种意义上的人类成员，才能够在有需求时开展其正常的理性认识活动，即思维活动（此为一种第二现实）。①

按照亚里士多德的理解，理性认识的真正的对象或专门的对象（the proper or special intelligible objects）是事物的本质。就有质料的事物来说，其本质即其形式；就没有质料的事物即形式本身来说，形式本身即本质。这样的本质规定中必然包含所谓共相。因此，共相也构成了理性认识的对象。由于任何可感知的对象或可感知的形式，必定拥有其可理知的本质或者必定例示了可理知的共相，而任何事物必定或者是可感知的或者是可理知的，所以所有事物根本说来均是可以理知的。②

亚里士多德将数学对象视为一种特殊的可理知的对象，它们是拥有可理知的质料（intelligible matter）的对象，而可感知的对象则是拥有可感知的质料（perceptible matter）的对象。可理知的质料是指广延或连续的量值，数学对象是通过抽象掉可感知的对象中的可感知的质料，而只留下其数量方面的方式得到的对象。③

---

① 参见DA, 408b18, 417a27-28, b16-26, 429b6-10, 430a19-22; Polansky 2007: 439, 443-444, 462, 466。

② 参见DA, 430a26-b31; Polansky 2007: 243, 409, 437, 446, 470-471, 455-456, 477, 494-498。

③ 参见DA, 429b18-21, 431b12-18; Meta., 1036a2-12; Polansky 2007: 450-451, 455-456, 492。

## 人：遵守规则的动物

未展开的理性可以说是纯而不杂的（pure and unmixed）。即使在经过感知和学习而变得成熟起来以后，它仍然可以说是纯而不杂的，因为这时它只是拥有了与它同质的（特别说来，同样没有质料的）共相——共相不仅不是外在于它的东西，而且是它本身的充分的实现的必要条件。

理性的纯粹性特别蕴涵着其与身体的无涉性。因此，不应该存在与理性相应的身体器官。亚里士多德认为，事实也的确如此。

正是因为理性不直接牵涉身体，并且不存在与其相应的身体器官，所以它不会受到强烈的可理知的对象的损害，在这种意义上可以说它拥有"无动于衷性"（impassibility）；相反，经由对于这样的对象的认识，它的认识能力得到了进一步的强化。

无论是未展开的理性，还是展开的理性，作为一种能力，进而作为一种可能性或潜能，均不是处于现实中的东西（此处的"现实"仅仅指第二现实）。只有在其得到运用之时，理性才被充分现实化了。①

由于理性在运用过程中并没有将任何质料赋予它所接受的形式，而且它与身体无涉，不存在与它相应的身体器官，所以理性的运用即理性认识（特别说来，思维）严格说来是活动而非运动。这也就是说，严格说来，理性根本不会处于运动之中，进而也不是被推动的推动者，而是不动的推动者。②

前面所讨论的亚里士多德的理性规定仅仅涉及了理性这种灵魂能力的一个方面，即其把握事物的本质的能力。除此而外，理性这种高级的灵魂能力还包含另一个方面，即推进式地

---

① 参见DA, 429a19-b9; Polansky 2007: 434-445。
② 参见DA, 417a21-b16, 429a13-b9; Polansky 2007: 233-240, 436-437。

## 第1章 亚里士多德：人是有理性的动物

（discursively）认识（特别说来，思维）事物的能力。亚里士多德常常用"dianoetikon"这个词来特指这种能力。理性对于事物的本质的认识，类似于感性对专门的可感知的对象的感知，可以说它能够直接地"看到"甚或"触摸到"事物的本质，而且这种认识通常情况下总是真的；而推进式的认识则涉及判断和推理，不可能总是真的，总是排除不了犯错误的可能性。①

亚里士多德区分开了理性的理论的使用与其实践的使用，并将前者称为"理论理性"（theoretical reason），将后者称为"实践理性"（practical reason）。理论理性属于理性的科学的部分（to epistemonikon; the scientific part），实践理性属于理性的算计的部分（to logistikon; the calculative part）。理论理性的使命在于辨别真和假，以获得真理和知识；实践理性的使命在于辨别好和坏（善和恶），以便通过适当的行动获取相应的好（或善）或避免相应的坏（或恶）。②

由于在进行认识时理性某种意义上已经变得像其对象了（即接受了其对象的形式），进而某种意义上已经变成其对象了，所以理性能够认识它自己的认识。③

从前面的介绍我们看到，感性和理性均是辨别能力，进而均是认识能力。尤其重要的是，二者均是不带质料地接受可认识的形式的能力。不过，二者又有明显的不同之处：由于感性拥有相应

---

① 参见DA,414b18-19,430a26-b31,432b26-433a6; NE, vi1; Meta.,1051b17-32; Polansky 2007: 98,112n. 18,178n. 19,194,408,422,474,473-480,502。

② 参见DA,415a11-12,431b1-13,432b26-433a6,433a9-b4; NE,1139a5-b5; Poli.,1333a23-25; Polansky 2007: 97-98,200,491-492,515-519。

③ 参见DA,429b6-9,429b29-430a9,431b20-29; Polansky 2007: 438-439,444-445,453-457,495。

## 人：遵守规则的动物

的身体器官，因此在受到强烈的可感对象作用之时，相应的身体器官可能受到损害，因而感性也随之不能很好地起作用了；与此形成对照的是，理性则没有这方面的问题。①

除了这点不同之处以外，感性与理性还有许多其他不同之处。第一，包括人在内的所有动物生下来便拥有完全意义上的感性，而理性的充分的实现（或者说其成熟状态之最终形成）进而其正常的运用则依赖于一定的学习过程，以获得必要的有关共相的知识。②第二，感性是相关的可感性质的中项③，而理性在其得到运用之前则是纯而不杂的。第三，对于专门的可感对象的感知在正常情况下是不会出错的，而理性认识（特别是推进式的理性认识）在正常情况下也包含着出错的可能性（对于本质的理性认识除外）。④第四，无论是人还是动物的感性认识本质上均不需要借助于语言来进行，而人的理性认识则需要借助于语言，因为为了使得其理性充分实现出来，人需要接受借助于语言的学习而进行的教化。而且，不仅推进式的理性认识需要借助于语言进行，即使非推进式的理性认识根本说来也离不开语言。⑤第五，由于充分实现了的理性已经拥有了有关共相的知识，所以其运用在许多情况下可以不依赖于任何外在的对象的作用（在没有外在阻碍的情况下，只要有需要和愿望，我们随时可以进行思维活动），而感性的运用

---

① 参见DA,429a29-b5；Polansky 2007: 441-442。

② 参见DA,417a20-b1,b16-26,429b6-10,430a19-22；Polansky 2007: 231-232, 439,443-444,462-463,466,471。

③ 参见DA,423b27-424a15,424a25-b3。

④ 参见DA,427b6-16；Polansky 2007: 407-410。

⑤ 参见DA,427b11-13；Polansky 2007: 408-409。

## 第1章 亚里士多德：人是有理性的动物

则必须依赖于外在的对象的作用。①第六，在有灵魂的存在物之中，所有动物均拥有感性而只有人拥有理性。②

尽管理性和感性如此不同，但是对于有死的人来说，二者是缺一不可的：人的理性认识必须以感性认识为基础。③最低限度说来，只有借助于感性认识，理性才能够充分实现出来（或者说，才能够进入成熟状态）。④而且，理性认识过程之启动，也要借助于想象力（phantasia, phantastikon; imagination, the imaginative faculty）的运用及其结果即心象（phantasmata; images），而后者则必定依赖于感性认识。⑤

### 1.2.4 其他灵魂能力：想象力、欲求能力和位置运动能力

关于想象力，亚里士多德所给出的初步规定是这样的：想象力是这样一种东西，经由它一个心象在我们之内产生出来。其进一步的规定是这样的：想象力是这样一种灵魂能力，其运用即想象过程，是由处于现实中的感知所引起的一种独特的运动；在这种运动过程中，一个心象在我们之内产生出来。

---

① 参见DA，417b19-28；Polansky 2007：240-244。

② 参见DA，427b6-8。

③ 按照亚里士多德的理解，与人不同，神为了思考本质，完全不需要借助于感官知觉和学习。（参见Polansky 2007：435n. 2, 498n. 6。）

④ 从前文我们看到，按照亚里士多德的观点，理性的成熟意味着拥有了足够的有关共相的知识。这种知识是经由学习从成人那里习得而来的。学习依赖于经验，经验是由多次重复的记忆构成的，而记忆的形成依赖于想象，想象最终依赖于感性的运用或感知。即使在理性成熟以后，其在许多情形特别是全新的情形中的适当的运用也需要依赖于经验，以获得所需的进一步的共相。（参见DA，417b22-24；Meta., i 1；Post. An., ii 19；OM，449b22-23, 451a15-16。）

⑤ 参见DA，432a3-9；Polansky 2007：497-498。

## 人：遵守规则的动物

按照上述定义，想象是因现实的感知过程所引起的一种运动。因此，它必然涉及感知过程，不能与感知过程无关。而且，亚里士多德特别指出，想象是有关可感知的对象的，同时它还必须类似于感知过程。因此，正如感知本身不是通常意义上的运动一样，想象也不是通常意义上的运动。想象尤其不可能是单纯的身体运动，而是认知运动。严格说来，想象是一种活动。[1]

由于想象是因现实的感知过程即感性的运用所引起的一种运动，因此它似乎只能发生在相应的感知过程之后。不过，按照亚里士多德的理解，想象是可以与引起它的感知过程同时发生的，这点是他的如下一般思想的结果：一个运动过程可以与引起它的那个运动过程同时发生。就此说来，将亚里士多德的"phantasia"简单地理解成我们通常所说的想象力或想象不无问题。因为按照通常的理解，想象必定是后于相应的感知过程而发生的。[2]

与其他灵魂能力一样，想象力也有其特定的对象，即相关的心象或心象所对应的事物。[3]

想象显然是有可能出错的。当想象出错时，它没有像事物实际上所是的那样呈现它们，这时人们（以及其他动物）会受到欺骗，以为所想象的事物是真实的。如前文所述，存在着三种可感知的对象，而人们（以及其他动物）对它们的感知的可靠性是不同的。就专门的可感知的对象来说，人们对它们的感知通常不会出错，而就共同的和偶然的可感知的对象来说，人们（以及其他动物）对它们的感知是可能出错的。相应地，人们（以及其他动物）

---

[1] 参见DA,428a1-2,428b10-17,428b30-429a2; Polansky 2007: 414,425-430。

[2] 参见DA,428b27-28; Polansky 2007: 414,430。

[3] 参见Polansky 2007: 410,415,424。

## 第1章 亚里士多德：人是有理性的动物

对专门的可感知的对象的想象通常不会出错（特别是当想象与相应的感知同时发生时），而对其他可感知的对象的想象则常常会出错。①

按照亚里士多德的理解，与感性和理性不同，想象力是一种单纯的呈现或表现能力（a presentational or representational faculty），而非辨别能力。这也就是说，想象不给出事物之间的区别，更不做出真假判断。这样，亚里士多德便将想象与感性和理性严格地区别开来了，因为后二者均是灵魂的典型的辨别能力。②

想象力与感性的区别还体现在如下事实之上：在感性未得到运用时，想象力仍然有可能处在活动之中，比如在睡觉时。反之亦然：在感性得到运用时，想象力有可能不处于活动之中。既然想象力的运用与感性的运动可以是彼此独立进行的，那么二者必定是不同的灵魂能力。③

想象力的运用即想象在于形成心象，感性的运用即感知在于（通过不带质料地接受可感的形式的方式）形成感觉内容或感觉印象（aisthemata）。心象可以说最终源自于感觉内容或感觉印象，因为想象最终说来是由感知所引起的，而且类似于感知（由此看来，亚里士多德所谓的心象大致相当于英国经验论者所说的观念）。不过，想象可以发生在感性运用之前或之后，因而心象不一定要限制于实际的感知之上，进而为了获得心象，拥有质料的可感知的对象不一定要在场；与此相反，感觉内容或感觉印象则必定

---

① 参见DA，428a11-12，428a16-18，428b17-30；Meta.，1024b21-26，1025a5-6；Polansky 2007：417-418，420-421，427-430。

② 参见DA，428a3-5；Polansky 2007：410n. 13，412，415-416，420-421，433。

③ 参见DA，428a5-11；Polansky 2007：416-417。

## 人：遵守规则的动物

要限制于实际的感知之上，因此为了获得感觉内容或感觉材料，拥有质料的可感知的对象一定要在场（因此，感觉内容或感觉印象可以径直定义为正在发生的感知的内容）。这点进一步表明了想象力与感性是明显不同的。[①]

从上文我们看到，亚里士多德将理性活动分成两种，一为非推进式的，一为推进式的。非推进式的理性认识始终提供真理，因而不同于常常出错的想象活动。推进式的理性认识活动包括做出判断或形成意见、进行推理等等。想象活动显然不同于理性推理。此外，想象活动与做出判断或形成意见的活动也截然有别：做出一个判断或形成一个意见常常是被说服的结果（在此"被说服"可以是指被他人说服，也可以是指被自己说服），而说服显然依赖于言说，没有言说便没有说服这样的事情。所以，做出判断或形成意见依赖于言说。但是，只有人才能够言说，而其他动物则没有这样的能力，但它们却可能均拥有想象力，所以想象力必定不同于判断能力或形成意见的能力进而必定不同于理性。[②]

想象力与形成意见的能力的不同之处还体现在如下事实之上：我们通常可以随意地运用想象力，随意地想象任何东西，而我们却不能如此随意地形成任何意见，即在我们知道一个命题是假的时候，我们不可能仍然相信其为真。此外，如下事实也值得注意：当我们相信我们面对着危险或可怕的事情时，我们不能不产生强烈的情绪反应；而当我们只是想象这样的事情时，我们常常

---

[①] 参见DA，431a14-15，432a8-10；Meta.，1010b32-33；Polansky 2007：485，486，498-499。

[②] 参见DA，427b27-428b9；Polansky 2007：413-425。

# 第1章 亚里士多德：人是有理性的动物

不会有什么强烈的情绪反应。①

理性的运用旨在获得有关共相进而事物的本质的知识，以形成基本的思想内容（noemata; the primary thought contents）即概念（简单的思想，思想的成分），进而以此为基础做出判断（复合的思想，简单的思想的综合），最后从作为前提的判断中推导出结论。从前面我们知道，按照亚里士多德的理解，想象力的运用旨在形成心象，心象对应于实际的感知过程中所获得的感觉内容。基本的思想内容显然不同于感觉内容，进而不同于心象（因为基本的思想内容与质料和身体无涉，而感觉内容和心象必定牵涉质料和身体），因此判断也不可能是诸心象的结合。②

虽然想象力与理性如此不同，但是二者之间还是紧密地联系在一起的。首先，想象力在理性成熟过程中起着非常重要的作用。进一步说来，理性的成熟依赖于有关共相的知识的获得，进而依赖于概念的获得，而记忆在概念和知识的获得过程中起着重要的作用，记忆很大程度上依赖于想象力的运用。其次，理性的实际运用依赖于想象力的运用，由想象力所形成的心象构成了理性运用（无论涉及的是实践理性的运用，还是理论理性的运用）的诱因之一。③

欲深入地了解想象力是如何在理性运用过程中起作用的，我们需要预先了解亚里士多德有关位置运动能力（the locomotive faculty）的观点。从前文我们看到，按照亚里士多德的理解，严格

---

① 参见DA，427b16-26；Polansky 2007：410-413。

② 参见DA，430a27-28，432a10-14；Polansky 2007：475，486，499-500。

③ 参见DA，427b14-16，432a8-10；Post. An., ii 19；Meta., i 1；Polansky 2007：410。

## 人：遵守规则的动物

意义上的位置运动包括前进式运动和圆周运动及其组合形式。就有灵魂的存在物来说，其位置运动只能是前进式运动。而且，在有灵魂的存在物中，只有动物能够进行前进式运动。那么，前进式运动的原因何在？亚里士多德认为，动物的前进式运动的原因在于其灵魂能力中的位置运动能力，而位置运动能力则主要是欲求能力（orektikon; the desiderative faculty）。亚里士多德常常用"欲望"（orexis; desire）代指欲求能力。

亚里士多德将欲望（进而欲求能力）分成三种：物欲（epithumia; appetite）、激情（thumos; passion, spiritedness）和愿望（boulesis; wish）。物欲是对生存必需品的欲望，或者说是针对能够带来直接的快感的东西的欲望，包括食欲、色欲和性欲等。激情是因物欲和愿望得到满足与否而引起的一种强烈的情绪反应，包括喜悦、悲痛、愤怒、恐惧、友情、敌意等等。愿望是针对长远目标（比如幸福）的欲望，总是与理性（logos）和时间知觉关联在一起。所有动物均具有物欲，许多动物还具有激情，但是只有人拥有愿望，因为只有人拥有理性和对时间本身的知觉。进而，愿望是只有拥有理性的动物即人才拥有的欲望，也可以称为"理性欲望"（the rational desire）。①

正如其他灵魂能力一样，欲求能力也有其对象。亚里士多德认为，欲求能力的对象（orekton）是好东西（the good）或者貌似的好东西（the apparent good），进而是实践的好东西（the practical good）或貌似实践的好东西（the apparent practical good）。所谓实践的好东西即可以践行的好东西，即相关的动物有

---

① 参见DA, 414b1-16, 433b5-10; Rhet., 1368b37-1369a4; Polansky 2007: 189-190, 503-505, 520。

## 第1章 亚里士多德：人是有理性的动物

能力促使其实现出来的好东西。①

亚里士多德是在广义和狭义两种不同但密切关联的意义上使用"欲望"进而"欲求能力"概念的。广义上说，"欲望"既指追逐的能力（the faculty of pursuit），又指回避的能力（the faculty of avoidance）；狭义上说，"欲望"仅仅指追逐的能力。②

营养能力显然不是位置运动能力，因为植物和一些动物虽然具有营养能力，但是却不具有位置运动能力。另外，前进性的位置运动总是趋向某个外在的目标的，总是在追逐或回避什么，而且总是与想象和欲望活动一起发生的，但是营养活动并非是趋向某个外在的目标的，并非在追逐或回避什么，而且也并非是与想象和欲望活动一起发生的。同样，感性也不可能是位置运动能力，因为尽管所有动物均具有感性，但是并非所有动物均具有位置运动能力。在此，有人可能会质疑说：植物和相关的动物事实上是拥有位置运动能力的，它们之所以不能进行位置运动，这点仅仅是因为它们不具备所必需的身体部分（或身体器官）。对此，亚里士多德的回答是这样的：自然是有目的性的，它既不会创造没有任何作用的东西，也不会遗漏任何必要的东西。因此，假定植物和相关的动物本来具有位置运动能力，那么它们一定会拥有这样的运动所需要的身体部分。③

由于有些动物虽然具有想象力，却不能进行位置运动，所以想象力也不可能是位置运动能力。即使只有能够进行位置运动的动物才拥有想象力，那么我们也可以通过如下方式来说明想象力与

---

① 参见DA，433a27-29；Polansky 2007：517-519。
② 参见DA，431a13-14，432b16-17；Polansky 2007：485。
③ 参见DA，432b14-26；Polansky 2007：507-508。

## 人：遵守规则的动物

位置运动能力的非同一性：一个动物尽管能够想象许多事情，但是如果没有欲望的参与，它也仍然不能进行位置运动。①

理性也不可能是位置运动能力。其原因在于，首先，人具有理性，而其他动物均不具有理性，但是大部分动物却具有位置运动能力。其次，理性常常不考虑任何实践之事，不考虑追逐或回避什么这样的事情（即在其理论的使用之中），而动物的前进性的位置运动则总是在追逐或回避什么；即使在它考虑这样的事情时（即在其实践的使用之中），它通常也不会直接向人们做出追逐或回避的命令；即使它做出了这样的命令，相关的人也可能还是没有听从该命令，比如在不节制的人那里情况就是如此。②

亚里士多德认为，位置运动能力主要是欲求能力或欲望。因为一方面，没有某种形式的欲望的参与，无论是想象力的运用，还是理性的运用，均无法引起前进性的位置运动。只有与某种形式的欲望的作用配合在一起，想象力的运用或者理性的运用才能够引起前进性的位置运动。另一方面，即使在没有想象力或理性的运用参与的情况下（甚至于在与理性的要求或算计 [logismos; calculation] 结果相悖的情况下），欲望（在此特指物欲）仍然能够引起前进性的位置运动。之所以有人会认为单纯的理性的运用便能够引起前进性的位置运动，是因为他们误将愿望看成了理性，而愿望的确常常会战胜物欲而引起一种合理的行动，比如在节制的人那里情况就是如此。与此相对照，在不节制的人那里，物欲则常常战胜愿望而引起一种不合理的行动。因此，无论如何，位置运

---

① 参见 Polansky 2007: 512-513。
② 参见 DA, 432b26-433a6; Polansky 2007: 509-511。

## 第 1 章 亚里士多德：人是有理性的动物

动能力应当主要是由欲望构成的。①

由于有些动物虽然拥有欲求能力，却不能进行前进性的位置运动，而且为了进行前进性的位置运动，除了欲望的作用以外，感性、想象力和理性等认知方面的能力适当的参与常常也是不可或缺的，因此，欲求能力并非就是位置运动能力。②那么，感性、想象力和理性为何在前进性的位置运动中也扮演着重要的角色呢？对此，亚里士多德的回答是这样的。首先，欲望本来就与感性密切地关联在一起。有感性的运用便会有快乐或痛苦，有快乐或痛苦便会有对获得快乐或避免痛苦的欲望。③其次，欲望所欲求的东西往往是不在眼前的或者还没有发生的事项，而呈现这样的事项恰恰是想象力的功能。④最后，就人来说，理性在其进行前进性的位置运动过程中也扮演着极为重要的作用，因为人的行动常常是深思熟虑的结果。从人类行动的基本结构中便可清楚地看出这点。

面对着一个特定的可感的对象或者与其相关的心象，一个动物或者将其视为好的，或者将其视作坏的，而且由此会在它那里引起快乐或痛苦的感受。就没有理性的动物来说，快乐或痛苦的感受，不仅会直接引起其对于获得快乐或避免痛苦的欲望（在此特指物欲），而且常常直接地导致其追逐或回避相关的可感的对象的行为。但是，就人来说，情形并非如此。首先，人的行动常常并非与当下的感觉进而物欲直接关联在一起，而是因对不在面前的欲

---

① 参见DA，433a17-25，434a12-15；Polansky 2007：190，506，512，515-520，531-532。

② 参见DA，433a6-9，Polansky 2007：506-507，511-512，519。

③ 参见DA，413b22-24，414b1-16；Polansky 2007：180-181，189-191，484。

④ 参见DA，429a5-8，431a14-16，433b28-29；Polansky 2007：180-181，485-486，523-524。

## 人：遵守规则的动物

求对象的想象进而相关的愿望而引起的。其次，更为重要的是，面对着有关特定的欲求对象的心象，人们常常会反复地思考是否要追逐或回避相关的欲求对象。只有在权衡了各种相关的可能性并计算了其利弊后，人们才会最终决定（prohairesis；decision）是否去追逐或回避某个对象，进而做出相应的选择（hairesis；choice）。在做出这样的决定和选择之后，人们接着会思考得到或回避该对象的手段。亚里士多德将这样的思考和选择过程即理性的算计过程——特别是其中有关实现相关愿望的诸可能手段的思考——称作"慎思"（bouleusis；deliberation）。慎思常常涉及所谓实践推理甚或实践三段论（practical reasoning or practical syllogism）。就道德领域来说，实践三段论通常会采取两种主要的形式。其一是这样的：人们应当以获取甲为目标，而做乙是达致这样的目标的手段，并且我欲获取甲，因此我做乙。其二是这样的：甲类型的人应当做某类事情，而乙便是某类事情之一，并且我欲做甲类型的人，因此我做乙。显然，后一种形式可以改造成前一种形式：人们应当成为甲类型的人，为了成为甲类型的人就应当做某类事情，而且我欲成为甲类型的人，因此我做这种类型的事情乙。①

与所有其他运动过程的情况一样，动物的前进性的位置运动也包含如下三种重要的因素：不动的推动者、被推动的推动者以及被推动的东西。不动的推动者是欲求的对象，即好东西或者貌似的好东西，被推动的推动者是欲求能力进而灵魂，被推动的东西是动物。欲求的对象通过首先作用于感性之上的方式而作用于欲求能力进而灵魂之上，使其处于运动之中。处于运动之中的欲求

---

① 参见DA,431a8-b10,433a9-21,434a6-9,434a16-22; NE, iii 1-4, vi 2; Polansky 2007: 190,483-486,489-490,514-517,532-533; Cooper 1975, Ch. 1。

## 第1章 亚里士多德：人是有理性的动物

能力在想象或理性认识的配合下，使得相关动物的相关身体部分（进而心脏）处于运动之中。接着，相关的动物开始其前进性的位置运动。不过，正如其他灵魂能力一样，欲求能力严格说来也不处于运动之中（换言之，其运用即欲求过程不是运动，而是活动），进而它不可能是被推动的推动者，而是不动的推动者。①

最后，我们可以回过头来讨论想象力或心象在所有理性运用（包括理论理性和实践理性的运用）过程中的作用了。从前文我们看到，想象力在实践理性的运用过程——也即在理性的实践运用中——起着重要的作用：在相关的主体做出决定和选择的过程中，特别是在其慎思过程中，想象将相关的各种可能性呈现给该主体。另外，可理知的对象通常是一般的，而欲求的对象常常是特殊的甚或是某个特定的个体，而心象恰好是特殊的，常常构成了某个类型的个例（tokens of some type），因此它们能够让实践理性与欲求的对象关联在一起。由于所谓理论理性不过是理性的理论使用，理论理性与实践理性本来就是统一的理性的两个方面，所以想象力必定也在理论理性的运用中起着重要的作用。事实也的确如此。对于成熟了的理性来说，其对象实际上已经以某种方式出现在它之中了（因为它内在地包含着共相）。因此，理性能够随时如其所愿地开展其认识活动，即对可理知的对象进行思维。但是，为了实际地开展其认识活动，理性还需要某种诱因。想象活动便提供了这种诱因，此即心象。心象使得理性能够将其认识活动聚焦在特定的可理知的对象之上。②

---

① 参见DA,433b5-27；Polansky 2007：521-523。

② 参见DA,430a10-25,431a1-b19,432a3-14；Polansky 2007：19,458-472,481-493,497-500。

## 1.2.5 灵魂能力的统一性

从前面的梳理我们看到,按照亚里士多德的理解,灵魂是一种实体,是潜在地拥有生命的自然物体的形式。作为一种独特的实体,灵魂拥有诸多能力:植物的灵魂仅仅拥有营养能力,动物的灵魂除此而外还拥有感性、想象力、欲望和位置运动能力,人的灵魂则进而还拥有理性。这是亚里士多德在《论灵魂》中所给出的灵魂能力的分类。① 在其他著作中,亚里士多德像一些哲学家那样,将灵魂能力简单地分成两种,即理性(rational)能力和非理性(nonrational)能力。营养能力、感性、欲望属于非理性能力。但是,想象力和位置运动能力则难以在这种二分法中得到适当的安置。②

亚里士多德常常将灵魂能力称为灵魂"部分",有时甚至于说诸灵魂部分分别拥有相应的诸灵魂能力(比如一个灵魂部分拥有理性,另一个灵魂部分拥有感性,还有一个灵魂部分拥有欲望,等等)。显然,灵魂部分只能是形式部分,不同于通常意义上的物体部分或质料部分,因为灵魂是形式而非质料或物体。正因为灵魂部分是形式部分而非物体部分,就某个或某种特定的有灵魂的存在物来说,其所拥有的所有灵魂部分始终是直接统一在一起的,即直接构成了统一的灵魂。③

---

① 亚里士多德所给出的灵魂分类是对柏拉图的灵魂三分说的修正和发展。柏拉图将灵魂分为三个部分:物欲、激情和计算部分。其中的计算部分相应于亚里士多德所说的理性。(参见 Plato, *Republic*, iv。)

② 参见 DA, 432a24-b7; NE, 1098a3-8, 1102a26-1103a13; Poli., 1333a15-36, 1334b15-28; Rhet, 1368b37-1369a4。

③ 参见 DA, 402b1-10, 411a24-b30, 413b11-414a3, 432a22-24; Meta., v 25, vii 10-11; Polansky 2007: 43, 44n.19, 47-48, 137-140, 178-180, 187。

## 第1章 亚里士多德：人是有理性的动物

对灵魂的统一性，亚里士多德还提供了两个进一步的证明。首先，就植物来说，其灵魂只拥有营养能力，因此其灵魂自然是统一的。就动物来说，其灵魂必定具有感性，而感性必定依赖于营养能力，因为如果动物不具备营养能力这种最低限度的灵魂能力，那么它们根本无法存活下来。此外，欲望和想象力均依赖于感性进而均依赖于营养能力。位置运动能力大部分说来是欲望，进而还依赖于想象力。就人来说，其理性，特别是其成熟及其正常的运用，也依赖于感性和想象力，进而依赖于营养能力。其次，从经验上来看，某些植物和动物在被分割以后，所分割出来的诸部分在一定的时间内仍然悉数拥有它们在被分割以前所拥有的所有灵魂能力。这个事实表明这些植物和动物的灵魂部分总是统一在一起的。

上面的讨论说明，就一个或一种特定的有灵魂的存在物来说，其灵魂的诸部分总是不可分离的（inseparable），进而其灵魂本身是不可分割的（indivisible）。不过，就那些在被分割以后其诸部分仍然能够存活一段时间的植物和动物来说，其灵魂在如下意义上是可以分割的：可以分裂成这样的灵魂，它们彼此完全一样，并且与分割前的植物和动物的灵魂也完全一样。这也就是说，这样的植物和动物的灵魂不是分割成了它们的诸灵魂部分（因此，并非像它们的身体被分割成了诸身体部分一样），而是分割成了众多与它们完全一样的灵魂整体。

尽管就一个或一种特定的有灵魂的存在物来说，其灵魂的诸部分是不可分离的，但是就不同类别的有灵魂的存在物来说，诸灵魂部分又是可以分离的。因为植物仅仅拥有营养能力，动物此外还拥有感性、想象力、欲望和位置运动能力等，人进而还

人:遵守规则的动物

拥有理性。[①]

## 1.3 灵魂与身体

从前文我们看到,亚里士多德将灵魂定义为潜在地拥有生命的自然物体的形式或其第一现实。这样,整体说来,灵魂不可能独立于特定的自然物体或身体而存在,或者说灵魂通常不可能与特定的自然物体或身体相分离。就营养能力、感性、想象力、欲望和位置运动能力而言,情况显然是这样的。这些能力的运用都需要相应的自然物体部分或相应的身体器官的配合。或者说,特定的灵魂需要特定的自然物体或身体充当其工具。因此,一些哲学家所坚持的灵魂转世说是不可能成立的。换言之,认为任何灵魂均可与任何偶遇的身体(chance body)或者任何身体均可与任何偶遇的灵魂(chance soul)适当地甚或完美地结合在一起的观点是不能接受的。不过,理性的情况则有所不同。由于不存在与理性相应的身体器官,因此理性显然不是任何身体部分的现实性。这样,理性从某种意义上说可以独立于任何身体而存在,即是可以与身体分离的,进而也是可以与其他的灵魂能力分离的。不过,正如前文所言,就人来说,其理性,特别是其运用,最终并不能完全脱离开身体。[②]

亚里士多德区分开了不同意义上的"分离"(choristos;

---

[①] 参见DA,409a9-10,411b5-30,413a31-32,b5-9,413b11-32,414a29-415a13; Polansky 2007:137-141,179-182,188-199。

[②] 参见DA,402a9-10,403a1-28,403b10,407b12-26,408b18-19,411a11-30, 412b13-14,413a4-10,413b11-414a28,429a10-b5,435a11-b3。进一参见Polansky 2007:50-57,100-102,137-141,167-170,178-187,434-443,546-553。

## 第1章 亚里士多德：人是有理性的动物

separate)。分离的基本结构是这样的：一个事物与另一个事物在某一方面分离。"某一方面"可以指位置（空间或量值）、解释（包含定义）、存在等等。另外，也应当区分开针对一个或一种事物的不同的部分而言的分离关系与针对不同种类的事物的不同的部分而言的分离关系。一个事物与另一个事物在位置上是分离的，是指前者可以拥有一个独立于后者的位置的位置，也即前者可以处于后者所不处于的位置之上；一个事物与另一个事物在解释（logos）进而定义上是分离的，是指前者的解释或定义独立于后者，也即在解释或定义前者时我们可以不提及后者；一个事物与另一个事物在存在上是分离的，是指前者的存在不依赖于后者，而后者的存在依赖于前者（存在上的分离又被称为"不加限定的分离"[choristos haplos]）。按照前面的讨论，就一个或一种有灵魂但并非有理性的存在物来说，其灵魂的诸部分彼此在定义上或者是分离的，或者不是分离的；而在位置和存在上则均不是彼此分离的。就不同种类的有灵魂但是并非有理性的存在物来说，其灵魂的诸部分彼此在定义上或者是分离的，或者不是分离的；而在位置和存在上彼此则是分离的。就有灵魂但并非有理性的存在物来说，其灵魂部分与身体在位置、定义和存在上均不是分离的。就有灵魂且有理性的存在物即人来说，其理性之外的灵魂部分与身体在位置、定义和存在上与身体均不是分离的。不过，其理性在位置、定义和存在上与身体则是分离的。相应地，其理性与其他灵魂部分在位置、定义和存在上也是分离的。由此看来，理性是非常特别的。亚里士多德有时甚至于因此断言理性是不可毁坏的，是永恒的。按照一些解释者的观点，这样的断言最好做如下理解：就每个特定的人类成员来说，其成熟了的理性包含了大量有关共相

## 人：遵守规则的动物

的知识，而这种知识就其主要部分而言，一方面在这个人出生以前便已经存在了，另一方面也不会随着这个人的死亡而化为乌有，因为根本说来它并不依赖于任何特定的个人而存在，尽管它们最终预设了人类共同体的存在。①

显然，有灵魂的存在物特别是动物的身体是由诸身体部分构成的统一的整体。那么，身体的统一性来源于何处？亚里士多德断言，身体的统一性只能源自于灵魂，而灵魂为了提供这种统一性，其本身不应当也不可能又是由有待统一在一起的部分构成的，否则就会出现无穷后退的困境。从前面的讨论我们看到，灵魂的确直接就是完美的统一体，因为其拥有的部分是形式部分。②

亚里士多德进一步断言，由身体和灵魂所构成的复合物的统一性，进而其同一性和存在性（或现实性）最后也只能来源于灵魂。这也就是说，就一个特定的有灵魂的存在物来说，正是其灵魂使得其作为一个特定的存在物而现实地存在的。尽管灵魂、身体和二者的复合物即有灵魂的存在物（质形复合物之一种）可以说都是实体，但是就一个特定的有灵魂的存在物来说，我们根本无法实际地区分出这三种不同的实体（而只能从分析上或从理论上将它们区分开），在这种意义上可以说灵魂与身体是同一个东西——

---

① 参见DA, 403a5-16, 403b7-19, 408b18-30, 413b13-16, 413b24-32, 427a2, 5, 429a10-b5, b21-22, 430a17-18, a22-23, 432a18-20, 433b22-25; EN, 1102a28-32; Meta., 1017b17-21, b23-26, 1018b9-1019a14, 1019a1-4, a11-12, 1028a31-62, 1035b23-24, 1042a28-32, 1070a24-26; Phys., 226b21-23, 260b15-20。进一步参见：Corcilius 2010; Fine 2003[1984]; Miller 2012; Polansky 2007: 6, 114-117, 163-170, 181-182, 434-443, 467-468, 502, 522; Shields 2009: 277-288, 2016: 80, 186。

② 参见DA, 410b10-15, 411b5-14, 412b6-9; Polansky 2007: 131-132, 136-137, 162; Shields 2014: 329-332, 2016: 161-163。

### 第1章 亚里士多德：人是有理性的动物

灵魂从现实上说是这个东西，而身体则从潜能上说是这个东西。最低限度说来，在此它们彼此绝不是独立或分离的；相反，它们以如下方式构成了一个统一体——直接具有统一性的灵魂首先赋予身体以统一性，进而赋予该复合物以统一性乃至同一性和存在性（或现实性）。①

最后，亚里士多德有关灵魂与身体的关系的观点可以总结如下：灵魂是身体的形式和现实，因此一方面，没有身体便没有灵魂，进而任何灵魂活动必定涉及身体运动；另一方面，灵魂并非就是身体，而是某种与身体相关的东西。由于现实必定出现于相应的潜能之中，因此灵魂出现于某种特定的、适合于它的身体之中。②

## 1.4 灵魂与生命

亚里士多德的灵魂学说旨在解释各种生命活动。在他看来，灵魂构成了诸种生命活动的原因或本原，或者说是灵魂赋予了自

---

① 参见DA,412a6-9,412b6-9,414a14-16；Polansky 2007：147-149,156,162,185；Shields 2014：332-339。一般而言，形式构成了质料的统一性的来源，而形式本身则直接就是统一的。进而，由质料和形式所构成的质形复合物的统一性及其同一性和存在性（或现实性）最终也来源于形式。就一个特定的质形复合物来说，其质料（在此仅指最近质料）和形式某种意义上可以说是同一个东西：质料从潜能上说是这个东西，而形式则从现实上说是这个东西。（参见Meta.,1023b19-20,1041a33-b33,1045a6-b23；Shields 2014：306-314。）亚里士多德有时也在如下意义上说，作为实体形式的灵魂与身体进而相关的复合物是分离的：就某种有灵魂的存在物中的某一个特定成员来说，其灵魂作为一个种可以不依赖于该特定成员而存在。这也就是说，即使该成员不存在，只要有其他的成员存在，那么该灵魂作为一个种也是存在的。比如，人的灵魂的存在并非依赖于某个特定人类成员的存在。（参见Meta.,1017b24-26,1028a33-34；Polansky 2007：170n. 40。）

② 参见DA,403a3-25,414a14-28；Polansky 2007：50-55,185-187。

## 人：遵守规则的动物

然物体或身体以生命。因此,有灵魂的存在物即有生命的存在物,是否有生命这点区别开了有灵魂的和没有灵魂的存在物。

存在着各种形式的生命活动,比如营养生命、感知生命、理知生命等等。亚里士多德认为,营养生命是最基本的生命形式,构成了所有其他类型的生命活动的基础。营养生命的原因或本原则是营养灵魂。因此,所有生命活动的终极的原因或本原是营养灵魂。进而,不同的生命活动的直接的原因或本原则为各种不同的灵魂能力。

首先,我们来看一下亚里士多德是如何论证营养生命是最基本的生命形式的。营养生命包含摄取营养、生长和衰败等等过程。首先,如果一个存在物能够摄取营养,因而能够自然地生长和衰败,那么它便是有生命的。有人可能会反对说,摄取营养、生长和衰败等活动并不构成生命的充分条件,因为没有生命的事物似乎也能够进行这些活动。对此,亚里士多德的回答是这样的：其一,这里所涉及的营养活动是自己为自己摄取营养进而是一种自我运动(self-motion),而无生命的事物不能做到这点；其二,这里所涉及的生长和衰败运动也是自我运动,而且可以是朝着相反方向甚至于各个方向进行的,而无生命的事物的运动不可能是自我运动,而且通常只是朝着一个方向进行的(四大元素的运动尤其如此)。其次,任何生命形式显然都必定有生长和衰败,进而都不能不摄取营养,因此营养生命构成了所有生命形式的基础。

那么,为什么营养生命必须源自于营养灵魂呢？对此,亚里士多德回答道：首先,营养活动是一种自我运动,而任何质料(包括就其自身来看的有生命的存在物的质料,比如动物的身体)均不能导致自我运动,只有形式即灵魂才能导致这样的运动；其次,生

## 第1章　亚里士多德：人是有理性的动物

长和衰败均是自我运动,而且均是有限度的,此外还是按比例进行的,而质料不能进行这样的运动,更不能为其提供指导,只有形式即灵魂才能做到这点。①

前文一再提到过亚里士多德的如下观点:诸灵魂能力或灵魂能力的运用严格说来并非是运动,而是活动。相应地,灵魂的运作严格说来也只能是活动,而非运动。灵魂本身并非处于运动之中,更不可能是自我运动者(self-mover),因为灵魂不是物体,即不是任何有广延的量值(extended magnitude)。不过,有灵魂的存在物即有生命之物则可以处于运动之中,进而是自我运动者:其灵魂为其运动的原因或本原,是不动的推动者;而其身体则可以受到灵魂的推动而处于运动之中,因而是被推动的推动者。由于由灵魂和身体构成的整个存在物可以处于运动之中,因此灵魂可以处于偶然的运动之中,进而可以是偶然的自我运动者。②

人们常常说灵魂或某种灵魂能力在感知什么,在思考什么,在憎恨某人,在爱慕某人,在发怒,在高兴,等等。由于感知、思考、憎恨、爱慕、发怒、高兴等等似乎均是运动,因此灵魂似乎必定也可以处于运动之中。对此,亚里士多德的回答是这样的:尽管人们常常这样说(他自己也常常这样做),但是严格说来相关的说法是不适当的,因为相应的活动必定要涉及特定的身体过程。严格说来,这些活动的主体只能是拥有灵魂或相关灵魂能力的自然物体,即相关的有生命之物。但是,相关的主体之所以能够进行这些生命

---

① 参见DA,412a11-19,413a11-31,415b8-416a18;Phys.,viii 4;Polansky 2007:152-153,171-178,207-213。

② 参见DA,403b20-409a30;Phys.,viii 4 and 6;Polansky 2007:62-71,83-122,151-153,175,212n. 18。

活动,恰恰是因为他们拥有灵魂或相关的灵魂能力。①

上面的讨论所论及的有生命之物仅限于有死的有生命之物。按照亚里士多德所给出的灵魂定义,无形的(无身体或无质料的)神显然不可能拥有灵魂。那么,这是否就意味着神是无生命的存在物呢?亚里士多德不接受这样的观点。在他看来,神虽然是有生命的存在物,但不是有灵魂的存在物,因为它们不具备最低限度的灵魂能力,即营养能力。神之所以不具备营养能力,是因为神根本不需要摄取营养。这也就意味着神不会历经生长和衰老的过程。换言之,神是永恒的。神始终处于对自身的思维进而对思维的思维之中,是纯粹的现实。②

## 1.5 人是有理性的动物

从前面的梳理我们看到,按照亚里士多德的理解,人生下来就拥有理性,不过,这样的理性还是不完全的理性。只有在获得了一定的经验,特别是历经了足够的教化以后,完全的理性或成熟的理性才得以形成。这样的理性就是拥有了一定的有关共相的知识的理性,借助于它,人们能够认识事物的本质并就事物做出判断、进行推理或证明。因此,完全的理性就是一种认识事物的本质并就事物做出判断、进行推理或证明的灵魂能力。

特别值得注意的是,按照亚里士多德的理解,就我们所处的

---

① 参见DA,403a3-25,408a34-b30,411a26-b5,414a12-13,429a10-11,22-27,429a31-b4;Polansky 2007:4,50-55,112-117,136,185,440,442-443。

② 参见DA,402b5-9,413a31-33;Meta.,xii,7 and 9;Polansky 2007:14,19,45,94,152-153,163,176。

## 第1章 亚里士多德：人是有理性的动物

月下世界（或地上世界）来说，拥有理性的存在物必须同时拥有感性、欲求能力、想象力、位置运动能力等，进而必定拥有身体。这也就是说，在这样的世界之中有理性的存在物必定是有死的存在物，即动物。而且，在这样的世界之中，只有人这种动物拥有理性，因此我们可以断言：（就我们所处的月下世界来说）人从本质上说就是有理性的动物。[1] 在此，"有理性"意味着拥有认识事物的本质并就事物做出判断、进行推理或证明的灵魂能力。按照亚里士多德的独特表述，人的灵魂的理性部分就是在这种意义上有理性的。不过，亚里士多德还对这个短语做了扩充的使用，也将处于如下情形中的灵魂的非理性部分（即感性、物欲和激情等）说成是有理性的，即它们（或它们的运用）与理性的要求一致，甚至于服从或听从了理性的要求（进而，相应的灵魂活动或相应的人在这种意义上也可以说是有理性的）。当然，包含于欲望中的愿望在这种意义上更加可以被说成是有理性的。总而言之，在亚里士多德这里，"有理性"既意味着字面意义上的拥有理性，也意味着仅仅服从理性。[2]

因此，"人是有理性的动物"这个命题的完整的意义是这样的：人是拥有理性并且能够服从理性的动物；人是拥有理性并且拥有欲望并且拥有想象力并且拥有感性并且拥有位置运动能力并且拥有营养能力的存在物。使得人与其他动物进而其他有

---

[1] 亚里士多德明确承认，在月下世界（或者说地上世界）之外存在着不死的具有思维能力进而理性能力的存在物，即非动物的理性存在物。（参见DA, 413a30-413b1, 414b16-19, 415a1-13; Meta., 991a10, 1050b16-29, 1069a30-3, 1071b3-5, 1073a23-34; EN, 1141a34-b1。）

[2] 参见DA, 414a29-414b19; EN, i 7 and 13; Poli., 1332a39-1332b10; PA, 641a32-b10。

## 人：遵守规则的动物

生命的物体区别开来的是其理性，理性以外的其他灵魂能力均是人的非本质的必然性质（idion; proprium, property）。所谓非本质的必然性质是指一类事物的这样的属性：此类事物必定具有它们，而它们又不属于此类事物的本质；不过，它们可以从该本质那里获得解释。比如，三角形的内角之和等于两直角，这点为三角形的非本质的必然性质，语法能力为人的非本质的必然性质。[1]

由于断言人是有理性的动物不意味着断言人没有感性能力、想象力、位置运动能力、营养能力等等，实际上事情恰恰相反；而且，人的理性本身的成熟要依赖于教化，进而依赖于经验，因此断言人是有理性的动物并非意味着断言人是由一个自然的部分和一种神秘莫测的超自然的部分构成的内在分裂之物，相反，这个断言意味着人是有理性的进而有生命的自然物体。

正是因为人从本质上说来是有理性的动物，因此除了能够按照自然（在此特指按照本能）和习惯而生活以外，更为重要的是，人能够按照理性的要求而生活。[2]由此，亚里士多德得出了其如下重要论断：人的功能或目的——即人的独特的活动——就在于其灵魂进而其本身的遵从理性要求的活动。以此论断为基础，亚里士多德进一步推导出了其有关人之好（agathos; good）的规定：既然人的功能就是遵从理性要求的活动，那么好人的功能就是很好并且高贵地完成遵从理性要求的活动，进而就是合乎适当的出色标准地，即合乎美德地完成遵从理性要求的活动，因此人之好就

---

[1] 参见 Polansky 2007: 38-39; Shields 2016: 84, 387, 393。
[2] 参见 Meta., 981b1-6; Poli., 1332a39-1332b10。

## 第1章 亚里士多德：人是有理性的动物

是合乎美德地完成遵从理性的要求的活动。①

显然，上述推导包含着如下论断和论证：人之好就是好人之好；由于好人之好在于合乎美德地完成遵从理性要求的活动，因此人之好也在于此。

按照亚里士多德的理解，我们之所以能够从人的功能或目的的角度来理解人之好，是因为就一个行动来说，它的好就是它的目的；而人生主要体现在人所从事的各种各样的行动或活动之上，因此人生之好即人之好也在于人生之目的。人生的目的多种多样，人生之好即人之好应当是相对于整个生命历程而言的最终的或最完全的目的，并且是自足的（autarkes; self-sufficient）目的。所谓最终的或最完全的目的是指这样的目的，人们仅仅因为它自身而追求它，而从来不为了其他目的而追求它。所谓自足的目的是指这样的目的，只要达到了这样的目的，人生就臻于圆满了，也即只要实现了这样的目的，人生整个说来就值得度过了，而另外再也不缺失什么了。最终的或最完全的并且自足的人生目的，就是首要的好（the chief good）。按照前文的初步规定，人之好就是合乎

---

① 按照亚里士多德的理解，人之美德（arete; virtue, excellence）分成两种：理智美德（virtue of intellect）和品格美德（virtue of character）。前者包括实践智慧（phronesis; practical wisdom）和理论智慧（sophia; theoretical wisdom），后者包括公正、节制、勇气等等。关于品格美德，亚里士多德做出了如下界定：品格美德是一种涉及决定或选择的状态，它是一种相对于相关的人的中项或中庸（mesotes; mean），而此中项是参照理性得到规定的，而且是按照拥有实践智慧的人规定它的方式得到规定的。或者，品格美德是合乎正确理性（orthos logos; correct reason）的状态，而正确理性是合乎实践智慧的理性（一般说来，正确理性是指得到正确地运用的理性或其结果），因此品格美德是合乎实践智慧的状态。所谓实践智慧是这样一种状态，它是对真理的把握，涉及理性，关注与人之好有关的行动。因此，人之美德就是使得一个人成为好人的状态。（参见EN, ii 5-6, vi 5, vii 13。）

美德地完成的遵从理性要求的活动。由于美德是多种多样的,因此人之首要的好的完整定义应当是这样的:人之首要的好即这样的活动,它们一方面遵从了理性的要求,另一方面又合乎最好的且最完全的美德,而且它们所要达到的目的就整个人生来说,是最终的或最完全的并且是自足的。

亚里士多德断言,这种意义上的人之首要的好就是幸福(eudaimonia;happiness),因为人之首要的好拥有或涉及人们通常认为构成了幸福的诸关键要素,比如美德、实践智慧、快乐、外在的好(external goods)(包括朋友、财富和政治权力)以及其他外在的因素(诸如好的出身、优秀的孩子、美丽等等)。由于首要的好就是活得好进而做得好(eu zen, eu prattein; living well, doing well),因此,幸福的人生就是活得好进而做得好的人生(简言之,美好的人生),而好人就是享有美好的进而幸福的人生之人。[①]

## 1.6 人是城邦动物

从前文的梳理不难看出,按照亚里士多德的理解,理性与共同体(koinonia;community,也译作"社团"、"社会")有着极其紧密的关联:理性的成熟依赖于教化,而教化必定是在特定的共同体中进行的,因此理性的成熟预设了共同体的存在。因此,如果人是有理性的动物,那么也可以说人是共同体动物或人是社会动物。

人所属的共同体多种多样,诸如家庭、村庄和城邦(polis; city, city-state)等等。亚里士多德认为,在这些共同体之中,只有

---

① 参见EN, i 1-5, 7-10, 13。

## 第1章 亚里士多德：人是有理性的动物

城邦才是真正完全而自足的，即只有城邦能够为其成员即邦民或公民（politai; citizens）[①]提供所有生活必需品，或者能够以更加稳定、更有保障的方式提供生活必需品，而且只有在其内人们才能实现其完全而自足的目的，即获得首要的好——幸福。[②]他进一步断言，人按照其自然（或者说，自然而然地）就属于城邦，也即人按照其自然就是城邦动物（politikon zoion; political animal）。那么，我们应当如何理解这个断言？按照一些解释者（比如Miller 1995: 30-36）的观点，该断言包含两层意义：其一，人生下来便拥有在城邦中生活所必须具备的能力——城邦能力（political capacity）；其二，人生下来便拥有生活在城邦中的冲动——城邦冲动（political impulse）。天生的城邦能力首先是指道德感（moral perception），进而还指语言能力，最终是指人所独具的理性。所谓道德感在此是指人天生就拥有的接受道德教化的能力，进而指其天生就拥有的通过习惯养成过程（habituation）和教育获得辨别道德上的好与坏即善与恶，进而正义与非正义的能力。[③]显然，只有拥有理性进而语言能力的人才可能拥有这样的道德感。对于人

---

[①] 亚里士多德所谓"邦民（公民）"严格说来仅指城邦内参与城邦议事和司法事务（the deliberative and judicial offices）或担任相关公职的人（他们是完全意义上的或没有限制条件的邦民）。但是，他常常对其做扩展的使用，将某些不能参与议事和司法事务的人（比如妇女和小孩）也称作"邦民（公民）"。这也就是说，就其扩展的意义而言，"邦民（公民）"指所有生而自由的本地居民（the free-born native residents）。（参见Poli., iii 1-2, 5-6; Cooper 2005: 70-71。）

[②] 参见Poli., 1252b25-1253a1, 1261b10-15, 1280b29-1281a3, 1326b1-10。有关自足性的界定，请参考前文的介绍，并进一步参考如下段落："自足意味着已经拥有一切，别无所求。"（Poli., 1326b29。）

[③] 按照亚里士多德的理解，正义即共同的好（the common good）。（参见NE, 1160a3-14; Poli., 1279a17-19, 1283b35-42。）

## 人：遵守规则的动物

何以天生便拥有城邦冲动,亚里士多德给出了如下解释:为了生存和繁衍下去,男人和女人、主人与奴隶自然而然地要结合在一起;为了更好地满足日常生活的需求,男人和女人、主人与奴隶这两个共同体自然而然地要进一步结合成家庭;生活在家庭中的人们逐渐产生了许多并非日常的需求,为了满足这些需求,邻近的诸家庭自然而然地要结合成村落;生活在村落中的人们逐渐地产生了进一步的非日常的需求,特别是对于幸福进而美好的生活的需求,而这些需求只能通过与邻近的其他村落结合在一起的方式来满足,因此村落自然而然地要结合成城邦。因此,人按照其自然是城邦动物。简言之,人之所以拥有天生的城邦冲动,是因为人终究要过美好的生活。[①]

如果说人按照其自然就是城邦动物,那么按照其自然就不能生活在城邦中的动物不可能是人,而只能是野兽(即使从生物学上说这样的动物是人,本质上说来我们也不能说它们是人);甚至于按照其自然根本无需生活在城邦中的有生命的存在物也不可能是人,而只能是神。当然,一个曾经属于某个城邦的人可以因为某种偶然的原因而不属于任何城邦了。现在,我们假定有这样一个"人",在他出生后便被丢弃于荒野但是却奇迹般地存活下来了。那么,这个"人"还是真正意义上的人吗?按照亚里士多德的理解,如果他还保留有城邦能力和城邦冲动进而理性和欲望等等灵魂能力,因而还能够融入某个城邦之中,那么我们便可以将他称作"人";但是无论如何,就其现实性而言,他还不是真正意义上或完

---

[①] 参见 Poli., 1252a24-1253a5, 1278b15-28; NE, 1162a15-29, 1169b17-23; EE, 1242a21-26。

## 第1章 亚里士多德：人是有理性的动物

全意义上的人。①

亚里士多德不仅断言人按照其自然或本性就是城邦动物,而且断言城邦是根据自然而存在的,甚至于断言城邦按照自然就先于(proteron; prior)其他共同体乃至任何特定的人。按照一些解释者(比如Miller 1995:40-41)的观点,城邦的自然存在性(natural existence)论题只能这样来理解:一方面,城邦源起于其成员的一种意义上的自然——其天生的城邦能力和城邦冲动(此处涉及的是人之自然之本来的意义,即人之相关活动内在的本原或原因);另一方面,城邦的使命在于帮助其成员充分实现他们的另一种意义上的自然,即实现他们的终极目的,达到完善状态,即获得他们首要的好——幸福(在此涉及的是人之自然之扩展的意义)。②

---

① 参见Poli.,1253a1-5,25-35。

② 关于人之两种自然之区分,请参见Aristotle, Phys., ii 1,8; Poli.,1252b30-1253a1,1334b14-17; DA,408b18,417a27-28, b16-26,429b6-10,430a19-22; NE, i 1-2,7-9, ii 1-2,5-6, vi 1,5,7, x 6-9; EE, iii 7, vii 2。(进一步参见Miller 1995:40-41,45。)按照另外一些解释者的观点,我们应当按照亚里士多德通常理解自然之物之自然存在性的方式,来理解城邦的自然存在性,即认为城邦也是根据其内在本原或原因意义上的自然而存在的。城邦的自然即其内在的运动和静止的本原或原因就是其政体(politeia; constitution)——其政体发生变化了就意味着其自身发生了变化。(参见Poli., iii 3。)泛而言之,所谓政体是指由普通法所规定的并且受到其支配的政治制度。(参见Keyt 1987:59; Reeve 1998:xlviii-xlix, lv-lvi。)这种解释不无问题。按照亚里士多德的理解,城邦并不是通常意义上的自然之物,而是由人(特别是立法者)以较小的共同体为基础建立起来的,尽管人是根据人之自然而将其建立起来的。(参见Poli.,1253a30-31,1273b32-33,1276b1-11,1326a35-38。)按照《物理学》中的表述,一个事物是根据自然而存在的,当且仅当它内在地包含着它自身运动和静止的本原或原因;而且,一般说来,一个事物在这种意义上是根据自然而存在的,当且仅当它是根据自然而非出于其他原因而生成的。(参见Phys., ii,并比较Meta., v 4。)因此,城邦不可能是根据内在本原或原因意义上的自然而存在的。(参见Miller 1995:37-40,56-61。)

## 人：遵守规则的动物

那么，城邦为何是根据自然而存在的？对此，亚里士多德给出了如下论证：作为城邦的来源和构成基础的较小的共同体——男人和女人以及主人和奴隶的结合，进而家庭、村落——均是根据自然而存在的；而城邦本身则是这些较小的共同体充分展开了的形式（或者说是其完成了的形式），也可以说是其目的，进而就是其自然——这也就是说，城邦是较小的共同体自然的扩展（natural extension）；因此，城邦是根据自然而存在的。[①] 该论证假定了所谓自然性的传递性原则（the transitivity of naturalness principle）：如果 $C_1$ 是根据自然而存在的，而 $C_2$ 是 $C_1$ 的一个自然的扩展，那么 $C_2$ 也是根据自然而存在的。[②]

按照上述有关城邦的自然存在性论题的解释，城邦之所以是根据自然而存在的，其部分根据就在于人之自然的城邦性（naturally politicalness）——人根据其自然便是城邦动物。

那么，应该如何理解城邦的自然先于性（the natural priority）？在其著作中，亚里士多德至少区分开了四种不同意义的"X之先于Y"：（1）与Y相比，X更接近于开始。此开始可以是绝对的，也可以是相对的，而且它既可以是一个位置，一个时间，也可以是一个运动、一种权力、一种安排等等。这种意义上的时间上的先于性即"生成上的先于性"（priority in generation）。（2）为了获得有关Y的知识需要具备有关X的知识，但是为了获得有关X的知识不需要具备有关Y的知识。此为"知识上的先于性"。（3）X比Y更加完全或更加完善，即比Y获得了更为充分的实现，因而更为自足。亚里士多德断言，生成上后于（posterior

---
① 参见Poli., 1252a24-1253a5。
② 关于城邦之自然存在性的如上解释，请参见Miller 1995：37-45。

## 第1章 亚里士多德：人是有理性的动物

in generation）某物的东西在这种意义上是先于该物的。(4) X能够在Y不存在的情况下存在，而Y不能在X不存在的情况下存在。在不同的场合，亚里士多德将后两种意义上的先于性均称为"实体上的先于性"（priority in substance）和"自然上的先于性"（priority in nature）。为了避免混乱，有的解释者将第3种意义上的先于性称为"完全性上的先于性"（priority in completeness），而将第4种意义上的先于性称为"分离性上的先于性"（priority in separateness）（这种先于性同于前文谈到的存在上的分离性）。①

城邦不可能是在前两种意义上先于个别人的。从亚里士多德的相关表述看，他是在后两种意义上理解这个论断的：其一，城邦的存在不依赖于其特定的个别成员的存在，而其个别成员的存在则依赖于该城邦的存在，至少要依赖于某个城邦的存在；其二，只有城邦是真正完全的或自足的，而个别人就其自身来看不可能是完全的或自足的，他们只有在城邦中才能够充分地实现其自然或目的，即获得其首要的好或幸福。前一种理解似乎是可以质疑的，因为如前所言，某个个别成员是可以独立于其城邦而存在的，他甚至于可以独立于任何城邦而存在。后一种理解无疑是可以接受的，因为个别成员即使能够独立于其所属的城邦甚至于任何城邦而存在，但这时他们不能充分地实现他们的自然或目的，即获得首要的好或幸福。不过，这两种理解在如下意义上从某种程度上说是可以协调一致的：虽然一个人或许能够在某个甚或任何城邦之外存活下来，但是无论如何，在城邦之外，他不可能充分实现他的自然

---

① 参见Meta., v 11, vii 1, ix 8; Cat., 12; GA II, 6; Phys., viii 7 and 9。进一步参见Keyt 1987: 63-65, Miller 1995: 46-47。

## 人：遵守规则的动物

或目的，因此他不可能很好地完成人所应该完成的功能（尽管他或许仍然具备与这种功能相应的能力和冲动，特别是城邦能力和城邦冲动，进而理性和欲望等等灵魂能力）。这样，根据功能决定论题，严格说来我们不能将他称作"人"，而仅仅是在同名异质意义上（homonymously）才可以这样称谓他。[①]

上面我们简单地梳理了亚里士多德的三个重要论题：人之自然的城邦性；城邦的自然存在性；城邦的自然先于性。在这些论题中"城邦"均指古希腊所特有的一种政治组织，即由共享一种政体的邦民（公民）所形成的一种共同体。[②]因此，城邦可以看成一种独特的质形复合物，其质料为一定数量的人口和领土，其形式为其政体。[③]就领土来说，城邦由作为其中心的城市及其周围的农田组成。其中心城市通常都会建有城堡和市场。与现代国家不同的是，城邦一般规模较小，因此其邦民均能够直接参与城邦的管理。与现代城市不同的是，城邦享有最高的权威和主权：制定政体（或宪法），设计并实施法律，惩罚罪犯；拥有军队，可以缔结联盟，发动战争，等等。在其相关著作中，亚里士多德主要是在这种意义上使用"城邦"这个名词的。但是，在少数地方，他对其做了扩展的使用，用其意指这样的动物群体：其成员拥有某种共同的工作（koinon ergon; common work, common function），即能够为了某个共同的目的而分工合作。人自然也是这种意义上的城邦动物。此外，还有许多其他动物在这种意义上也是城邦动物：蜜蜂、

---

① 参见Poli., 1253a19-26, 1326b1-25。进一步参见Miller 1995: 45-53。
② 参见Poli., 1275b15-20, 1276b1-2, 1279a15-20。
③ 参见Poli., 1276b1-13, 1325b32-1326a8。

## 第 1 章 亚里士多德：人是有理性的动物

蚂蚁、鹤等等。①不过,与其他城邦动物相比,人是更高级的城邦动物,因为只有人有理性和语言能力,进而只有人有道德感,能够辨别道德上的好与坏并区分开正义与非正义,并将自己的道德判断告知于人。②正是基于这种独特的道德感,在城邦中人们之间还具有独特的城邦友谊(politike philia; civic friendship),即人们关心彼此的道德品质,关心对方是什么样的人。③此外,理性和语言能力还使得人们的分工合作无论从量上说还是从质上说,都与其他城邦动物的分工合作具有了天壤之别。④

---

① 参见HA,488a7-10。
② 参见Poli.,1253a7-19; NE,1170b5-14。
③ 参见EE, viii 9-10; NE, ix 9-12; Poli., iii 9。
④ 在其动物学著作中,亚里士多德首先区分开了群居(agelaia; gregarious)动物和独居(monadika; solitary)动物,其次将群居动物区分为城邦动物和散居(sporadikos; scattered)动物,并认为人虽然一般说来是群居的,但是在特殊情况下个别"人"——某些不同寻常之"人"——也能够过独居生活。包括人在内的城邦动物是高级的群居动物,它们能够分工合作。除此而外,还存在大量常规的群居动物,它们不能分工合作,但是通常也总是过着群居的生活,比如牛、羊、某些鱼类等等。按照字面意义,散居动物是指总是以较小的群组分散开来生活的动物,但亚里士多德似乎也将牛、羊、某些鱼类等典型的群居动物看作散居动物,其根据大概是它们虽然生活在一起,但是并不是在通过分工合作的方式来做一种共同的工作,而是总是在分别地做同一种"工作"。独居动物指总是独自生活的动物。(参见HA,487b33-488a14。进一步参见Mulgan 1974; Kullmann 1980; Keyt 1987: 60-61; Miller 1995: 30-31; Depew 1999; Cooper 2005。)

# 第2章 康德：人是拥有规则和原理能力的动物

前文表明,按照亚里士多德的理解,"人是有理性的动物"这个命题的完整的意义是这样的:人是拥有理性并且能够服从理性的动物;人是拥有理性并且拥有欲望并且拥有想象力并且拥有感性并且拥有位置运动能力并且拥有营养能力的存在物。

众所周知,亚里士多德的这种人性观在哲学史上产生了深远的影响。后来的哲学家们对这个观点特别是其所涉及的理性概念做出了各种各样的阐释。其中,与本书的主题密切相关的阐释是由康德给出的。接下来我们便讨论康德的相关理解。

## 2.1 心灵能力

康德认为,人的灵魂能力（Seelenvermögen, Seelenkräfte）或心灵能力（Gemütsvermögen, Gemütskräfte）虽然多种多样,但是最终说来均可归约为以下三种能力:认识能力（Erkenntnisvermögen）、感受力（Gefühl）和欲求能力（Begehrungsvormögen）。认识能力分为低级认识能力和高级认识能力:前者为感性（Sinnlichkeit）;后者包括知性（Verstand）、判断力（Urteilskraft）

## 第 2 章 康德：人是拥有规则和原理能力的动物

和理性（Vernunft）。欲求能力也分为低级欲求能力和高级欲求能力：前者为物欲；后者为意志（Wille）。感受力在此特指对愉快和不快（Lust und Unlust）的感受能力。此外，康德也讨论了想象力（Einbuildungskraft），将其看作一种将感性和知性联系起来的认识能力。下面我们简要地讨论一下康德有关这些心灵能力的理解。

### 2.1.1 感性

康德将感性分成两种，即属于认识能力的感性和不属于认识能力的感性。前者包括感觉能力（Sinn, Sinnesvermögen）和想象力，后者指对愉快和不快的感受能力。此节讨论的是属于认识能力的感性，特别是感觉能力。①

康德认为，这种意义上的感性是我们的心灵经由受到对象的刺激（affizieren，也可宽泛地译作"影响"）的方式接受（empfangen）表象（Vorstellung）的能力。②因此，感性是我们的心灵的一种接受性（Empfänglichkeit, Rezeptivität）。一个对象通过刺激或影响我们的感性而在其上所造成的结果（Wirkung）构成所谓感觉（Empfindung）或感觉印象（sinnlicher Eindruck, Eindruck der Sinne）。感觉或感觉印象也是一种表象，即直接的表象。因此，感性是我们的心灵对于感觉印象这种直接的表象的接受能力——简言之，对于感觉印象的接受性（Rezeptivität der

---

① 参见 Anth, AA 7: 153; MS, AA 6: 211Anm.。

② "Vorstellung"或许是康德使用最多的一个哲学概念，也是其哲学系统中最基本的概念。一般说来，它意指心灵的任何规定性或变状（Bestimmungen des Gemüts, Modifikationen des Gemüts），包括感觉、知觉、直观、概念、认识等等。（参见 KrV, B 50/A 34, A 98-99, B 242-243/A 197, B 376-377/A 320。）

人：遵守规则的动物

Eindrücke der Sinne）。

一般说来，直观（anschauen）是一种认识直接地关联到对象的那种方式。通过直观活动我们得到关于对象的直接的、单个的表象——作为直观活动的结果的直观（Anschauungen）。因此，只有对象被以某种方式给予了我们时，直观才能发生。人之有限性决定了人之直观只能是感性的（因而，感性可以说就是一种直观能力［das Vermögen der Anschauungen］），也即只有在对象通过刺激人之心灵而被给予了人时，人之直观才能发生。因此，人之直观仅仅包含着人受到对象刺激的那种方式。经由感觉即感性的运用而与对象发生关联的那种直观，叫作经验直观（empirische Anschauung）。如果我们从经验直观中将属于感觉的所有东西都分离出去，所剩下的东西就只有先天直观形式了，也即纯粹直观（reine Anschauung）。纯粹直观是感性进而心灵（或主体）能够先天地提供的唯一的东西。有两种作为先天的认识原理（Prinzipien der Erkenntnis a priori）的感性纯直观形式，即时间和空间，它们分别作为形式属于我们的内感能力（der innere Sinn）和外感能力（der äußere Sinn）。[①]借助于外感能力我们将诸对象表象为处于我们之外的，而且将它们悉数表象在空间之中。正是在空间之中，诸对象的形状、大小及其彼此之间的关系得到了规定。借助于内感能力我们直观我们自身或者我们的内在状态，并

---

① 作为感性之基础和核心部分的感觉能力是指以相关的对象之在场为前提的直观能力（das Vermögen der Anschauung in der Gegenwart des Gegenstandes）。外感能力是指当有形的事物（körperliche Dinge）或物质事物刺激人的身体时起作用的感觉能力；内感能力则是指人的身体受到人的心灵的刺激时起作用的感觉能力。（参见Anth, AA 7: 153。）

## 第2章 康德：人是拥有规则和原理能力的动物

且将一切属于内在状态的东西都表象在时间关系之中。内感能力的直观即内部直观（die innere Anschaung），外感能力的直观即外部直观（die äußere Anschauung）。

经验直观（进而感性直观）的对象即显象（Erscheinung）。①就任何一个事物来说，当其刺激我们的感性或感觉能力时，我们便形成有关其的杂多的感觉印象——因此，感觉印象又被称为感性杂多或直观杂多（das Mannigfaltige der Sinnlichkeit, das Mannigfaltige der Anschauung）。与此同时，我们必定会将这些杂多的感觉印象放进特定的空间和时间次序之中，以形成有关该事物的显象。空间是所有外感能力的显象（或者说外部显象）的形式（其先天的形式条件）；而时间首先是内感能力的显象（或者说内部显象）的形式（其先天的形式条件），进而也是外感能力的显象的形式（其先天的形式条件），因此是所有显象的形式（其先天的形式条件）。因为显象是一种表象（更准确地说，是相关表象之全体），而就表象来说，无论其是否以外部事物作为对象，就其自身来说均是心灵的规定性，因此均属于内在状态，而内在状态均隶属于内部直观的形式条件，进而隶属于时间。这也就是说，一切显象（或者说一切感觉对象）均必然处于时间关系之中。②

因为作为纯粹直观形式的时间和空间真正说来来自主体，进而来自主体的心灵，因此，刺激我们的感性的事物就其本身来说，并不处于时空形式之中。如此理解的事物即所谓物本身（Ding an sich, Ding an sich selbst）或先验对象（der transzendentale

---

① 有时康德将经验直观本身直接视作显象。（参见KrV, B 160。）
② 关于以上段落，请参见KrV, B 1-2, B 33-73/A 19-49, B 236/A 191; Logik, AA 9: 11,91。

## 人：遵守规则的动物

Gegenstand, das transzendentale Objekt)、本体（noumenon）。[①]在此,康德的观点遇到了一个难以克服的困难：按照通常的理解,刺激是一种因果关系（事实上,康德自己在许多地方恰恰将物本身称作"表象的非感性的原因"或"显象的原因"[②]),而因果关系应当是一种存在于时空事物进而感性事物之间的关系,但是物本身恰恰不处于时空之中,因此物本身似乎根本就不可能直接刺激我们的感性。[③]一种解决方案是认为在此直接受到物本身刺激的不是主体的感性的方面（das Sinnliche im Subjekte）或者说经验主体,而是其超感性方面（das Übersinnliche im Subjekte）或者说主体本身（das Subjekt an sich selbst）。主体的超感性方面在受到一个物本身的直接刺激之后,产生关于该物本身的先验表象,而该先验表象作为物本身进而刺激主体的感性方面,让其产生关于第一个物本身的经验表象即感觉。[④]但是,超感性事物之间如何能够发生因果刺激关系？而且,发生于超感性事物之间的因果关系或其他意义上的刺激关系如何能够用来解释处于时空之内的人的认识之本性？

对于上述困难,另一种可能的解决方案是这样的：将相关的刺激看成未图式化的根据和后承范畴之间的形式关系（das formale

---

[①] 参见 KrV, B xxvii, B 42-45/A 26-30, B 50-52/A 34-36, B 53-61/A 36-44, B 64/A 46, B 67, B 72, A 105-109, B 235/A 190, B 293-315/A 235-260, B344-345/A 288-289, A 358, A 380, A 393, B 522-523/A 494-495, B 641-642/A 613-614。

[②] 参见 KrV, B 344/A 288, A 372, B 522/A 494。

[③] 参见 Jacobi 1968: 291-310; Allison 2004: 64-65。

[④] 参见 Vaihinger 1892: 53; Adickes 1929: 58-59; Prauss 1974: 192-204; Stang 2010, 2015。

## 第 2 章 康德：人是拥有规则和原理能力的动物

Verhältnis der unschematisierten Kategorien von Grund und Folge）。①这也就是说，物本身或先验对象或许仅仅构成了我们的感性表象的逻辑根据（logischer Grund），而非其实在根据（der Realgrund），进而并非亚里士多德所说的效力因（我们通常所说的原因）。②这种解释似乎可以从如下事实中得到支持：康德常常简单地说，物本身或先验对象构成了显象（或经验直观、感性表象、

---

① 参见Ewing 1924：Ch. VII；Allison 2004：50-73；Haag 2007：Kap. 3。
② 在此有必要了解一下康德的根据学说。康德是这样定义根据的："（一般说来）根据就是这样的东西，借之某种其他的东西（某种不同的东西）被确定地设定了（wodurch etwas Anderes [Verschiedenes] bestimmt gesetzt wird）。"（AA 11：35）在给出这个定义之前，他还以看起来不甚相同的方式定义过根据："规定（Bestimmen）意味着设定两个对立的谓词中的一个，而排除另一个。联系着一个谓词规定一个主词的东西（Was ein Subjekt in Beziehung auf ein Prädikat bestimmt）叫作根据。"（ND, AA 1：391）这也就是说，根据就是据以建立主谓关系进而给出一个断言的东西；换言之，根据就是据以将一个性质表述给一个事物或确立一个事实的东西。因此，这个定义与前一个定义是一致的，可以从其逻辑地推导出来。根据与后承相对，它们是关联概念。关于后承，康德的定义是这样的："后承是这样的东西，除非其他某种东西被设定了，否则，它不会被设定。"（AA 11：35）康德区分开了逻辑根据和实在根据。所谓逻辑根据是指与其后承处于逻辑关系的根据（即逻辑根据的后承可以从逻辑根据中仅仅依据逻辑规律推导出来）；所谓实在根据是指与其后承处于实在关系的根据，或者具有客观实在性的根据（即实在根据的后承不能从实在根据中仅仅依据逻辑规律推导出来，相反，为了得到这样的后承，我们必须看一下实际情况是什么样的）。因而，逻辑根据就是无关乎实际事物或经验对象的根据；实在根据就是有关实际事物或经验对象的根据（或者说在感性直观中得到综合使用的根据）。（在《实践理性批判》中［AA 5：49］，康德将在理智直观中得到综合使用的根据称作"本体原因"。）康德将有关实际事物或经验对象的存在的根据称作"实质的（materiale）实在根据"，将有关实际事物或经验对象的直观的根据称作"形式的（formale）实在根据"（比如，三角形的三个边包含着其角的形式的实在根据）。实质的实在根据或者包含着这样的根据的事物便是亚里士多德意义上的效力因："所有包含着一个事物的存在的根据的东西都是该存在的原因。"（ND, AA 1：394）"包含实质的实在根据的东西叫作原因。"（AA 11：36）（参见Esler 1984：228；Eidam 2000：19-20。）

## 人：遵守规则的动物

感觉对象）的"根据",而并没有清楚地告诉我们,在这些地方他所谓的根据究竟指的是什么样的根据。① 不过,在相关的几乎所有段落中,康德无论如何都明确地断定了物本身或先验对象对于我们的感性的决定作用：它们决定我们的感性产生特定的结果,即显象（或经验直观）的质料（即感觉）。② 比如,在如下段落中：

> ……它〔即《纯粹理性批判》〕并没有将感性表象的材料的这种根据本身再次置于作为感觉能力的对象的事物之中,而是将其置于某种超感性的事项即构成了作为感觉能力的对象的事物之根据的东西并且我们对其不能拥有知识的东西之中。它断言：作为物本身的诸对象为经验直观提供了材料（它们包含着这样的根据,它依据人的感性决定了〔或规定了〕其表象能力〔sie enthalten den Grund, das Vorstellungsvermögen seiner Sinnlichkeit gemäß zu bestimmen〕),但是它们并不是经验直观的材料。③

---

① 参见KrV, B 66/A 49, B 333/A 277, A 379-380, B 573-574/A 545-546, B 641/A 613; AA 4: 314-315。

② 有些解释者认为,如果我们将物本身与显象的区分理解成一种形而上学的区分,那么康德在此便陷入了一种过度决定的困境：一方面,物本身引起了进而充分地决定了（无论是因果地还是非因果地）感性表象；另一方面,感性表象在显象领域中必定也受到了其他显象的充分的因果决定。（参见Hanna 2006: 422-423。) 在我看来,康德在此不必面临过度决定的困境,因为在康德这里,只有在物本身在主体这里引起了感性表象之后,感性表象才能进一步地被主体安排进因果关系之中；而在当代哲学所讨论的过度决定困境中,两种看似均充分的决定原因应该是同时起作用的。（参见Kim 2011: 216; 韩林合2013: 第7章。)

③ ÜE, AA 8: 215.

## 第 2 章 康德：人是拥有规则和原理能力的动物

这种决定作用即使不同于通常的因果决定，但是至少拥有通常的因果决定中，结果与原因之间所拥有的那种特定的内容上的依赖关系：相关的质料进而显象本身内容上而非单纯形式上，依赖于相关的物本身或先验对象（超感性事物）。显然，存在于未图式化的根据和后承范畴之间的单纯的形式关系，即逻辑关系，无法拥有这样的决定作用；相反，能够拥有这样的决定作用的，只能是根据和后承之间的实在关系，也即，相关的根据只能是康德所说的实在根据，即亚里士多德所说的效力因（通常所说的原因）。因此，物本身或先验对象对我们的感性的刺激作用，只能是通常意义上的因果作用，即康德的因果范畴所表示的那种作用，尽管这点的确难以理解。①

人的直观必定是感性的，而且必定是在时空形式中进行的。康德认为，其他有限思维存在物的直观也应当是感性的，但是，不必是在时空形式中进行的。②

---

① 我们要注意，按照康德的观点，最终说来，物本身或超感性事物对感性事物的因果作用（或无论什么样的决定作用）根本是无法令人满意地得到解释的，因为物本身或超感性事物恰恰是不可认识的，是我们完全无从知晓的某物（ein Etwas = $x$, wovon wir gar nichts wissen）。（参见 KrV, A 105-110, 250-251。）在我看来，康德的困难是由于他所坚持的如下观点导致的：我们通常感知的每个事物似乎都有一个作为其根据甚或原因的物本身。如果我们放弃这种观点，转而坚持如下更为彻底的观点，那么康德的困难便得到消解了：所有事物实际上均只是人们借助于各种各样的概念对作为物之初的至一或道所做的各种各样的"划分"进而整理之结果；至一或道构成了它们的最终的根据，但并非构成了其通常意义上的原因，也并非构成了通常意义上的决定者；但是，如果没有至一或道，便没有任何事物。通常意义上的因果关系包括所谓刺激关系只能成立于通常的事物之间，而非成立于至一或道与它们之间。通常的人只能生活在由通常的事物及其关系所构成的现象世界之中，而不可能生活于与至一或道同一的境界之中。（参见韩林合 2014：二·二。）

② 参见 KrV, B 33/A 19, B 43/A 28, B 51-52/A 35-36, B 71-72, B 75/A 50, B 138-139, B 341-347/A 286-289。

人：遵守规则的动物

无限的存在物即所谓原初存在物（Urwesen）（比如上帝）所拥有的直观是所谓的理智直观（intellektuelle Anschauung）：即这样的直观，通过其本身，相应的直观对象便被给出了。①

从上一章我们看到，按照亚里士多德的观点，在感性运作过程中，可感知对象的形式以某种方式进入感性之中了。在此我们看到，按照康德的观点，可感知对象（即所谓显象）的形式本来就来自感性。当然，康德所说的形式不同于亚里士多德所说的形式：前者仅仅指时空位置，而后者则泛指可感对象的质料的组织方式。

### 2.1.2 知性和想象力

我们看到，感性是我们的心灵接受表象的能力，是我们的心灵的一种接受性。与此相反，知性则是我们的心灵自己产生表象的能力，是我们心灵的一种自发性（Spontaneität）。②

一般说来，知性是一种非感性的认识能力。但是，人之直观只能是感性的，即必须通过感性的运用来进行，独立于感性，人不能享有直观。因此，人的知性不是一种直观能力。但是，除了直观就只有经由概念（Begriff）而进行的认识了。因此，人借助于知性而进行的认识，是一种经由概念而进行的认识，不是直观的（intuitiv），而是推进式的（diskursiv）。③

---

① 参见KrV, B 68-69, 71-72, 138-139, 145-146, B 335-337/A 279-281。

② 参见KrV, B 75/A 51。

③ 参见B 33-34/A 19-20, B 92-93/A 67-68。与此形成鲜明对照的是，由于无限的存在物（比如上帝）拥有理智直观，即其直观活动本身便为自己提供了对象，因此它们的知性是直观的，而非推进式的，进而其认识只应当是直观而非思维。（参见KrV, B 68-69, 71-72, 135, 138-139, 145, 307-309, B 311-312/A 255-256; KU, AA 5: 405-407。）在此请注意：在康德文本的翻译中，"diskursiv"通常被译作"推

## 第2章 康德：人是拥有规则和原理能力的动物

经由概念而进行的认识即思维。因此，人之知性是一种概念能力（das Vermögen der Begriffe），进而是一种思维能力（das Vermögen zu denken）。其全部能力（Vermögen）——更准确地说，其全部功用——就在于经由概念来思维感觉能力的对象或感性直观的对象（der Gegenstand sinnlicher Anschauung）。①

经由诸概念思维来感性直观的对象就意味着使用它们做出判断。因此，知性的全部行动均可追溯至判断，所以知性也是判断能力或做出判断的能力（das Vermögen der Urteile, das Vermögen zu urteilen）。②

因此，知性的自发性直接意味着概念的自发性和思维的自发性，进而意味着认识的自发性。③

那么，如何理解概念？康德认为，概念是间接的、一般的表象，需要借助于许多事物共同具有的特征（Merkmale）而间接地关联到对象。④

概念或者是经验的，或者是纯粹的。经验概念包含着感觉成分，是从感觉经验中抽象而来的；而纯粹概念则没有掺杂任何感觉成分，而仅仅包含着有关对象的思维形式，不是从感觉经验中抽

---

论（式）的"。但是，此译法不太适当，因为在相关语境中这个词的意义是：与概念（进而与话语）有关的，甚或是："有条不紊地从一个概念推进到另一个概念"（von Begriff zu Begriff methodisch fortschreitend）。后一种意义所涉及的概念推进自然包括推论，但是显然远不止于推论，此外还包括判断活动等等。

① 参见KrV, B 74-77/A 50-52, B 94/A 69, A 97, A 126, B 145, B 199/A 159-160; Logik, AA 9: 91。

② 参见KrV, B 93-94/A 68-69, B 106/A 81, A 126。

③ 参见KrV, B 74-75/A 50-51, B 93-94/A 68-69, B 102-103/A 77, A 97, A 126。

④ 参见KrV, B 93/A 68, B 377/A 320; Logik, AA 9: 91。

## 人：遵守规则的动物

象而来的，而是源自知性。只有纯粹概念（和纯粹直观）才是先天可能的（a priori möglich），而经验概念（和经验直观）则仅仅是后天可能的（a posteriori möglich）。①

纯粹的先天概念（reine Begriffe a priori）虽然并非源自感觉经验，不含有任何感觉成分，但是为了成为真正的概念，即人们借以思维了某个事物的概念，它们必须与可能的经验发生关联，或者说必须包含着——甚至于就构成了——可能的经验，进而可能的经验的对象的先天条件（或者说先天根据）。康德将这样的纯粹的先天概念称作"纯粹知性概念"（reine Verstandesbegriffe）或"范畴"（Kategorien）。②

康德认为，人之知性的全部功用最终说来就在于，经由纯粹知性概念或范畴来思维感性直观的对象，也即在于这样的行动：将在感性直观中提供给它的杂多之综合带至统觉的综合统一性（die Handlung, die Synthesis des Mannigfaltigen, welches ihm in der sinnlichen Anschauung gegeben worden, zur synthetischen Einheit der Apperzeption zu bringen）。为了做出此行动，我们必须使用纯粹知性概念或范畴。至于统觉的综合统一性为何必须借助于范畴而进行，康德给出了如下论证：人们借以将给定的表象杂多（在此表象可以是直观，也可以是概念）置于一个统觉之下的知性行

---

① 参见KrV, B 74-75/A 50-51, B 90-92/A 65-67, A 95-96, B 123-124/A 91, B 144, B 377/A 320; Logik, AA 9: 92。所谓"先天的"是指独立于感觉经验的，而"后天的"则是指依赖于感觉经验的。在此要注意：一般来说，并非只有纯粹的事项才可能是先天的。比如，按照康德的观点，"任何变化均有原因"这个命题本身是先天的，但并非是纯粹的（即并非不包含任何感觉成分），因为其所包含的变化概念源自感觉经验。因此，先天的事项可以不是纯粹的。（参见KrV, B 3-4）

② 参见KrV, B 124-127/A 92-94, A 95-97, 110-112。

## 第2章 康德：人是拥有规则和原理能力的动物

动是判断的逻辑功能,而范畴恰恰就是这种意义上的判断的逻辑功能(如果它们规定了一个给定的直观的杂多)。有时康德甚至于断言,统觉的综合及其统一性完全先天地包含在范畴之中了。①

在此提到的判断的逻辑功能,是指联系着认识内容即联系着认识对象的判断的逻辑功能。相应意义上的判断的逻辑形式,在于其所包含的诸概念的统觉的客观统一性(die objektive Einheit der Apperzeption)。此种统一性是一种综合的统一性。如果我们不考虑认识内容,即不考虑与认识对象的关联,而只考虑认识形式,那么判断的逻辑功能仅仅在于提供诸概念之间的分析的统一性(die analytische Einheit)。相应意义上的判断的逻辑形式,就在于这种意义上的统一性。康德断言,后一种意义上的判断的逻辑功能总共有四类,相应的判断总共也有四类：有关数量的判断、有关性质的判断、有关关系的判断和有关模态的判断。这四类判断又进一步分为十二种判断。相应地,联系着认识内容,进而认识对象的判断的逻辑功能,进而范畴也有四类十二种：量的范畴、质的范畴、关系范畴和模态范畴。②

康德断言,纯粹知性概念或范畴可以说指导着知性在经验中的一切使用,统觉的综合统一性原理是人之知性的一切使用的最高原则。③

就其最为一般的意义来说,所谓综合是指,将不同的(或者说各种各样的)表象彼此附加在一起并且在一个认识中把握其杂多

---

① 参见KrV, B 93/A 68, B 104-105/A 79-80, B 143,148,162 Anm.。

② 参见KrV, B 91-109/A 66-83, B 104-106/A 79-80, B 140-143, B 377-378/A 321-322, B 386/A 329。

③ 参见KrV, B 131-139,144-146,150-153,161, B 378/A 321。

人：遵守规则的动物

性的行动（die Handlung, verschiedene Vorstellungen zueinander hinzuzutun, und ihre Mannigfaltigkeit in einer Erkenntnis zu begreifen）。此外，综合也指综合行动的结果，即有关表象杂多或泛而言之的杂多（das Mannigfaltige überhaupt）的综合的统一性的表象。康德又将综合称作"连接"（Verbindung）。综合或连接包括组合（Zusammensetzung）或归拢（Zusammennehmung）和联结（Verknüpfung）：前者指并非必然彼此相属的杂多的（表象的）综合；后者指必然彼此相属的杂多的（表象的）综合。比如，一个正方形内经由其对角线划分成的两个三角形之间的综合属于前者，而偶性与实体、结果与原因之间的综合属于后者。显然，任何形式的综合或连接（组合或联结）均预设了通览或综览（Durchlaufen, Durchgehen, Synopsis），因为在将相关的表象综合或连接起来之前，当然首先需要通过感觉能力对这些表象有一个总体的概观。①

康德将感性直观杂多的组合称作"直观中把握的综合"（die Synthesis der Apprehension in der Anschauung）②：感性直观杂多被组合在一起，形成了**一个经验直观**（**一个表象**）。这种综合旨在给予感性直观杂多以初步的统一性。③

感性直观杂多的组合或直观中把握的综合使得知觉（Wahrnehmung）成为可能。所谓知觉是指对于（作为显象的）经验直观的经验意识，或者与意识联系在一起的显象、带有意识的

---

① 参见KrV, B 1, B 102-104/A 77-78, A 94-95, 97-100, B 129-131, 160, 201-202Anm.。

② "Apprehension" 指前概念的即直观的把握（Erfassung），通常译作"领会"。

③ 参见KrV, A 94-95, 98-100, B 160。

## 第 2 章 康德：人是拥有规则和原理能力的动物

表象（die Vorstellung mit Bewußtsein）。康德有时将直观中把握的综合直接等同于知觉。①

康德认为，感性直观杂多的组合（进而一切连接或综合均）不可能是感觉能力的功能。能够承担此项任务的只能是想象力进而知性。正因如此，他又将把握规定为这样的活动：将诸感性表象纳入想象力的综合之中。②

为了获得知识，仅仅将感性直观杂多组合在一起还远远不够。此外，还需要给予这种组合以必然性，即使之变成包含着必然性的联结。康德认为，想象力不仅能够将感性直观杂多组合在一起，而且还能够将它们联结在一起。他是这样规定想象力的：想象力是这样一种心灵能力，即使一个对象不在场，它也能以某方式对之进行直观，或者说在直观中将其呈现或表象出来。简言之，想象力就是不以相关的对象的在场为前提的（或者说不假定相关的对象在场的）直观能力（das Vermögen der Anschauung auch ohne die Gegenwart des Gegenstandes）。例如，当我们心中有了红色表象时，我们的想象力会让我们联想到（assoziieren）某种红色的东西，比如朱砂，尽管后者并不在我们面前。借助于想象力，我们将感性直观杂多以一种必然的方式连接在一起。此即想象中的再生的综合（die Synthesis der Reproduktion in der Einbildung）。这

---

① 参见KrV, A 120, B 160,162, B 376/A 320。在KrV, A 120中，康德将想象力直接在诸知觉上实施的联结进而综合行动称为"（前概念的）把握"。这样，直观的把握进而其综合应当是以知觉为基础而进行的，因而不能说它使得知觉成为可能的了。为了消解这个矛盾，我们需要将A 120相关断言中出现的"知觉"替换为"感性直观杂多"或者"感官印象"。

② 参见KrV, B 103-104/A 78-79, A 119-120,119 Anm.,124-125, B 129-130, 162Anm.; B 235/A 190。

## 人：遵守规则的动物

种综合必定是按照经验的再生法则或者说联想法则（Gesetzen der Assoziation）进行的，因而是一种经验的综合。[①]而且，为了通过再生的综合获得知识，再生的综合所遵循的再生法则或联想法则，必须对应着显象本身乃至经验对象（认识对象）所遵循的法则——此即所谓一切表象的客观规定原理（Prinzipien der objektiven Bestimmung aller Vorstellungen）。这也就是说，想象中的再生的综合必须拥有客观的根据（der objektive Grund）。康德认为，这样的客观的根据最终说来只能源自统觉的综合统一性原理。[②]

想象力本来属于感性（不过，它是一种不同于感觉能力的感性），因此是一种接受性。但是，另一方面，当与统觉的本源的、综合的统一性（die ursprünglich-synthetische Einheit der Apperzeption）即通过纯粹知性概念或范畴加以思考的先验统一性（die transzendentale Einheit），进而与统觉本身不可分离地关联在一起时，想象力又变成一种自发性，成为一种先天地规定感性的能力（ein Vermögen, die Sinnlichkeit a priori zu bestimmen）（在此，感性应当特指感觉能力），其根据范畴而对感性直观杂多所做的综合，必定是一种先验的综合或纯粹的综合。[③]此种形式

---

① 关于联想，康德是这样定义的：按照规则进行的再生的主观的、经验的根据。（参见KrV, A 121。）

② 参见KrV, B 139-142, 151-152, 164, A 94-95, 100-102, 119-122; Anth, AA 7：153, 167。

③ 就想象力对于直观杂多所做的综合来说，如果它不考虑相关直观中的差异，而只关心相关杂多的先天的连接，那么它就是先验的。就任何一种综合来说，如果相关的杂多是先天地而非经验地给予的（比如时间和空间中的杂多），那么它就是纯粹的。关于纯粹的综合，康德还给出了另一种显然不同的规定：以先天的（或必然的）综合统一性为基础而进行的综合（比如计数）。一般说来，纯粹的综合构成了经验的

## 第2章 康德：人是拥有规则和原理能力的动物

的想象力即所谓生产的想象力（die produktive Einbildskraft）或者纯粹的想象力，其给出的综合即所谓生产的综合。与此相对的是，没有与统觉的综合统一性，进而没有与统觉本身关联在一起的想象力则是单纯再生的想象力（die reproduktive Einbildskraft），其所给出的再生的综合只能是经验的，甚至于只能是感性的（因为它仅仅是将相关的表象的杂多像其在直观中所显现的那样联结在一起）。①生产的想象力的先验综合显然有赖于知性的通力合作，根本说来甚至于就是知性在感性上的一种作用。进而，这种综合的统一性更只能是知性的作用：知性从自身本源地给予关联着统觉的想象力的综合（die Synthesis der Einbildungskraft in Beziehung auf die Apperzeption）即生产的想象力的生产的综合，进而再生的想象力的再生的综合，乃至一切综合以先验的综合统一性。康德甚至于直接将关联着想象力的综合的统觉的统一性

---

综合的先天根据。（参见KrV, B 103-104/A 77-78, A 118, B 140。）在一些地方，康德将一切连接——包括组合——均看作自发性的行动（Actus der Spontaneität），进而将想象力和知性看作同一种自发性的不同的表现形式。（参见KrV, B 129-130, 162 Anm.。）

① 在《人类学——从实用的观点来看》（*Anthropologie in pragmatischer Hinsicht*）中，康德是这样定义生产的想象力的：本源地进而先于（感觉）经验地呈现（darstellen）一个对象的能力。相应地，再生的想象力则是派生地（abgeleitet）呈现一个对象的能力，通过此种呈现，一个以前曾经拥有过的经验直观被重新带回心灵之中。按照这种规定，纯粹的空间直观和纯粹的时间直观均可以通过生产的想象力予以呈现，而其他的直观均预设了经验直观，因此均只能通过再生的想象力予以呈现。康德将生产的想象力称作"创作式的"（dichtend），而将再生的想象力称作"回溯式的"（zurückrufend）。他特别提醒人们注意下面这点：生产的想象力并不是造物式的（schöpferisch），因为它决不能给出任何此前从来没有给予我们的感觉能力的感觉表象（Sinnenvorstellung）。（参见Anth, AA 7: 167-168。）如果我们将上述规定中的"对象"理解成经由想象力的先验综合而给出的经验对象，那么这个规定与《纯粹理性批判》中的相关规定并非是不一致的。

## 人：遵守规则的动物

(die Einheit der Apperzeption in Beziehung auf die Synthesis der Einbildungskraft)等同于知性,进而将关联着想象力的先验的综合的统觉的统一性等同于纯粹知性(der reine Verstand)。①

那么,何谓统觉? 就其最为一般的意义来说,统觉就是一个人对其自身的意识(das Bewußtsein seiner selbst),或者说我对我自身的意识(das Bewußtsein meiner selbst),即自我意识(Selbstbewußtsein)。②统觉可以是经验的,也可以是先验的进而纯粹的。经验统觉(die empirische Apperzeption)是指一个人在内在知觉中(bei der inneren Wahrnehmung)根据其自身的内在状态(内在显象之流)而对其自身的意识。对于一个人来说,他的这种经验性的自我意识就其本身来说是多种多样的,且彼此分散开来的,总是处于变动之中,因此不能提供唯一的、固定且持存的、同一的自我(das einige, stehende und bleibende,

---

① 参见KrV, B 151-154,162 Anm.,164-165, A 94-95,102,118-125, B 194/A 155, B 296/A 237。有时,康德将统觉本身等同于知性。有时,他又说知性的可能性建基于统觉,或者知性拥有将感性直观杂多置于统觉之下的能力。(参见KrV, B 131,134 Anm.,153。)知性之纯粹性在于如下事实:知性为自然先天地进行立法(a priori gesetzgebend)。纯粹知性不包含任何经验的成分,甚至于与一切感性都是完全分离开的。(参见KrV, B 89/A 65; KU, AA 5: 179,195。)

② 康德常常用"我在思维"(Ich denke)这个独特的表象或自发性的行动(康德有时也将其称作"概念"、"判断"或"命题")代表统觉甚至纯粹统觉(有时甚至直接将"我"等同于统觉),因为每当我说我在思维时,我肯定都意识到了我自身的存在。按照康德的理解,"我在思维"是一个极其独特的先验概念,它作为意识或自我意识必然伴随着所有其他先验概念(即范畴),是其"载体"(Vehikel),也即它总是包含在它们之下进而与它们一起被把握了。这点当然是因为所有其他先验概念实际上均具有这样的形式:我在思维实体、原因、必然性等等。因此,真正说来,"我在思维"不是一个经验命题,相反,它表达了一切经验得以可能的条件。(参见KrV, A 103-104,106-107,117 Anm.,123-124,131-133,341-348,354-355,399-400, B 68, 131-133,399-408。)

## 第 2 章　康德：人是拥有规则和原理能力的动物

und identische Selbst［Ich］）。先验统觉（die transzendentale Apperzeption）（即一个人对其自身的先验意识）是指一个人的这样的自我意识，它先行于其一切特殊的经验或者说不以其任何特殊的经验材料为前提。这种自我意识是唯一的，不变动的，而且是本源性的，因为它构成了包含时间和空间概念在内的一切概念的先天的根据（即所有概念的客观有效性均依赖于它）。先验统觉提供了唯一的、固定且持存的、同一的自我。①

---

① 参见KrV, A 103-108,123-124, B 131-133。先验统觉提供的（或者说其所包含的）固定且持存的自我，决不同于理性心理学家号称能够从我在思维这个简单的概念或判断中推导出来的，那种自我持存的（selbst bestehendes）甚至于不生不灭的自我。前者仅仅指稳定的、逻辑的思维主体（das beständige logische Subjekt des Denkens），或者说某种理念中的实体（eine Substanz in der Idee）；而后者则意在指称实在的依存主体（das reale Subjekt der Inhärenz），或者说某种作为对象的实在中的实体（eine Substanz in der Realität）。因为尽管统觉的我作为主体出现在我的所有思想之中（或者说我的所有思想均仅仅作为其规定性而依存于其上），但是并没有任何特别的感性直观与其联系在一起，以使其与其他的直观对象区别开来，所以它所表示的不可能是任何作为对象的实在中的实体，因为后者必定是以感性直观为基础而得到规定的。这也就是说，统觉的我不是作为显象的我。另外，它更不可能是我本身（das Ich an mir selbst）。康德断言，实在中并不存在理性心理学家所谈论的那种自我，我们至多也只能将其理解成某种理念中的实体，后者的使命是让我们的内感能力的诸显象（或者说我们的心灵的诸显象）具有系统的、完全的统一性。显然，这两种同样作为理念中的实体的自我是截然有别的：统觉的自我是使经验认识得以可能的最终条件，而被理解成理念中的实体的理性心理学的自我，则是使得有关自我的经验认识（或者说使得心灵的诸显象或内感能力的诸显象）拥有统一性的条件。

康德有时将先验统觉的我或逻辑的思维主体称作"先验主体"（das transzendentale Subjekt），并认为这样的主体及其所有思想之外还需要一个基础或基质（Substratum），此即主体本身（das Subjekt an sich selbst）。不过，按照其一贯用法，"先验主体"当指主体本身，而非先验统觉的我或逻辑的思维主体。（以上请参见KrV, B 157-159, B 403-404/A 345-346, B 407-408, B 426-430, A 348-351, A 355, A 383, B 520/A 492, B 566-567/A 538-539, B 573-574/A 545-546。进一步参见KrV, B 699/A 671, B 700/A 672, B 702/A 674, B 710-712/A 682-684, B 717-718/A 689-690, B 724-725/A 697-698。）

人：遵守规则的动物

经验统觉实际上就是统觉本身的经验的使用。作为一种隶属于甚至等同于知性的纯粹的心灵能力，统觉包含着先天的认识要素或认识基础。①从这个方面看，统觉是纯粹的甚或先验的。纯粹统觉可以被应用于在感性直观中给予我们的显象之上，此时它是经验的。经验统觉或统觉的经验的使用给出经验意识，即让一个主体意识到其表象，进而让其意识到其相关的再生的表象与给出它们的那些显象是同一的。经验概念恰恰就在于对这种综合统一性的意识或表象。因此，可以说正是经验概念或经验意识使得想象力的经验的再生的综合拥有了统一性。这种借助于概念而进行的综合即所谓概念中认定的综合（die Synthesis der Rekognition im Begriffe）。不过，经验统觉进而经验意识给出的统一性仅仅是经验的统一性，这种统一性仅仅拥有主观的必然性。而且，经验统觉进而经验意识就其本身来说是多种多样的且彼此分散开来的。因此，为了获得客观必然的统一性或先验的统一性，经验统觉进而经验意识必须拥有统一的、客观的或先验的根据，此即先验统觉进而先验意识。这也就是说，经验统觉进而经验意识预设了或必然关联到先验统觉进而先验意识。先验统觉借助于纯粹知性概念或范畴使得想象力的经验的再生的综合拥有了客观必然的或先验的统一性，即使得其成为先验的综合。

康德断言，在认识中，任何一个感性直观表象均必然关联到一个可能的经验意识（因为，否则的话，对于相关主体来说，该表象便等于不存在），而任何一个经验意识均必然关联到或者说预设了

---

① 康德一方面将统觉等同于自我意识，另一方面又将其看作一种高级的心灵能力。（参见KrV, A 94-95, 115-116, B 134 Anm.。）综合起来说，统觉是一个主体意识到自身的能力或其运用。

## 第 2 章 康德：人是拥有规则和原理能力的动物

经验的自我意识或经验统觉。由于经验的自我意识或经验统觉预设了先验的自我意识或先验统觉，所以一个人的所有不同的经验意识，进而其所有相关的感性直观表象均必然在唯一一个自我意识即先验的自我意识或先验统觉之中联结起来。①

综上所述，所谓统觉的综合统一性就意味着：知性借助于概念（特别是纯粹知性概念或范畴）赋予想象力所提供的感性直观杂多的连接或综合以统一性，即将相关的感性直观杂多所包含的所有表象联结在一起，进而认定其中的一些表象是同一的；而且，这种统一的工作必定是在一个意识——即我对于我自身的意识（自我意识）——之中进行的，也即我不仅将相关的表象看成属于一体的，而且将它们看成属于我的，即将其悉数当作我的表象。②

康德认为，只有假定了纯粹统觉的本源的、综合的统一性进而纯粹统觉，一个人才能联系着他的任意表象，意识到他自身的贯通的同一性（die durchgängige Identität seiner selbst），或者说我才能联系着我的任意表象，意识到我自身的同一性或者说意识到同一的自我。因此，康德有时直接将一个人自身在其所意识到的所有可能的表象的情况下的贯通的同一性，等同于纯粹统觉。③

---

① 参见 KrV, A 103-108, 115-117, 117 Anm., 123-125, B 131-136, 139-140, 143-144。

② 参见 KrV, B 131-139, A 115-129。

③ 参见 KrV, A 108, 115-116, B 131-139。不要将此处所讨论的自我的同一性或主体的同一性混同于理性心理学所设定的人格同一性（die Identität der Person）。因为此处讨论的主体的同一性可以说仅仅是我的逻辑的同一性（die logische Identität des Ich），进而涉及的仅仅是逻辑意义上的我（das logische Ich），根本没有涉及我的任何直观，而恰恰是经由直观我才能作为对象被给出。与此形成鲜明对照的是，理性心理学所设定的人格同一性是指一个人对作为思维的存在物的自己的实体在一切状态变化中的同一性的意识（das Bewußtsein der Identität seiner eigenen

## 人：遵守规则的动物

从上面的梳理我们看到,综合根本说来是知性的功能。因此,知性可以说就是一种先天的综合能力,即将给定的表象杂多或者说直观杂多置于统觉的统一性之下的能力。[①]

根据以上整理,我们看到,按照康德的理解,我们实际的认识活动是由一系列直接或间接地施加于感性直观表象之上的综合活动构成的：感性（在此特指再生的想象力）进行的把握的综合、再生的想象力进行的经验的再生综合、经验统觉基于经验概念进行的认定的综合、先验统觉基于纯粹知性概念或范畴进行的先验的综合（或者说生产的想象力基于范畴进行的先验的生产综合）。由于感性直观表象或显象必定是基于时间和空间这两种感性直观形式而形成的；但是时间和空间不仅仅是直观形式,而且还是一种提供了表象的统一性的形式直观（die formale Anschauungen）,或者说它们不仅包含着直观形式,而且还包含着杂多的、基于感性形式的所予在一个直观表象中的连接或综合；显然,作为形式直观的时间和空间所提供的直观杂多的统一性,只能是借助于范畴进行的统觉的综合统一性；因此,包括直观中把握的综合（即感性直观表象杂多的组合）在内的一切综合均依赖于或者说预设了先验统觉的先验的综合,进而范畴。由于经验不过是经由联结在一起的知觉所形成的认识,而知觉预设了直观中把握的综合,因

---

Substanz, als denkenden Wesens, in allem Wechsel der Zustände）。在此涉及的主体只能是作为对象的实在中的实体,进而只能通过特别的感性直观给出,但是在此我们恰恰缺少这样的直观,因此这种意义上的人格同一性是无法得到证明的,特别是无法像理性心理学家所声称的那样,仅仅从对我在思维这个命题或表象的单纯的分析中得出。（参见KrV, B 408-409, A 361-366, B 700/A 672, B 710-712/A 682-684。）

① 参见KrV, B 135, 145-146, 153, 164。

## 第2章 康德：人是拥有规则和原理能力的动物

此,范畴构成了一切经验的可能性的条件。①

上面的梳理还表明,在康德哲学中,想象力占据着一个非常重要的地位,它一方面属于感性,另一方面又属于知性,因此,在二者之间扮演着一种不可或缺的桥梁角色:通过想象力的先验的综合功能,我们将感性与知性必然地联系在一起,或者说将感性直观杂多与纯粹统觉的必然统一性的条件内在地联结起来。②

如果想象力的先验综合是仅仅联系着内感能力的直观表象杂多而给出的,那么该综合被称为相关的纯粹知性概念或范畴的图式（das Schema der Verstandesbegriffe）或先验图式（das transzendentale Schema）。这也就是说,先验图式是想象力的这样一种先验产品（ein transzendentales Produkt）:它涉及内感能力本身的规定（die Bestimmung des inneren Sinnes überhaupt）,而这样的规定是根据内感能力的杂多的形式条件（即时间）、联系着所有表象而做出的——只要诸表象应当根据统觉的统一性在一个概念之内先天地关联在一起。简言之,先验图式就是处于内感能力中的直观杂多的统一性,进而就是这样的统觉的统一性,它是一种对应于内感能力（一种接受性）的功能。③

显然,作为想象力的一种先验产品的先验图式所给出

---

① 参见KrV, B 102-106/A 78-80, A 94-95,98,102,115,123-125, B 143-144, 160-161-165, B 144Anm., 162 Anm.。

② 参见KrV, B 151-152,164-165, A 119,123-125。

③ 根据康德的解释,经验统觉当同于内感能力。先验统觉或纯粹统觉虽然必定对应于内感能力,但它不同于内感能力,另一方面又规定了内感能力。（参见KrV, B 153-154, A 107。）内感能力本身只包含单纯的内部直观形式（时间）,并没有包含内部直观形式中的杂多的连接或综合,进而并没有包含任何得到了规定的或确定的直观（bestimmte Anschauung）。只有通过想象力的先验综合,对内部直观形式中的杂多做出进一步的规定之后,我们才能得到确定的直观。（参见KrV, B 153-154。）

的，就是关于对象的先验的时间规定（die transzendentale Zeitbestimmung），进而就是根据有关时间序列、时间内容、时间秩序和（关联着所有可能的对象的）时间全体（Zeitinbegriff）的规则而给出的先天的时间规定。先验的时间规定一方面与范畴同属一类（gleichartig），因为它们是普遍的，而且是建立在先天的规则基础之上的（进而是必然的），而范畴同样是普遍的，并且包含着规则甚至于本身就是规则（进而是必然的）。另一方面，先验的时间规定也与显象同属一类，因为时间必定包含在显象之中了。这也就是说，正如作为其根据或基础的想象力一样，先验的时间规定既与知性有关（是理智的），同时又与感性有关（是感性的）。正因如此，先验的时间规定或先验图式完全适合于充当范畴和显象之间的居间调停表象（die vermitelnde Vorstellung）。

就其最终的作用来说，先验图式即纯粹知性概念或范畴的图式，就是限制纯粹知性概念或范畴使用的形式的、纯粹的感性条件（在此感性特指内感能力）。对于任何一个纯粹知性概念或范畴来说，只有经由其图式或适当的感性条件，它才能应用到诸相关的显象之上，进而才能最终关联到一个对象，或者说才能获得一个意指（Bedeutung）。（在这种意义上，可以说图式实在化了［realisieren］范畴。尽管为此图式同时也限制了范畴——将其限制在感性条件之上了。）反之，在不曾配备有适当的感性条件或图式的情况下，一个纯粹知性概念或图式最多只能拥有一个逻辑的意指（eine logische Bedeutung），即指称（bedeuten）诸相关表象的单纯的统一性。这也就是说，在这样的情况下，范畴仅仅是知性相对于概念的功能（Funktionen des Verstandes zu Begriffen），而并没有表象或呈现（vorstellen）任何对象。比如，实体范畴的图式是实

## 第2章 康德：人是拥有规则和原理能力的动物

在的东西在时间中的恒常性（die Beharrlichkeit des Realen in der Zeit），也即关于作为经验的时间规定本身的基质（Substratum der empirischen Zeitbestimmung überhaupt）的实在的东西的表象，而该基质（即先验的时间规定或先验图式）即使在所有其他相关的东西都发生变化时仍然保持不变。如果我们将这个图式即持存性的感性规定与实体范畴分离开来，那么实体范畴仅仅指称了这样一种东西，它从来没有充当任何其他东西的谓词，而只能被设想成主词。①

综上所述，按照康德的理解，我们的认识过程从哲学上说应当是这样的：物本身（即先验对象）作为原因或根据刺激我们的感官进而感性（在此特指感觉能力），由此我们形成感性直观杂多；接着甚或与此同时，想象力对感性直观杂多加以组合甚或联结。与此同时，知性也因这种刺激而开始活动，通过其范畴对感性直观杂多的联结进行进一步的处理或加工（bearbeiten, verarbeiten）：在一个自我意识中借助于范畴将相关的表象统一在一起，最终形成了特定的经验对象或认识对象（因为所谓经验对象或认识对象恰恰就是诸表象之杂多的综合中意识的形式的统一性，即统觉的综合统一性）。②此后，当我们受到以如此方式形成的经验对象的

---

① 参见KrV, B 176-187/A 137-147, A 348-349, B 407。
② 真正说来，能够直接刺激我们的感官或感性的只能是这种意义上的经验对象或认识对象。因此，我们的（经验）认识真正说来也只能是对于这样的对象的认识，而非对于先验对象或物本身的认识。在《纯粹理性批判》中康德对"先验对象"一语的使用极其混乱：既用其指物本身，又用其指泛而言之的感性直观的对象。这种情况在第一版中尤其严重。另外，值得特别注意的是，在第一和第二版中，康德还用此语指称理性概念或先验理念（die transzendentale Idee）的对象。（参见KrV, A 103-110, 248-253, B 522-523/A 494-495, B 593-594/A 565-566, B 707/A 679, B 710/A 682, B 725-726/A 697-698。）

## 人：遵守规则的动物

再度刺激时，我们根据需要对其进行进一步的观察和认识，形成更多关于它们的（经验）知识。①

以上分析表明，所有认识对象或经验对象必定是经由范畴而构造出来的，因此范畴必定适用于它们，也即必定拥有客观的有效性（die objektive Gültigkeit）。此即所谓范畴（或纯粹知性概念）的先验演绎（die transzendentale Deduktion）。正是因为所有认识对象或经验对象最终均是我们借助于感性直观形式和知性范畴构造出来的，所以我们必定能够获得关于它们的普遍必然的经验知识，即先天综合的知识（die synthetische Erkenntnis a priori）。②

物本身不是（我们的）感性直观的对象。这种意义上的物本身即消极意义上的本体（das Noumenon im negativen Verstande, das Noumenon in negativer Bedeutung）。从前文我们看到，康德认为，在某些其他种类的存在物那里，或许存在一种非感性的直观，即理智直观，或者说知性的直观。如果果真存在着这样的存在物及其独特的直观方式，那么对于他们来说，对于我们而言的物本身就成为一种积极意义上的本体（das Noumenon in positiver Bedeutung），成为其知性的认识对象——即其理知对象（der intelligibele Gegenstand）或知性的存在物（Verstandeswesen）。③

---

① 参见KrV, B xvi-xvii,1-2, A 1-2, B 102-106/A 76-80, B 118/A 85-86, B 126-127/A 93-95, A 98,104-114,119-120,124-125, B 137, B 522-523/A 494-495。

② 参见KrV, B xvi-xviii, B 10-25/A 6-10, B 116-127/A 84-94, A 128-130, B 163-169。

③ 此种意义上的本体正好对应着"本体"一词的拉丁语原文"Intelligibilia"的字面意义。（KrV, B 306/A 253, B 308/A 253; Pro, AA 4: 315,332,355; ÜE, AA 8: 210。）

## 第2章 康德：人是拥有规则和原理能力的动物

这样的存在物或者说其知性并非（像我们这样）通过范畴以推进的方式认识其对象，而是在一种非感性直观之中以直观的方式认识其对象（nicht diskursiv durch Kategorien, sondern intuitiv in einer nichtsinnlichen Anschauung seinen Gegenstand zu erkennen）。这也就是说，对于这样的存在物进而其认识来说，范畴完全丧失了任何意义。实际上，范畴仅仅是我们人类或其他类似的有限存在物的认识的必要条件。

物本身刺激我们的感官进而我们的感性，由此在我们的心灵之内产生处于时间和空间关系之中的感性直观表象或显象。就诸相关的显象来说，如果我们根据范畴的统一性进而统觉的综合统一性而将它们思维成或规定为对象，那么它们就成为现象（Phaenomena）或感觉能力的存在物（Sinnenwesen）。①

我们看到，按照康德的观点，人的认识的来源有两种：感性和知性。感性直观提供感性表象或显象；知性提供范畴。只有通过将范畴应用于显象之上的方式，我们才能得到认识对象，进而才能最终获得有关它的知识。由此看来，对于人来说，物本身或先验对象或本体是不可认识的。那么，它们是否是可以思维的？显然，在严格的意义上，它们是不可思维的——我们不能通过范畴来思维它们，因为范畴只能应用于显象之上。不过，最低限度说来，我们的确可以将其空洞地思维成"未知的某物"（ein unbekanntes Etwas, ein Etwas $= x$）。②

---

① 按照康德的用法，所谓感觉能力的存在物（或者说感性的存在物）即感觉能力的对象或感性的对象（Gegenstände der Sinnlichkeit），也即显象或现象。同样，所谓知性的存在物即知性的对象（Gegenstände des Verstandes）。

② 关于前面三段论述，请参见KrV, B 45/A 30, A 103-110, 127, B 145-146, B 236/A 190-191, B 294-315/A 235-260, B 342-346/A 286-289; KU, AA 5: 405-

## 人：遵守规则的动物

从前文我们知道，按照康德的理解，人之知性是一种概念能力。康德进而断定，概念是一种规则（Regel）。关于规则，康德给出了如下一般性的规定："我们将有关这样的一般条件的表象称作**规则**，即人们**能够**按照它来设定某种杂多（nach welcher ein gewisses Mannigfaltige ... gesetzt werden *kann*）（进而**能够**以同样一种方式做出这样的设定）。"①紧接着这个规则定义，康德给出了如下有关法则或规律（Gesetz）的一般性规定："如果人们**必须**按照这样的方式设定这种杂多，那么有关这样的一般条件的表象则被称作**法则**。"②这也就是说，法则是必然的规则。在其他地方，康德又将法则规定为客观的（objektiv）即必然联系着对象的认识的（der Erkenntnis des Gegenstandes notwendig anhängen）规

---

410。康德明确区分开了思维与认识。对于人来说，认识一个对象需要感性和知性的协作：感性提供关于该对象的直观表象，知性通过其范畴对直观表象进行综合，给其以统一性，最后构成认识对象。知性的运用即思维，感性的运用即直观。因此，人的认识是直观和思维的合同作用的结果：没有直观，概念或思维是空洞的；没有概念或思维，直观是盲目的。（参见KrV，B 74-75/A 50-51，B 124-126/A 92-93，B 309/A 253-254。）在还没有任何特定的感性直观将一个对象（作为显象）提供给我们时，我们当然可以思维某个相关的泛而言之的对象（ein Gegenstand überhaupt, ein Objekt überhaupt）——只要相关的思维不自相矛盾。（康德有时也将这样的泛而言之的对象称为"先验的"。[参见KrV，B 304/A 247。]）但是，为了形成一个对象的认识，该对象必须首先经由感性直观被提供给我们。在此所讨论的可思维性是通常意义上的可思维性，即基于范畴或其他概念的可思维性。如正文所言，就此种意义来说，对于我们而言，物本身是不可思维的，进而从此方面来说它们也是不可认识的。（参见KrV，B xxv-xxviii，B 124-126/A 92-93，B 146-148，B 157-159，B 166 Anm.，B 309/A 253-254，B 426-429。）

① KrV，A 113。请注意：在此，"杂多"并非特指直观杂多，而是指普泛所谓杂多，包括各种各样的经由感性和知性的运用而获得的知识。所谓"设定"在此当指连接进而综合。（参见KrV，B 236/A191。）

② KrV，A 113.

## 第2章 康德：人是拥有规则和原理能力的动物

则。<sup>①</sup>因此,法则就是客观必然的规则。由于客观性意味着普遍有效性（allgemeine Gültigkeit, Allgemeingültigkeit）,即对所有相关的事物均有效,因此法则就是普遍有效的必然的规则。<sup>②</sup>

规则是普遍的,而原则（Grundsätze）则是更为普遍的规则,甚至于是最为普遍的规则,所有其他相关的规则均是从它们那里推导出来的。正因如此,原则又被称为原理或本原（Principien, Anfänge）。一条原则总是蕴涵着（甚至直接就包含着）许多条规则。<sup>③</sup>

规则（进而法则、原则）大致可以分成两类：一为理论规则（法则、原则）,一为实践规则（法则、原则）。理论规则即通常所说的自然规则,它们可以是客观上必然的,因而可以是严格意义上的法则。实践规则即通常所说的规定（Vorschrift）——有关如何行动或有关某一特定程序的指导或说明（Anweisung）。康德将实践规则进一步区分为两种：技艺上说的实践规则（die technisch-praktischen Regeln）和道德上说的实践规则（die moralisch-praktischen Regeln）。技艺上说的实践规则——即艺术和技巧规则（Regeln der Kunst und Geschicklichkeit）——源自自然概念（Naturbegriffen）（或者说是建立在自然概念基础之上的）,因而依赖于自然理论进而自然法则；而道德上说的实践规则则源自自由概念（Freiheitsbegriff）（或者说是建立在自由概念基础之上的）,因而根本说来独立于自然理论进而自然法则。技艺上说的实践规则将相关的行动指向某种特定的外在目的,因而是有条件的,或者说假设性的（hypothetisch）；而道德上说的实践规则

---

① 参见 KrV, A 113,126, B 263/A 216；GMS, AA 4: 420。
② 参见 KpV, in AA 5: 19-21；GMS, AA 4: 413,416。
③ 参见 KrV, A 148/B 188；KpV, AA 5: 19；Logik, AA 9: 110。

## 人：遵守规则的动物

则将相关的行动本身视作目的，因而是无条件的，或者说绝对的（kategorisch）。技艺上说的实践规则包含所谓明智规则（Regeln der Klugheit）①或者说实用规则（die pragmatischen Regeln），即如何获得幸福的规则。就实践规则来说，只有道德上的实践规则才具有客观必然性，因而只有它们才是严格意义上的实践法则（die praktischen Gesetze）。相反，技艺上说的实践规则仅仅是主观必然的，因而严格说来不能称作实践法则，而只能是实践规定（die praktischen Vorschriften）。②

康德断言，任何概念均包含着（提供了、充当着）规则（或者说任何规则均表达在某一概念之中［均可以从其中抽引出来］），或者说规则是建立在概念基础之上的。概念甚至于可以说直接就是规则本身。③

纯粹知性概念（先天的自然概念）即范畴为诸显象，进而为作为所有显象之总体的自然，提供或确立了先天的即普遍必然的法则。经验概念（后天的自然概念）则为经验上得到了进一步规定的显象提供特殊的法则。特殊的经验法则总是假定了特殊的知觉，是通过比较相关的显象（或者说经验表象）而从经验中获

---

① 康德是这样定义明智的：明智是影响人及其意志的技巧，进而是一个人在选择达到自己的最大程度的幸福或福祉（Wohlsein）时所展现出的技巧。（参见KU, AA 5: 172; MS, AA 4: 416。）

② 参见KrV, B 688/A 660, B 828/A 800, B 834/A 806; KU, Erste Fassung der Einleitung, in AA 20: 225; KU, AA 5: 171-173; KpV, AA 5: 19-21,31,34; MS, AA 6: 7 Anm.,217-218,221-222; GMS, AA 4: 413-421; AA 2: 298; AA 8: 139。

③ 参见B xvii-xviii, A 105-106, A 126, B 145,163-165, B 171/A 132, B 174/A 135, B 197-199/A 158-160; KU, Erste Fassung der Einleitung, in AA 20: 202; KU, AA 5: 176-177,195。

## 第 2 章 康德：人是拥有规则和原理能力的动物

得的,它们可以说是更为普遍的自然法则（Naturgesetze, Gesetze der Natur）（即有关知性的经验使用的原则）的特殊的规定（或者说仅仅是后者在特殊情形之下的应用）。最普遍的自然法则（其他自然法则悉数归属于其下）——比如一切变化均有其原因——先天地来自于知性本身,包含在范畴之中或者说是建立在范畴基础之上的,决非得自于经验；相反,它们给出了诸特殊的知觉进而相关的显象在一个经验中统一起来或联合在一起的条件,使得诸显象获得了其合法则性（Gesetzmäßigkeit）,正因如此经验进而经验对象才得以成为可能。所有其他自然法则均毫无差别地隶属于更高级的纯粹知性原则（Grundsätze des reinen Verstandes）,因为它们仅仅是将这些原则应用于显象的特殊情形之上。纯粹知性原则是有关范畴的客观使用的规则,它们均来自于纯粹知性本身：可以说在知性使用的感性条件之下纯粹知性原则先天地从范畴那里"流淌出来"。比如,相应于一切变化均有其原因这个普遍的自然法则的知性原则是这样的：同一个事物（所谓"实体"）的诸规定性之接续发生进而一切变化（die Sukzession der Bestimmungen eines und desselben Dinges, mithin alle Veränderungen）均是按照因果联结法则发生的。①

因此,知性是最普遍的自然法则和所有其他自然法则所隶属的纯粹知性原则（这样的原则当然是一种普遍必然的法则）的源泉。（正因如此,普遍的自然法则和纯粹知性原则又被称作"先验的知性法则"[die transscendentalen Gesetzen des Verstandes]。）

---

① 参见KrV, B 163-165, A 126-129, B 175/A 136, B 197-202/A 158-161, B 232-235, B 263/A 216; Pro, AA 4: 320; KU, Erste Fassung der Einleitung, in AA 20: 202-204,211-215; KU, AA 5: 174-186。

## 人：遵守规则的动物

这也就是说，知性为自然制定先天的或普遍必然的法则，甚至于可以说对于自然来说知性本身就意味着立法，——知性就是自然的先验立法（die transscendentale Gesetzgebung der Natur）：如果没有知性，那么根本就不会有自然。①

自然中的一切（既包括有生命的自然事项，也包括无生命的自然事项）均是按照规则发生的，可以说自然就是诸事物从属于法则的实存，进而就是诸显象根据规则而来的一种关联（ein Zusammenhang von Erscheinungen nach Regeln），即其合规则性（Regelmäßigkeit der Erscheinungen）。此种意义上的自然是从形式上看的自然（natura formaliter spectata）。与之相对的是从质料上看的自然（natura materialiter spectata），即诸显象（或经验对象）之全体。按照康德的理解，从质料上看的自然必然以从形式上看的自然的形式呈现出来，因为前者必定构成了（或者说等同于）一个依照先验的知性法则或范畴而形成的系统。②

由于概念就是规则，而纯粹知性是一种概念能力，因此，纯粹知性根本说来是一种规则能力（das Vermögen der Regeln）。作为一种规则能力，知性的任务主要表现在如下几个方面：首先，纯

---

① 参见KrV, B xvii-xviii, A 126-128, B 163-165, B 197-198/A 158-159; Pro, AA 4: 320; KU, Erste Fassung der Einleitung, in AA 20: 201-202, 225; KU, AA 5: 174-186; Logik, AA 9: 11-12。

② 参见KrV, B xix, A 114, 125-128, B 123/A 91, B 163-165, B 263/ A 216, B 446-447/A 418-419; Pro, AA 4: 294; KpV, AA 5: 43-44; GMS, AA 4: 412; Logik, AA 9: 11-12。在康德的著作中，"自然"还用来意指特定事物的本性（此时"自然"意指本然，即事物本来的样子）——一个事物的诸规定性根据内在的因果性原理而来的关联。这种意义上的自然与形式上看的自然密切相关。（KU, AA 5: 181-186; KU, Erste Fassung der Einleitung, in AA 20: 208-211; KrV, B 446 Anm./A 419 Anm.）

第 2 章　康德：人是拥有规则和原理能力的动物

粹知性为自然制定先天的或先验的法则；其次，纯粹知性将诸相关的感性表象（或者说经验表象、知觉）置于这些先天的或先验的法则之下，以形成经验对象；最后，在特定的认识场景之中，纯粹知性通过比较诸相关的感性显象来为自身制定特殊的经验法则，以便通过它们来解释相关的经验现象。①

### 2.1.3　理性

康德是在三种不同的意义上使用"理性"这个概念的。在其最为宽泛的意义上，理性意指"这样一种能力，它提供了先天的认识原理"②，也即它构成了我们的认识中的一切先天要素（既包括知性中的先天的东西，也包括感性中的先天的东西）的来源。在这种意义上，感性也属于理性，因为它也包含着先天的认识形式，即先天直观形式。就其最为狭窄的意义来说，理性特指我们的心灵所包含的一种最高级的认识能力，即旨在追求知性认识系统的统一性的能力。作为一种先验能力（ein transzendentales Vermögen），此种意义上的理性本身就包含着某些既非源自感性，又非源自知性的概念和原理的来源。在较为狭窄的意义上，理性指心灵所包含的所有高级认识能力——知性和狭义的理性（还有判断力）。③最后，因为知性和理性均属自发性，康德有时不加区别

---

① 参见KrV, A 126-128, B 171/A 132, B 197-198/A 158-159, B 356/A 299; KU, Erste Fassung der Einleitung, in AA 20: 213-214; Logik, in AA 9: 11-12。

② KrV, B 24/A11。

③ 基于上述理性定义，康德对纯粹理性做出了如下规定：包含着如何绝对先天地认识某物的原理的理性，即提供纯粹的先天知识原理的能力。在知性、判断力和理性都提供先天的认识法则这样的意义上，它们都是纯粹的。（参见KrV, B 24-25/A11, B 730/A 702; KU, AA 5: 179。）作为一种先验能力的理性或纯粹理性又被称作"理性本身"（Vernunft an sich）。（参见KrV, B 362-363/A 305-306。）

人：遵守规则的动物

地使用这两个术语,进而将心灵能力仅仅区分为两种,即感性（或接受性）和自发性。①

狭义的理性首先是一种逻辑能力（ein logisches Vermögen）,即一种有关认识的逻辑形式的能力,进而即间接推理能力（从普遍的东西推导出特殊的东西的能力）,或者说以这样的方式间接地做出判断的能力,即将一个可能的判断（小前提）的条件（即该判断的主词所表示的概念或事物）归属于一个给定的判断（作为一条规则的大前提）的条件。②知性也拥有推理能力,不过,其所拥有的是直接推理能力,即直接地做出判断的能力。比如,如下推理是理性的间接推理：所有人都是会死的,学者是人,所以学者是会死的。而如下推理则是知性的直接推理：所有人都是会死的,因此有些人是会死的。理性在推理中的使用（或者说作为一种逻辑能力的理性之运用）构成了其逻辑的或形式的使用（der logische oder formale Gebrauch）,而理性在认识中的使用（或者说作为一种先验能力的理性之运用）则构成了其实在的使用（der reale Gebrauch）。在前一种使用中,理性不考虑任何认识内容（即认识与其对象之间的关联）,进而也不考虑认识对象之间的差异,而只考虑相关认识的逻辑形式进而其推理形式；在后一种使用中,理性则要考虑认识内容,进而也要考虑认识对象之间的差异,甚至于本身就提供了这样的至关重要的先天概念和先天原理,它们既非源自知性,更非源自感性。就作为一种先验能力的理性即纯粹理

① 参见KrV, B 30/A 16, B 35-36/A 21-22, B 55-56/A 38-39, B 355-361/A 298-305, B 730/A 702, B 863/A 835; KU, AA 5: 179,431; KpV, AA 5: 55。进一步参见Smith 2003: 1-2。

② 康德将包含着逻辑能力和先验能力的（狭义）理性称作"泛而言之的理性"（Vernunft überhaupt）。（参见KrV, B 355-366/A 298-309, B 364/A 307。）

## 第2章 康德：人是拥有规则和原理能力的动物

性来说,如果其实在的或认识的使用不涉及任何经验内容,那么这种使用被称作纯粹的。就知性来说,我们也可以做出同样的区分:如果人们在使用知性时仅仅考虑概念和判断的形式,而不考虑其内容,那么知性的使用叫作逻辑的或形式的使用（此时知性是一种逻辑能力）；相反,如果人们在使用知性时考虑到了概念和判断的内容,即其与对象的关联,甚至于认为知性本身就包含着这样的纯粹先天概念（即范畴）和纯粹先天原理的来源,它们在一切经验之前便呈现了对象或者说先天地应用于对象之上,那么知性的使用叫作实在的使用（此时知性是一种高级的认识能力）。[1]

从前文的讨论我们看到,康德断言,知性的逻辑的使用与其实在的使用是密切地关联在一起的:知性认识的单纯的逻辑形式,即判断的逻辑形式,当被转变成有关直观综合的概念时,便产生了能够先天地应用于直观对象之上,进而指导着知性在经验中的一切使用的范畴。也即:判断的逻辑功能表同时也提供了范畴表。相应地,他断言,理性的逻辑的使用与其实在的使用也是密切地关联在一起的:当理性认识的逻辑形式即理性推理的形式,被应用到基于范畴进行的直观的综合统一性之上时,它们将包含着纯粹的理性概念（reiner Vernunftbegriff）或者先验理念（transzendentale Idee）的来源。也即:有关理性的逻辑概念（或者说作为一种逻辑能力的理性）为有关理性的先验概念（或者说作为一种先验能力的理性）提供了钥匙,前一种意义上的理性的功能表,同时也提供了后一种意义上的理性的概念,即所谓纯粹理

---

[1] 参见KrV, B 74-101/A 50-76, B 355-366/A 298-309, B 386-387/A 329-330, B 674/A 646。

## 人：遵守规则的动物

性概念或先验理念的谱系图（Stammleiter）。[①]

在每个理性推理中我们首先经由知性思考一条规则（大前提）。其次，我们借助于判断力，或者让一个概念从属于该规则的条件之下，或断定或否定该规则的某个条件（小前提）。最后，我们借助于理性，或者经由该规则的谓词来规定该概念，或断定或否定该规则的其余部分（结论）。作为规则的大前提在一个概念或判断与其条件之间所呈现的那种不同的关系，构成了不同类型的理性推理。这种不同的关系总共有三种类型：依存（Inhärenz）、依赖（Dependenz）和共存（Konkurrenz, Gemeinschaft）。它们对应着三种不同的判断，进而三种不同的范畴：定言判断、假言判断和选言判断；依存范畴、依赖范畴和共存范畴。因此，总共有三种不同类型的理性推理：定言的理性推理、假言的理性推理和选言的理性推理。

在康德看来，在其逻辑的使用中，理性的全部使命就在于寻找其结论的普遍条件，而理性推理本身实际上不过是这样一个判断，它是通过让它的条件从属于一条普遍的规则（即大前提）的方式做出的。现在，因为这条规则恰恰也要遭受理性的同一种尝试，并由此人们必须借助于所谓前三段论（Prosyllogismen）寻找条件之条件（在这样的事情终究可行的范围内），所以，在其逻辑的使用中，理性的独特的原则应当是这样的：要为有条件的知识（概念或判断）找到无条件者，以便借此使得知识的统一性得以完成（或者说，在向总是更高的条件攀升时，要努力接近这些条件的完全性并由此将最高的、于我们而言可能的理性统一性带入我们的

---

[①] 参见KrV, B 355-366/A 298-309, B 363-364/A 306-307, B 377-378/A 321-322, B 386/A 329, B 390-393/A 333-336。

## 第 2 章 康德：人是拥有规则和原理能力的动物

所有知性知识之中）。

在此，如果人们进一步做出这样的假定：如果一个有条件者被给出了，那么彼此隶属的诸条件的整个序列，或者诸条件的绝对总体也被给出了，进而相关的绝对的无条件者也被给出了（因为，恰恰是经由绝对的无条件者，有条件者进而诸条件的绝对总体才是可能的），那么上述逻辑原则便成为理性的实在的使用，进而纯粹的使用或者说纯粹理性的至上原理或最高原理。基于这样的假定进行的三种类型的理性推理，便分别变成三种类型的诡辩的理性推理（die vernünftelnden Vernunftschlüsse）或辩证的理性推理（die dialektischen Vernunftschlüsse）（简言之，辩证推理或辩证论证）。这些诡辩的理性推理经由不同形式的前三段论，前进至不同类型的无条件者：其一，定言的诡辩的理性推理，前进至一个主体中定言的综合的无条件者，或者说前进至这样的主体，它本身不再是任何谓词了；其二，假言的诡辩的理性推理，前进至一个序列的诸成员的假言的综合的无条件者，或者说前进至这样的预设，它不再预设任何其他的事项了；其三，选言的诡辩的理性推理，前进至一个系统的诸部分的选言的综合的无条件者，或者说前进至某种划分的诸成员的一个类聚，而对于这些成员来说，为了完成一个概念的划分，任何更多的相关的事项均是不需要的[①]。有关这三种无条件者的概念，分别构成了有关作为

---

[①] 参见如下段落："经由理性而对一个概念所做的逻辑规定是以一个选言推理为基础的。在这个推理中，大前提包含一个逻辑划分（对一个普遍概念的范围的划分），而小前提则将这个范围限制到一个部分，推理的结论则通过这个部分对这个概念做出规定。有关一个泛而言之的实在的普遍概念不能被先天地划分，因为没有经验，人们亲知不了任何这样的特定种类的实在，它们被包含在那个属之下。因此，对所有事物进行贯通的规定的先验的大前提，恰恰就是有关一切实在的全体的表象，而

人：遵守规则的动物

绝对简单的实体的自我的理念、有关作为诸显象之全体或诸显象的综合中的绝对总体的世界的理念，和有关所有泛而言之的思维

并非仅仅是这样一个概念，它将所有谓词从其先验的内容上说包含**在它自己之下**了，而是这样一个概念，它将它们包含**在它自己之内**了。对每个事物的贯通的规定基于对这实在的**全部**通过如下方式所做的限制，即实在中的一些部分被归属给该事物，而其余的部分则被排除了。这样的程序与选言的大前提之或者和或者以及在小前提中经由这个划分中的诸成员之一，对该对象所做的规定是一致的。据此，理性这样的使用——经由它，先验的理想构成了理性对所有可能事物的规定的基础——与理性在选言推理中据以行事的那种理性使用是类似的。这点恰恰就是上面被我当成所有先验理念系统的划分的基础的那个命题。按照这个命题，所有先验理念均是以平行于且相应于理性推理的三种类型的方式被创造出来的。"（KrV, B 604-605/A 576-577.）"每个概念，就没有包含在它本身之内的东西来说，都是没有得到规定的，都要受制于下面**这个可规定性**原则：就每对彼此矛盾地对立的谓词来说，只有其中的一个谓词能够属于该概念。这个原则是以矛盾律为基础的，因此是一条纯粹逻辑的原理，它抽掉了一切认识内容，而只关心认识的逻辑形式。""不过，每个**事物**，按照其可能性，还要受制于**贯通**的规定原则。按照该原则，就诸事物的**所有可能的**谓词来说，如果它们被与它们的对立面加以比较，其中之一必定属于该事物。这个原则并非仅仅以矛盾律为基础，因为它除了在两个彼此冲突的谓词的关系中考察每个事物之外，还联系着**全部可能性**——作为诸泛而言之的事物的所有谓词的全体——考察它们。而且，由于它将这种可能性作为先天的条件加以预设了，因此它这样设想每个事物，好像它们是从它们在那个全部的可能性中所占有的份额，得出它们自己的可能性的。因此，贯通的规定原理涉及内容，而并非仅仅涉及逻辑形式。它是关于所有这样的谓词的综合的原则，它们应当构成了一个事物的完全的概念；而并非仅仅是关于这样的分析的呈现（die analytische Vorstellung）的原则，它是借助于两个对立的谓词之一进行的。它包含着一个先验的预设，即有关**一切可能性**的质料的预设。该质料应当先天地包含着每个事物的**独特的**可能性的材料。""任一存在的东西都得到了贯通地规定这个命题不仅意味着：就**给定的**每一对彼此对立的谓词来说，其中之一总是属于它，而且也意味着：就所有**可能的**谓词来说，其中之一总是属于它。经由这个命题，不仅诸谓词被在彼此之间逻辑地加以比较了，而且这个事物本身被与所有可能的谓词的全体先验地加以比较了。因此，它说出了恰好这么多东西：为了完全地认识一个事物，人们必须认识一切可能的东西，并且借此对之进行规定——无论是肯定地，还是否定地做出这样的规定。因此，贯通的规定是一个我们从来不能具体地按照其总体加以表现的概念，因此它是以一个仅仅在理性中占有位置的理念为基础的，而理性为知性确立了其完全的使用的规则。"（KrV, B 599-601/A 571-573.）

## 第2章 康德：人是拥有规则和原理能力的动物

对象（或所有可能的泛而言之的事物）的诸条件的综合中的绝对总体的理念。①第一类理念包含着思维主体（即灵魂）的绝对的（即无条件的）统一性，或者说所有泛而言之的表象的诸主观条件的无条件的统一性；第二类理念包含着显象的诸条件的序列的绝对的统一性，或者说显象中的诸客观条件的无条件的统一性；第三类理念包含着所有泛而言之的思维对象的绝对的统一性，或者说诸泛而言之的对象的可能性的诸客观条件的无条件的统一性。所以，纯粹理性概念或先验理念处理的是所有条件本身的绝对的（无条件的）综合统一性，总是只涉及诸条件的综合中的绝对总体，总是终止于绝对的——也即在每一种关系中的——无条件者。②

按照康德的相关说法，所有泛而言之的思维对象（或所有可能的泛而言之的事物）的诸条件的综合中的绝对总体，就是诸事物的所有可能的谓词之全体（Inbegriff aller Prädikate der Dinge），进而就是实在之全部（All der Realität [omnitudo realitatis]）或最高的实在（die höchste Realität）。这样的绝对总体最终引起了纯粹理性的理想（das Ideal der reinen Vernunft），即所有存在物的存在物（原初存在物、最高存在物、最实在的存在

---

① 在此"泛而言之的思维对象"或"可能的泛而言之的事物"应当在前文所提到的"泛而言之的对象"的意义上来理解，即指在没有感性直观的情况下所思维的对象或事物。

② 以上请参见KrV, B 98-99/A 73-74, B 359-361/A 303-305, B 377-380/A 320-323, B 382-383/A 326-327, B 390-393/A 333-336, B 396-398/A 338-340, B 432-435/A 405-408, B 525-526/A 497。

## 人：遵守规则的动物

物）或上帝。<sup>①</sup>因此，人类理性不仅包含着理念，而且还包含着理想。理想是具体的、个别的理念，或者是仅仅可以经由这样的理念规定的（甚至经由其规定了的）个别的事物。正如理念提供了规则一样，理想也提供了规则——在对所有摹本（复制品）进行贯通的规定过程中，我们是将理想当作规则进而模本（原型）使用的（我们或者要服从之，或者要据以对行动做出评判）。<sup>②</sup>

按照康德的解释，灵魂（或其不死性）、自由、世界整体、上帝等是典型的纯粹理性概念或先验理念。<sup>③</sup>

我们看到，针对任何一个给定的有条件者，理性总是在其诸条件的一边，要求绝对总体或者说要求无条件者。由于相应的条件关系是由关系范畴来表达的（正是在这些条件之下，或者根据相关的关系范畴，知性将所有显象置于综合统一性之下），因此理

---

① 请参见如下段落："我将所有这样的先验理念称为**世界概念**（*Weltbegriffe*），它们涉及诸显象的综合中的绝对总体。我之所以这样做，部分说来恰恰是因为这个无条件的总体的缘故——有关世界整体的概念也是建立在这种总体基础之上的，而该概念本身仅仅是一个理念；部分说来是因为这样的先验理念处理的仅仅是诸显象的综合进而是经验的综合。与此形成对照的是，所有可能的泛而言之的事物的诸条件的综合中的绝对总体将引起纯粹理性的一个理想。这个理想全然不同于世界概念，尽管与之不无关系。"（KrV，B 434-435/A 407-408。）"尽管这个有关**一切可能性的全体**的理念——在该全体作为条件构成了每个事物的贯通的规定的基础范围之内——就构成了该全体的那些谓词来说本身还未得到规定，而且我们借助这个理念仅仅思维了所有可能的泛而言之的谓词的全体，经过进一步的研究，我们还是发现，这个理念作为初始概念排除了大量这样的谓词——它们或者作为派生的谓词已经由其他谓词给出了，或者不能彼此谐和一致——并且它将自己纯化至一个先天地得到了贯通的规定的概念，进而由此变成有关一个个别的对象的概念，而该对象经由这个单纯的理念得到了贯通的规定，因此必须被称为纯粹理性的**理想**。"（KrV，B 601-602/A 573-574。）

② 参见 KrV，B 398/A 340，B 595-611/A 567-583。

③ 参见 KrV，B 394-396/A 337-338，B 826-827/A 798-799。

## 第2章 康德：人是拥有规则和原理能力的动物

性的这种要求最终便将范畴转变成了纯粹理性概念或先验理念。由此看来,纯粹理性概念或先验理念不过就是扩展到无条件者的范畴。①

从上面的叙述我们看到,在此所谓无条件者是指这样的某种东西:理性在其从经验开始的推理中会导向它,而且理性根据它来评估并且量测其经验的使用程度,但是它从来不会构成经验的综合的一个成员。或者说,一切经验均属于它之下,而它本身则决不是任何经验对象。因此,任何感觉对象或经验中的对象都不可能是无条件者。这也就是说,纯粹理性概念或先验理念不具有客观实在性进而客观有效性:它们并非直接关联到经验对象,并没有决定经验对象中的任何东西,或者说并没有告诉我们经验对象具有什么样的性质。尽管如此,人们还是倾向于将它们实在化（realisiert）（即给其设置一个实际的对象）甚至于实体化（hypostasiert）,因而会认为它们拥有客观有效性。在这样的情况下,我们应当将它们称为"诡辩的理性概念"（conceptus ratiocinantes [vernünftelnde Begriffe]）或辩证的概念（dialektische Begriffe）。②

由于不存在与纯粹理性概念或先验理念相应的经验对象,因此它们的使用不可能是构成性的。相反,纯粹知性概念或范畴的适当的使用则是构成性的,因为正是借助于它们,经验对象才得以形成。不过,纯粹理性概念或先验理念拥有一种出色的、不可或缺

---

① 参见KrV, B 435-437/A 408-410。
② 参见KrV, B 367-368/A 310-311, B 383-384/A 327, B 393/A 336, B 595-599/A 567-571, B 608-611/A 580-583, B 611/A 583 Anm., B 647-648/A 619-620, B 669/A 641, B 672-673/A 644-645, B 705/A 677。

## 人：遵守规则的动物

地必然的调节性使用（der regulative Gebrauch）：它们的使用不仅为诸知性概念，进而知性知识谋得了最大的分布范围，而且为其谋得了最大程度的统一性。相应地，作为纯粹理性概念或先验理念之一种的纯粹理性的理想的作用，也不是构成性的，而只能是调节性的：根据这个有关最高存在物的理想，人们要这样看待世界中的一切事物及其联系，好像它们均源自一个十足的、必然的原因一样。由此，世界中的事物便拥有了最大程度的系统的统一性。①

我们知道，针对纯粹知性概念或范畴，康德给出了其著名的先验的客观演绎，以证明经验对象必定是符合于它们的，或者说它们必定拥有客观实在性进而客观有效性。由于不可能存在任何与纯粹理性概念或先验理念相符的经验对象，因此有关它们的先验的客观演绎真正说来是不可能的。不过，从前面的叙述我们看到，我们可以基于我们的理性的本性而对之进行一种主观的推导，即我们是经由必然的理性推理而被带到纯粹理性概念或先验理念这里来的。而且，针对纯粹理性概念或先验理念，我们可以给出如下形式的先验演绎：假定存在着某种与纯粹理性概念或先验理念相符的对象（所谓"理念中的对象"［Gegenstand in der Idee］或"理想存在物"［idealische Wesen］），那么，作为理性的经验使用之规则的纯粹理性概念或先验理念，能够导向经验的系统的统一性，并且总是能够不断地拓展经验认识，而从来不会违背它；因此，"要按照纯粹理性概念或先验理念行事"便成为理性的一条必然的准则（eine notwendige Maxime der Vernunft）。在此，纯粹理性概念或先验理念，并不是有关如何将我们的知识拓展到经验所能提供

---

① 参见KrV, B 383-386/A 327-329, B 395-397/A 339, B 595-596/A 567-568, B 647-648/A 619-620, B 672-673/A 644-645, B 708-709/A 680-681。

## 第2章 康德：人是拥有规则和原理能力的动物

的对象之外的对象之上的构成性原理（前面已经说明，它们不是有关经验对象的构成性原理），而是有关杂多的经验认识本身的系统的统一性的调节性原理。借助于这样的调节性原理，经验认识在其自身范围内得到了比在没有纯粹理性概念或先验理念而只能仅仅使用知性原理的情况下更为深广的扩建和修正。

上述形式的先验演绎表明，纯粹理性概念或先验理念虽然不具有真正意义上的客观实在性，但是由于它们向我们指明了，我们应该如何在它们的指导下追寻经验对象本身的性质及其最广泛的联系，因此在这种意义上它们也适用于——尽管仅仅是间接地——经验对象，即它们也具有一些——尽管仅仅是不确定的——客观实在性进而客观有效性，而非仅仅呈现了空洞的思想之物（leere Gedankendinge［entia rationis ratiocinantis（诡辩理性的存在物或推理的存在物）］）。而且，由于我们是经由一种必然的理性推理而被带到它们这里来的，因此，无论如何，它们首先具有主观的实在性或先验的实在性。①

由于在经验中从来不会出现任何适合于纯粹理性概念或先验理念的对象，因此，就此说来它们是超验的，即跨越了一切经验的界限（甚至可以说它们就是跨越经验的表象）。不过，更准确地说，不是纯粹理性概念或先验理念本身，而是其客观的使用才是超验的。也即，如果我们用它们来直接地指称一个假定相应于它们的对象，那么它们的使用只能是超验的。但是，如果我们只是用它们来指导和调节，直接地处理对象的知性的使用或知性认识，那么它们的使用便是内在的。就此说来，纯粹理性概念或先验理念，与纯

---

① 参见KrV, B 393/A 336, B 396-397/A 338-339, B 697-701/A 669-673, B 815/A 787。

## 人：遵守规则的动物

粹知性概念或范畴形成了鲜明的对照,因为纯粹知性概念或范畴的使用,按照其本性必定总是内在的（因为这种使用仅仅局限于可能的经验之上）。①

那么,在经验之外或超感觉领域,是否存在着与纯粹理性概念或先验理念相符的对象,即所谓无条件者? 或者说,是否存在着作为物本身的与纯粹理性概念或先验理念相符的对象? 对此,康德的回答是这样的：为了最大程度地拓展知性认识,为了给予感性世界以系统的统一性,我们必须假定存在着这样的无条件者,或者说作为物本身的与纯粹理性概念或先验理念相符的对象。②但是,对于我们人类来说,作为物本身的先验理念的对象就其本身来说完全是不可亲知（kennen）,进而不可认识的（因为作为我们的认识的基础的实在性、实体、因果性乃至实存中的必然性等等概念,在感性世界之外根本没有任何意义）,我们至多只能形成有关它们的成问题的概念,因此,我们绝对没有权利断定实际存在着这种意义上的理念的对象。因此,作为先验理念的对象的物本身,显然不同于那种刺激感性进而引起感性表象的物本身,前者的存在是假

---

① 参见KrV, B xx-xxi, B 367-368/A 310-311, B 382-386/A 326-329, B 670-671/A 642-643, B 712/A 684。

② 参见如下段落："驱使我们必然地走出经验以及所有显象的界限的东西是**无条件者**。理性必然地并且完全正当地在物本身之中为一切有条件者要求无条件者,并且由此而要求完成了的诸条件的序列。"（KrV, B xx.）"如果不仅有条件者而且其条件均是物本身,那么,如果有条件者被给出了,那么不仅到其条件的回溯**作为任务而被设置了**,而且这个条件由此实际上已经被一起给出了。而且,由于这点适用于该序列的所有成员,因此诸条件的完全的序列进而还有无条件者便同时经由下面这个事实而被给出了,或者更准确地说,由其预设了：仅仅经由那个序列才得以可能的有条件者被给出了。"（KrV, B 526/A 498。）"理性针对被它假定为物本身的东西要求这种无条件的完全性。"（KrV, B 543-544/A 515-516。）

## 第2章 康德：人是拥有规则和原理能力的动物

设性的，而后者的存在是必然的（尽管我们同样不能对之形成任何适当的概念）。①

虽然在感性世界中不存在与纯粹理性概念或先验理念相应的对象，其正当的使用只能是调节性的，而且即使在感性世界之外存在着与其相应的对象，我们也无法认识或亲知这样的对象，但是我们看到，纯粹理性概念或先验理念并不是人们随意地虚构出来的，而是在我们的理性之中完全必然地按照其本源的法则被生产出来的。可以说，它们是我们理性的本性本身作为这样的任务而设置出来的，即要将知性（或知性知识）的统一性尽可能地继续推进至无条件者。因此，可以说纯粹理性概念或先验理念必然包含在我们的理性之中了。②

从前文我们看到，诡辩的理性推理必然导致纯粹理性概念或先验理念，而诡辩的理性推理是在这样的最高的理性原理指导下进行的，即如果一个有条件者被给出了，那么彼此隶属的诸条件的整个序列或者诸条件的绝对总体也被给出了，进而相关的绝对的无条件者也被给出了（或者说，在诸显象的综合中的，或者在有关泛而言之的事物的思维的综合中的，诸条件的序列延展到无条件者）。因此，纯粹理性概念或先验理念包含在最高的理性原理之中了，也可以说它们就是最高的理性原理。③

---

① 参见KrV, B xx, B 396-397/A 338-339, B 700-707/A 672-679, B 710-714/A 682-686, B 723-730/A 695-702。

② 参见KrV, B 380/A 323, B 383-384/A 327, B 393/A 336, B 396-397/A 338-339, B 435/A 408-409, B 597/A 569, B 670/A 642, B 697/A 669, B 722-723/A 694-695。

③ 参见KrV, B 364-365/A 307-308, B 436/A 409, B 526/A 497-498, B 528/A 500, B 545-546/A 517-518, B 595-596/A 567-568, B 690-692/A 662-664, B 700/A 672, B 702/A 674。

## 人：遵守规则的动物

由于最高的理性原理包含着纯粹理性概念或先验理念,甚至于就等同于纯粹理性概念或先验理念,因此,它们不是直接处理经验对象或显象的。在这种意义上,它们不具有确定的客观有效性。相应地,我们也无法构造出有关它们的先验的客观演绎。这样,它们不可能是有关经验对象或显象的构成性原理,而只能是一种调节性原理,其使命在于指导知性在经验中的最大可能的使用,以便为知性知识带来最大程度的统一性。在这种意义上,它们构成了可能经验的规则,因而可以说是先验的。由此也不难看出,它们虽然没有对经验对象做出直接的规定,但是仍然拥有一些不确定的客观有效性。①

作为调节性原理,最高的理性原理是内在的,而非超验的。但是,如果人们认为最高的理性原理对所谓超感性的（或经验之外的）对象做出了直接的规定,即将其理解成构成性原理,那么它们便是超验的,进而也是不可接受的。因此,最高的理性原理与知性的所有原则是完全不同的,后者的使用完全是内在的,因为它们的主题仅仅是经验的可能性。②

从前文的梳理我们还看到,按照康德的理解,所谓最高的理性原理实际上就是有关杂多的知性知识（或诸显象）的统一性原理。相关的统一性,是基于纯粹理性概念或先验理念的理性的统一性,而非基于纯粹知性概念或范畴的知性的统一性（即关于某个可能的经验的统一性）。因此,纯粹理性概念或先验理念最后均归结为理性统一性理念。请看如下段落:"理性……从来不首先应

---

① 参见KrV, B 362-363/A 305-306, B 536-538/A 508-510, B 544-546/A 516-518, B 549-550/A 521-522, B 691-695/A 663-667。

② 参见KrV, B 351-353/A 295-296, B 365/A 308, B 670-671/A 642-643。

## 第2章 康德：人是拥有规则和原理能力的动物

用于经验或任何对象，而是首先应用于知性，以便通过概念将先天的统一性给予知性的杂多的认识，而这种统一性可以称为理性的统一性，从种类上说它完全不同于任何能够借助于知性而获得的统一性。""先验的理性概念总是只涉及诸条件的综合中的绝对总体，总是终止于绝对的——也即在每一种关系中的——无条件者。因为纯粹理性将一切均留给了知性，而知性首先关联到的是直观的对象，或者更准确地说，是它们在想象力中的综合。理性只为自己保留了知性概念的使用中的绝对的总体，并且试图将在范畴中被思维的那种综合的统一性向外引导到绝对的无条件者。因此，我们可以将这种向外直达无条件者的统一性称作诸显象的**理性的统一性**（*Vernunfteinheit*），正如我们可以将范畴所表达的那种统一性称作**知性的统一性**（*Verstandeseinheit*）一样。据此，理性仅仅关联到知性的使用，而且不是在知性包含着可能经验的根据的范围内（因为诸条件的绝对的总体决不是任何能够在一种经验中得到使用的概念，因为没有任何经验是无条件的），而是为了给知性规定一个通向某种统一性的方向。这种统一性旨在将所有知性行动（它们关联着每一个对象）联合起来，以便由此形成一个**绝对的整体**。（对于这样的统一性，知性没有任何概念。）""理性从来不直接地关联到一个对象，而仅仅关联到知性，并且借助于知性关联到其独特的经验的使用。因此，理性并没有**创制**任何（有关对象的）概念，而仅仅是给它们**排序**了，赋予它们以这样的统一性，在其最大可能的分布范围中它们可能拥有它，也即，联系着诸序列的总体它们可能拥有它。因为知性根本不关注这个总体；相反，它仅仅关注这样的联结，**正是经由它**，诸条件的**序列**处处依据**概念得以完成**。因此，真正说来，理性仅仅以知性及其合目的的任

## 人：遵守规则的动物

用（zweckmäßige Anstellung）为对象。而且,正如知性经由概念将杂多联合成对象一样,理性转而通过如下方式经由理念将诸概念的杂多联合起来：将某种集体的统一性（kollektive Einheit）设置成知性行动的目标。否则的话,知性行动只是忙于处理分布的统一性（distributive Einheit）。"①

显然,理性的统一性是一种系统的、完全的、形式的统一性："如果我们在其整个范围中综览一下我们的知性知识,那么我们发现,理性就它们十分特别地指定的东西并且十分特别地试图实现的东西,就是知识的**系统性**,也即知识基于一条原理的关联。这种理性统一性总是预设了一个理念,即有关这样的知识整体的形式的理念,它先行于有关诸部分的特定的知识,而且包含着这样的条件,它们为每个部分先天地规定了其位置及其与其他部分的关系。据此,这个理念设定了知性知识的完全的统一性,由此知性知识就不仅仅是一个偶然的聚合物,而是成为一个根据必然的法则关联起来的系统。真正说来,人们不能说这个理念是一个有关对象的概念,而可以说它是一个有关这些概念的贯通的统一性的概念——在这个理念作为规则而服务于知性范围内。"②

由于纯粹理性概念或先验理念的正当使用只能是调节性的,而非构成性的,因此以它们为基础的理性统一性理念的正当使用或理性统一性原理也只能是调节性的,而非构成性的,即不存在与它们相符的经验对象,或者说它们并没有对任何经验对象做出直接的规定,但是却能够给我们有关经验对象的知性认识带来最大

---

① KrV, B 359/A 302, B 382-383/A 326-327, B 671-672/A 643-644。进一步参见 B 363-364/A 306-307, B 450/A 422。

② KrV, B 673/A 645.

## 第 2 章　康德：人是拥有规则和原理能力的动物

可能的系统的统一性，尽管这种统一性并非已经现成地出现在自然物或自然之中了。在这种意义上，理性的统一性是一种投射的统一性（projektierte Einheit）："就其自身来说，人们一定不要将它看成是已经给定了的，而必须仅仅将它看成问题。这种统一性服务于如下目的：为杂多的、特殊的知性的使用找到一条原理，并借此也指导知性在没有给出的情形中的使用，并且使其前后一贯。"①

虽然理性统一性理念的使用或理性统一性原理不是构成性的，即并非直接地关联到经验对象，在这种意义上它们不具有客观实在性或客观有效性，但是它们并非与经验对象没有任何关系，并非没有任何客观实在性或客观有效性。相反，它们与经验对象或自然物，进而自然之本质密切相关——系统的统一性可以说必定属于经验对象或自然物，进而自然之本质。在这种意义上，理性统一性理念和理性统一性原理，是拥有客观实在性或客观有效性的。这也就是说，理性的系统的统一性不仅是一种主观的统一性，而且是自然本身所必然拥有的客观的统一性：理性统一性即自然统一性。②因此，理性统一性原理不仅是理性的一条经济原则，而

---

①　KrV, B 675/A 647.

②　在此要注意区分开康德所称的两种不同意义上的自然统一性（Natureinheit, Einheit der Natur）：知性的统一性意义上的自然统一性，和理性的统一性意义上的自然统一性。前一种意义上的自然统一性是指联系着特定的自然存在物或经验对象的统一性，即相关的诸显象杂多基于范畴或相关其他规则的综合统一性。这种自然统一性关联着前面提到的形式上看的自然。后一种意义上的自然统一性是指作为彼此贯通地关联在一起的诸显象之全体的自然（质料上看的自然）之形式的、系统的统一性。（参见KrV, A 114, 125-128, B 163-165, B 263/A 216, B 343/A 287, B 359/A 302, B 446-447/A 418-419, B 446/A 418 Anm.; KU 21-22, 92-93。）康德又将前一种意义上的自然统一性称为知性的经验使用的分布的统一性，将后一种意义上的自然统一性称为理性的有关经验整体（显象整体）的集体的统一性。（参见KrV, B 610-611/A 582-583, B 671-672/A 643-644。）

## 人：遵守规则的动物

且是自然本身的内在的法则。请看如下段落："纯粹理性所关心的事实上仅仅是它自己,它也不能有任何其他的事务,因为被给予它的东西并不是导向经验概念的统一性的对象,而是导向理性概念的统一性（即导向一个原理中的关联的统一性）的知性知识。理性统一性是系统的统一性,而这种系统的统一性并不是客观地作为一条原则服务于理性的,以便让其铺展在诸对象之上,而是主观地作为准则服务于理性的,以便让其铺展在有关对象的所有可能的经验认识之上。尽管如此,理性能够给予知性的经验的使用的这种系统的关联,不仅推进了其分布范围,而且同时也证明了其正确性。而且,有关这样的系统的统一性的原理也是客观的,尽管是以不确定的方式（作为模糊的原理）,不是作为构成性原理,以便联系着其直接的对象来确定某种东西,而是作为单纯调节性的原则和准则,以便通过开启知性所不曾亲知的新道路的方式无穷地（不确定地）推进并加固理性的经验的使用,在此期间却从来没有丝毫违反经验的使用法则。"[①]

对于理性统一性理念或理性统一性原理的客观有效性,康德还给出了如下形式的先验演绎：假定没有理性统一性理念或理性统一性原理,那么根本就不会有理性了；如果没有理性,也就不会有连贯的知性使用了；而在缺失这样的知性使用的情况下,也就不会有经验真理的充分标志了；因此,鉴于这个标志,我们无论如何都必须将自然的系统的统一性,作为客观有效的且必然的东西

---

[①] KrV, B 708/A 680。进一步参见KrV, B 676-681/A 648-653, B 721/A 693。按照康德的理解,构成性不等于客观性：构成性的事项肯定是客观的,但是客观的事项不一定是构成性的。构成性指直接关联到对象,直接对对象做出了规定,甚至于直接构成了对象；而客观性则仅仅指与对象相关,并未对对象做出直接的规定,更没有参与对象的构成。

## 第2章 康德：人是拥有规则和原理能力的动物

预设下来。换言之，自然的系统的统一性必然被预设在任何可能经验的杂多之中了，因为，如果没有这样的统一性，那么任何经验概念进而任何经验，都将是不可能的。①

在此，康德提醒人们注意这点：一定不要这样来理解理性统一性理念或理性统一性原理的客观性，即声称实际存在着这样一种理性存在物（Vernunftwesen; ens rationis ratiocinatae）或思想之物（Gedankenwesen），它们构成了它们所直接处理的对象，而且它们不可能通过任何经验被给出来。在这样的理解之下，理性统一性理念的使用或理性统一性原理，便成为构成性的了。我们决不能绝对地、就其本身来看就将相关的理性存在物假定为实际存在的东西（即将它们看成实在中的对象 [ Gegenstände in der Realität ] )，而只能将其作为理念中的对象来假定，即将其作为一个问题置于基础地位，以便能够如此地来看待感性世界中的诸事物的一切联系，好像它们均在某种理性存在物之中有其根据一样。以这样的方式，自然的系统的统一性或理性统一性便获得了一种貌似实在的根据。②

因此，建立在纯粹理性概念或先验理念之上的自然系统的、形式的统一性最终说来归结为自然的合目的的统一性：自然中的一切安排好像均源于某个最高理性（eine allerhöchste Vernunft）或者拥有这种理性的某个最高的（或最实在的）存在物即最高理智物（eine höchste Intelligenz）的意图，因此，我们应当按照目的论法则联结世界中的事物，并由此而达到诸事物的最大的系统的统

---

① 参见KrV, B 678-679/A 650-651, B 681-682/A 653-654。
② 参见KrV, B 700-703/A 672-675, B 709-718/A 681-690, B 724-725/A 697-698。

## 人：遵守规则的动物

一性。最大的系统的统一性进而合目的的统一性是人类理性的学校，甚至于构成了人类理性的最大的使用的可能性的基础。因此，有关这种统一性的理念与我们的理性的本质密不可分。为这种理念提供基础或支撑的最高存在物的理想，完成了整个人类知识并使其达到巅峰，其客观实在性虽然不能通过这样的方式得到证明，但是也不能因此而被驳倒。①

作为理性统一性原理，合目的的统一性原理当然也是一条调节性原理，其使命是让人们借助于有关至上的世界原因的合目的的因致性的理念，达到最高的系统的统一性（这个作为最高理智物的至上的世界原因根据最为智慧的意图，好像构成了一切事物之原因）。作为调节性原理，合目的的统一性原理，虽然要求人们要将系统的统一性作为属于事物的本质的东西而预设下来，进而要求人们承认作为理念中的对象的最高理智物的存在，但是它并没有进而要求人们承认最高理智物的现实性（即并没有要求人们将其看成某个从其本身来看必然的实存物）。如果人们将这种进一步的要求放进合目的的统一性原理之中，并且企图从据称实际存在着的最高理智物那里得出事物的合目的性，那么该原理便转变成为一条不可接受的构成性原理。作为构成性原理，合目的的统一性原理不仅不能为自然的系统的统一性提供支持，而且事实上彻底取消了这种统一性，因为这时这种统一性便完全外在于事物的本性了，是偶然的，根本不能从普遍的自然规律那里被认识到。请参见如下段落："因此，这个有关最实在的存在物的理想虽然是一个单纯的表象，但是它首先**被实在化了**，即被做成一个对

---

① 参见KrV, B 606-607/A 578-579, B 611/A 583, B 611/A 583 Anm., B 647-648/A 619-620, B 669/A 641, B 714-717/A 686-689, B 720-723/A 692-695。

## 第 2 章　康德：人是拥有规则和原理能力的动物

象；接着**被实体化了**；最后，经由理性走向统一性的完成的自然的进程，它甚至于**被人格化了**（*personifiziert*）……因为经验的调节的〔当作：相对的〕统一性并非以显象本身为基础（并非仅仅以感性为基础），而是以**知性**（在一个统觉中）对显象杂多的联结为基础，因此最高实在的统一性和所有事物的贯通的可规定性（所有事物的可能性）似乎就包含在一个最高的知性（ein höchster Verstand）之中，进而似乎包含在一个**理智物**之中。"① "将关于自然的系统的统一性〔进而合目的的统一性〕的调节性原理当成一条构成性原理，并且将只是在理念中被当作理性的一致的使用基础的东西，当作原因而实体性地（hypostatisch）〔即作为实体〕预设下来，这只是意味着让理性陷于混乱之中。自然的研究沿着自然原因（Naturursachen）的链条、根据普遍的自然法则全然独立地按照常规进行着。在此过程中，自然的研究虽然遵循着创造者（Urheber）的理念，但是之所以如此，并不是为了从创造者得出它处处都在追踪的那种合目的性，而是为了从这种合目的性中认识创造者的实存，进而是为了认识到创造者的实存是绝对必然的（因为这种合目的性是在自然物的本质中被探究的，而且在可能的情况下，也是在所有泛而言之的事物的本质中被探究的）。无论我们是否能成功地做到后面这点，该理念总是正当的，而且只要该理念的使用被限制在单纯调节性的原理的诸条件之上，那么该理念的使用同样也是正当的。"②

---

① KrV, B 611/A 583 Anm..

② KrV, B 721-722/A 693-694。进一步参见KrV, B 610-611/A 582-583, B 647-648/A 619-620, B 714-717/A 686-689, B 720-721/A 692-693, B 722-730/A 694-702。

人：遵守规则的动物

　　康德将理性统一性原理进一步区分成三种不同的形式：其一为先验的同质化原理（狭义的统一性原理）；其二为先验的明细化原理或曰多样性原理；其三为先验的连续性原理或曰亲缘性原理。第一个原理断定世界中的事物均具有统一性，最后都隶属于一个最大的类（属）或从属于一个最一般的概念（或者说多种多样的经验总是具有同质性）；第二个原理断定世界中的事物总是多种多样的，每个类（属）之下的事物又分属于更小的类（亚属或种）或从属于更小的概念（或者说同质的经验总是拥有这样或那样的差异性）；第三个原理断定世界中多样而统一的事物又具有无限的连续性，在不同类（种）的事物或从属于不同的概念的事物之间总是存在着经由不同之处的阶梯式的增加而来的连续的过渡，即在不同类（种）的事物之间总是存在着不同层级的中间类（中间种）（或者说同质的多样的经验彼此之间又具有这样或那样的同一性）。①

　　从前面的梳理我们看到，按照康德的观点，理性提供认识的原理，追求认识的统一性。所以，理性是一种原理能力，进而也是一种规则能力。②在《纯粹理性批判》中康德写道：

　　　　在我们的先验逻辑的第一部分我们通过规则能力来解释

---

① 参见KrV, B 362-363/A 305-306, B 670-697/A 642-669。
② 此处"原理"特指理性原理，即源自概念的综合认识（Synthetische Erkenntnisse aus Begriffen），或者说基于单纯的思维的综合认识。这样的原理就其本身且就其来源来说就是本原（Prinzipium），因而构成了绝对意义上的原理。在其通常的意义上，原理是指任何能够充当理性推理之大前提的普遍命题。这样的原理是比较意义上的原理，知性原则就是这种意义上的原理。（参见KrV, B 355-359/A 298-302, A 405。）

## 第 2 章 康德：人是拥有规则和原理能力的动物

知性；在此我们通过将理性称作我们的**原理能力**的方式将其与知性区别开来。①

如果说知性或许是经由规则〔进而法则〕而给予诸显象以统一性的能力，那么理性便是将知性规则〔进而知性原则或知性法则〕统一在理性〔原理〕之下的能力。因此，理性从来不首先应用于经验或任何对象，而是首先应用于知性，以便通过概念将先天的统一性给予知性的杂多的认识，而这种统一性可被称为理性的统一性，从种类上说它完全不同于任何能够借助于知性而获得的统一性。②

前面讨论了理性的逻辑使用与理性的认识的使用。康德又将理性的认识的使用分成两种，即理性在理论认识上的使用，与理性在实践认识上的使用，即所谓理性的理论使用，与理性的实践使用。进而，康德还区分了理论理性与实践理性。前面讨论的主要是理性的理论使用或理论理性。

所谓理性的理论使用是理性这样的使用，正是经由它，我们先天地认识到某种东西存在（并且认识到这点是必然的）；而所谓理性的实践使用则是理性这样的使用，正是经由它，我们先天地认识到了什么事情应当发生。通过理性的理论使用而获得的理性知识构成所谓理性的理论知识，而通过理性的实践使用而获得的理性知识构成所谓理性的实践知识。因此，理性的理论知识是理性的这样的知识，它的对象是从其他地方给出的，而它本身则仅仅是对这个对象及其概念做出了规定；而理性的实践知识则是理性的

---

① KrV, B 356/ A 299.
② KrV, B 359/ A 302.

## 人：遵守规则的动物

这样的知识，正是它使得它的对象本身成为现实的了。换言之，通过理论知识，我们认识到了什么东西存在，而通过实践知识我们设想什么东西应当存在。应当存在的东西或应当成为现实的东西，就是人们可以通过意志决定而因致（verursachen, cause）的东西，因此，实践知识就是与意志的决定根据有关的知识。

康德又将理论知识区分为思辨的理论知识和自然的理论知识：就一种理论知识来说，如果它涉及这样一个对象，或者有关一个对象的这样的概念，人们在任何经验中均不能达到它们那里，那么它便是思辨的；自然知识与思辨知识正相反对，仅仅涉及那些能够在一种可能的经验中给出的对象或这样的对象的谓词。理性在获得思辨的理论知识过程中的使用，构成理性的思辨的理论使用；理性在获得自然的理论知识过程中的使用，构成理性的自然的理论使用。

理论使用中的理性就是所谓理论理性，实践使用中的理性就是所谓实践理性。实践理性就是作为意志的决定根据的理性，即能够直接地或独立于任何经验事项地决定意志，进而因致一个行动的能力。①

正如理论理性有其独特的概念，即先验理念一样，实践理性也有其独特的概念，即实践理性的理念——简言之，实践理念或道德理念。绝对善的意志、至善、道德世界、智慧等等都是实践理念。我们看到，理论理性的理念不具有真正意义上的客观实在性，即在经验中找不到与其相符的对象，也不能用以规定任何对

---

① 以上请参见：KrV, B ix-x, B 384-386/A 327-329, B 662-664/A 635-636, B 823-833/A 795-805; KpV, AA 5: 19-20,31,42,46,71; GMS, AA 4: 412,414, 448; Reli., AA 4: 26。

## 第2章 康德：人是拥有规则和原理能力的动物

象,不能被具体地以与它们完全相符的方式给出,而是仅仅具有调节作用,即作为知性拓展的并且一致使用的范则而服务于知性,以使知性所获得的知识拥有系统的合目的的统一性。与此相反,实践理性理念拥有真正意义上的客观实在性,不过它们拥有的不是理论的客观实在性,而是实践的客观实在性,因为它们总是能够实际地被具体地给出,可以而且应当对感性世界施加它们的影响,以便让感性世界尽可能地符合于它们。请看如下段落:"因为在知性的实践使用[①]中人们所关心的事情仅仅是如何按照规则进行实施（die Ausübung nach Regeln）,所以实践理性的理念总是能够实际地被具体地给出——尽管只是能够部分地被这样给出,它甚至于是理性的所有实践使用的不可或缺的条件。尽管实践理性的理念的实施,总是有界限的并且是有缺陷的,但是它处于并非可以确定的界限之下,因此总是处于绝对完全性的概念的影响之下。据此,实践理念总是极其富有成果的,就实际的行动来说总是无可避免地必然的。在实践理念中纯粹理性甚至具有这样的因致性（Kausalität, causality）,即实际地引起理性概念所包含的东西。因此,针对智慧,人们不能仿佛轻蔑地说:**它仅仅是一个理念**。相反,恰恰因为它是有关所有可能目的的必然的统一性的理念,所以它必定作为本源的、至少限制性的条件以规则的身份服务于一切实际的事项。"[②] "就世界来说,如果它符合所有伦理法则（根据有理性的存在物的**自由**它**可以**是这样的,而根据有关**伦理性**［Sittlichkeit］的必然法则它**应当**是这样的）,那么我将它称作**道德世界**。道德世界到此仅仅被思考成理知世界,因为在这

---

① 当作"理性的实践使用"。(参见KpV, AA 5: 55。)
② KrV, B 384-385/A 328.

## 人：遵守规则的动物

样的世界之中我们抽离了所有条件（目的），甚至于抽离了道德性（Moralität）的所有障碍（人性的弱点或不纯正性）。因此，在这样的范围内道德世界是一个单纯的理念，不过是这样一个实践理念，它真的可以而且应当对感性世界施加它的影响，以便让感性世界尽可能地符合于这个理念。因此，道德世界的理念拥有客观实在性。在此，事情并不是这样的，即好像道德世界的理念牵涉某种理知直观的对象（我们根本就不能思维这样的对象）；相反，事情是这样的：它涉及感性世界。不过，在此感性世界被看作实践使用中的纯粹理性的一个对象，并且被看作在它之内诸有理性存在物的某种神秘体（ein corpus mysticum der vernünftigen Wesen）——在这样的范围内：他们的自由的意愿在道德法则之下，不仅与其本身而且与所有其他有理性的存在物的自由，有着贯通的、系统的统一性。"[①]

正如理论理性一样，实践理性也包含着先天的认识原理，即完全先天地得到了规定的法则（简言之，纯粹的法则），特别说来，纯粹的实践法则或道德法则。请看如下段落："纯粹的实践法则——它们的目的是由理性完全先天地给出的，它们不是以经验上说有条件的方式给出命令的，而是以绝对的方式给出命令的——是纯粹理性的产物。但是，道德法则恰恰是这样的法则，因此它们属于纯粹理性的实践的使用……"[②] "理性也提供这样的法则，它们是命令，即**有关自由的**客观的**法则**，并且说出了**什么事情应当发生**，尽管它或许从来没有发生。这样的法则就此来说不同于仅仅处理**发**

---

① KrV, B 836/A 808.
② KrV, B 828/A 800.

## 第2章 康德：人是拥有规则和原理能力的动物

生的事情的**自然法则**，正因如此，它们也被称作实践法则。"① "纯粹理性仅仅就其本身来说就是实践性的，并且为（人们）提供了一条普遍的法则，我们将其称作**道德法则**。"②

正如实践理念一样，实践法则也拥有客观实在性——实践的而非理论的客观实在性。关于这点，康德写道："因此，纯粹理性包含着（尽管不是在它的思辨的使用之中，而是在它的某种实践的即道德的使用中）**经验**，也即这样一些行动**的可能性**的原理，在人类**历史**上**能够**合乎道德条件地见到它们。因为，既然它命令说这些行动应当发生，那么它们也必定能够发生。因此，一种独特类型的系统统一性即道德的系统统一性必定是可能的，尽管**依据理性的思辨原理**的自然的系统统一性不能得到证明，因为尽管联系着自由本身理性拥有因致性，但是联系着整个自然理性并非拥有因致性，而理性的道德原理尽管能够引起自由的行动，但是不能引起自然法则。据此，实践的使用特别是道德的使用中的纯粹理性的原理拥有客观实在性。"③

前面我们看到，与所有其他理论理性的理念一样，自由理念不能通过理性的理论的使用或理论理性而获得客观实在性。不过，与其他理论理性的理念不同，自由理念却可以通过实践理性或理性的实践的使用而获得其客观实在性。具体说来，自由理念是这样获得客观实在性的：实践理性或其包含的实践法则构成了一种十分特殊的原因，进而拥有一种独特的因致性，即它或它们能够以一种完全独立于感性条件的方式决定意志，即因致意志决定，进而

---

① KrV, B 830/A 802.
② KpV, AA 5: 31.
③ KrV, B 835-836/A 807-808.

## 人：遵守规则的动物

因致作为有理性的动物的人在感性世界中的行动。关于此点，可参见如下段落：

> 这样的概念的对象是**事实**（Thatsachen；res facti），它们的客观实在性能够得到证明（无论是经由纯粹理性，还是经由经验；在第一种情况下，无论是从理性的理论材料，还是从理性的实践材料；不过，在所有情况下，均借助于一种与诸概念相应的直观）。（几何中）诸量的数学性质便是这样的事实，因为它们能够相对于理性的理论使用获得先天的呈现。而且，这样的事物或其性质也同样是事实，它们能够经由经验（无论是自己的经验，还是来自于证人的他人的经验）而被确立。——不过，值得注意的是，有一个理性理念（就其本身来说它不能得到直观中的呈现，因此也不能获得有关其可能性的理论证明）甚至于也出现在事实之中，此即自由理念。作为一种独特的因致性（有关该因致性的概念理论上看是过分的〔überschwenglich，或译作超验的〕），自由理念的实在性可以经由纯粹理性的实践法则并且按照这些法则在实际的行动中进而在经验中得到确立。——在纯粹理性的所有理念中自由理念是唯一这样的理念，其对象是事实，而且必须被归属在可以认识的事物之中。①
>
> 在此下面这点总是非常值得注意的：在**上帝、自由和不死性**这三个纯粹理性理念之中，自由理念是唯一一个这样的有关超感性事项的概念（der einzige Begriff des

---

① KU, AA 5: 468.

## 第2章 康德：人是拥有规则和原理能力的动物

Übersinnlichen），它（借助于人们在它之中所思考的那种因致性）经由它在自然中的可能的结果证明了它在自然之上的客观实在性。而且，正因如此，它让其他两个理念与自然的联系成为可能，让所有这三个理念彼此之间联系在一起以促成一种宗教这样的事情成为可能。因此，我们在我们之内拥有这样一条原理，它有能力规定有关我们之内的超感性事项的理念，并且由此还有能力规定有关我们之外的超感性事项的理念，以便给出一种知识——尽管仅仅是一种从实践角度看才可能的知识，而单纯思辨的哲学对此必定是不抱任何希望的（单纯思辨的哲学对于自由也可以持有一个单纯消极的概念）。因此，自由概念（作为一切无条件地实践的法则的基础概念）能够将理性扩展到这样一些界限之外，每个自然概念（理论概念）均不得不被毫无希望地局限在其内。[①]

它〔哲学〕必须首先将一切当真（alles Fürwahrhalten）建立于事实基础之上，如果当真不应当是完全无根据的。因此，在〔有关上帝存在的〕诸证明中可能存在的唯一的区别是这样的：就一个事实来说，把从它得到的结论当作真的这点是可以作为相对于理论认识的**认识**（*Wissen*）还是仅仅可以作为相对于实践认识的**信仰**（*Glauben*）而建立在其基础之上。所有事实或者属于**自然概念**，或者属于**自由概念**：自然概念在先于所有〔经验的〕自然概念就已经被给出的（或者要给出的可能的）感觉能力的对象之上证明了其实在性；自由概念经由这样的理性的因致性——它是联系着感性世界

---

① KU, AA 5: 474.

## 人：遵守规则的动物

中某些经由理性才得以可能的结果来加以考虑的，而且理性不容反驳地将它设置在道德法则之内了——充分地确立了其实在性。①

自由概念是一个纯粹理性概念，恰因如此，对于理论哲学来说它是超验的，也即，它是这样一个概念，在某种可能的经验中我们不能给其找到任何适当的例子。因此，它并非构成了对于我们来说可能的理论知识的对象，绝对不能被看作思辨理性的构成性的原理，而只能被看成思辨理性的调节性的并且单纯否定性的原理。不过，在理性的实践使用中自由概念通过实践原则证明了其实在性。作为法则，实践原则〔进而自由概念〕以独立于所有经验条件（泛而言之的感性事项）的方式决定了纯粹理性的因致性，决定了意愿，证明了在我们之内有一种纯粹的意志，而道德概念和道德法则的来源便包含在这个意志之中。②

由于实践理性提供了纯粹的实践法则，所以它毫无疑问是一种立法能力。另外，因为理论理性提供了有关自然的系统的、合目的的统一性的原理，所以就此说来理论理性也是一种立法能力。不过，由于在《判断力批判》中理论理性的此种立法功能被归属给判断力了，因此在该书中康德说理论理性不是一种立法能力，而仅仅是一种逻辑推理能力。请看如下段落：

> 如果我们在其整个范围中综览一下我们的知性知识，那

---

① KU, AA 5: 475.
② MS, AA 6: 221.

## 第 2 章　康德：人是拥有规则和原理能力的动物

么我们发现,理性就它们十分特别地指定的东西并且十分特别地试图实现的东西就是知识的**系统性**,也即知识基于一条原理的关联。这种理性统一性总是预设了一个理念,即有关这样的知识整体的形式的理念,它先行于有关诸部分的特定的知识,而且包含着这样的条件,它们为每个部分先天地规定了其位置及其与其他部分的关系。据此,这个理念设定了知性知识的完全的统一性,由此知性知识就不仅仅是一个偶然的聚合物,而是成为一个根据必然的法则关联起来的系统。真正说来,人们不能说这个理念是一个有关对象的概念,而可以说它是一个有关这些概念的贯通的统一性的概念——在这个理念作为规则而服务于知性范围内。这样的理性概念并不是从自然那里提取而来,毋宁说我们根据这些理念询问自然,并且如果我们的知识不适合于它们,那么我们便将其看作是有缺陷的。①

按照这个理念〔理性统一性理念〕,每个人均假定,这种理性统一性是适合于自然本身的,而且,理性在此并不是在行乞,而是在下命令,尽管它不能决定这种统一性的界限。②

概念拥有其领域（Feld）——在它们被联系到对象之上范围内,而不管有关它们的认识是否是可能的。这个领域仅仅是根据概念的对象与我们的认识能力本身所处的那种关系而得到确定的。这个领域中的这样的部分——在其上对于我们来说认识是可能的——是这些概念以及这样的认识所必需的认识能力的基地（Boden; territorium）。这个基地

---

① KrV, B 673-674/A 645-646.
② KrV, B 681/A 653.

## 人：遵守规则的动物

的这样的部分——在其上这些概念是立法性的——是这些概念以及与它们相关的认识能力的领地（Gebiet; ditio）。因此，经验概念在作为所有感觉能力的对象之全体的自然中虽然拥有其基地，但是并不拥有领地（而仅仅拥有其停留地点[Aufenthalt; domicilium]）：因为它们虽然是被合乎法则地制造出来的，但并不是立法性的，相反，基于它们的规则是经验性的，因而是偶然的。

我们的认识能力整体说来拥有两个领地，即自然概念的领地和自由概念的领地，因为经由这两类概念我们的认识能力均是先天立法性的。现在，哲学也据此而区分成理论哲学和实践哲学。但是，它们〔即自然概念和自由概念〕的基地——在其上它们的领地得以建立起来并且其立法**得以施行**——总是全部可能经验的对象之全体（在它们只是被看成单纯显象范围内）；因为，否则的话，联系着它们，知性的立法是无法设想的。

经由自然概念〔特指先天的自然概念，即纯粹知性范畴〕做出的立法是通过知性进行的且是理论性的。经由自由概念做出的立法是由理性进行的且是单纯实践性的。只有在实践事项之中理性才可能是立法性的；联系着（有关自然的）理论知识，理性（作为借助于知性而对法则有所知晓者）只能从给定的法则通过推理得出某些结论，而后者总是仅仅停留在自然那里。反言之，在诸规则是实践性的地方，理性并非因此立即就是**立法性的**，因为这些规则也可能是技艺上说实践性的。

因此，知性和理性在同一个经验基地之上拥有两种不同

## 第 2 章 康德：人是拥有规则和原理能力的动物

的立法，而且一种立法并不会损害另一种立法。因为正如自然概念影响不到经由自由概念而进行的立法一样，自由概念也同样不妨害自然的立法。——《纯粹理性批判》通过如下方式证明了至少无矛盾地设想两种立法以及属于它们的能力在一个主体之中共存的可能性：针对人们对这种可能性所提出的责难，指出它们包含着辩证的假象，因此摧毁它们。①

知性对于作为感觉能力的对象的自然是先天地立法性的，以便在一个可能的经验中达致有关这样的自然的理论知识。理性对于作为主体中超感性事项的自由及其自身的因致性是先天地立法性的，以便达致无条件地实践的知识。②

最后，由于最为宽泛意义上的理性包括知性在内了，而知性是一种立法能力，因此，一般说来，理性就是一种立法能力。正因如此，康德常常将理性存在物直接等同于普遍地立法的存在物（das allgemein gesetzgebende Wesen）。③

前文提到，从理论理性角度说，理性是一种原理能力，进而也是一种规则能力。由于实践理性的本质也在于提供纯粹的实践法则，因此就实践理性来说，我们也可以说理性是一种原理能力，进而也是一种规则能力。

### 2.1.4 欲求能力

欲求能力是有生命的存在物的一种十分重要的能力。于人而

---

① KU, AA 5: 174-175.
② KU, AA 5: 195.
③ 参见GMS, AA 4: 434, 438-439。

## 人：遵守规则的动物

言,情况当然也是如此。按照康德的定义,一般而言,存在物的欲求能力就是经由其诸表象而成为这些表象的诸对象的现实性的原因的能力。欲望就是欲求能力的应用,或者说欲求能力的一种规定性,即借助于自己的表象而成为表象的对象的现实性的原因的努力。习惯性的欲望叫作偏好(Neigung)。一个存在物按照其表象而行动起来的能力叫作生命。

欲求能力是自然原因之一种,可以分成低级的和高级的欲求能力。低级欲求能力即物欲,为单纯动物所拥有;高级欲求能力即意志,为作为有理性的动物的人所拥有。康德曾经一度这样定义意志:意志就是那种根据概念运作或起作用的自然原因。在众多自然原因之中,只有高级欲求能力符合该定义项的要求。因此,意志就是依据概念而起作用的欲求能力。在此所谓一个自然原因根据一个概念而起作用,意味着该自然原因经由该概念而被决定去发挥或实际地实施其因致性,而该概念为该自然原因的因致性提供了规则。(相关的概念被称作"决定因致性的概念"[der die Kausalität bestimmende Begriff]。)因此,意志就是一个人作为有理性的动物(理智物)决定自己根据理性法则、以独立于自然本能和其他感性条件的方式行动起来的能力。①

显然,以如此方式定义的意志概念,根本说来指称的是人的心灵的选择能力进而执行能力。在其后期著作中,康德将这样的能力称作"意愿"(Willkür),而将作为一种实践立法能力的理性或实践理性称作"意志"。不过,在做出这样的区别之前,甚至于在

---

① 以上请参见 KpV, AA 5: 9; KU, AA 5: 172,177 Anm.; KU, Erste Fassung der Einleitung, AA 20: 230 Anm.; MS, AA 6: 210-212,356-357; GMS, AA 4: 459; AA 23: 41。

## 第2章 康德：人是拥有规则和原理能力的动物

此之后，康德常常在宽泛的意义上使用"意志"一语，即同时用其指称如上意义上的意愿和意志。因此，正如一些研究者所指出的那样，在康德那里，"意志"是一个充满着系统歧义性的术语[①]。请看如下段落：

> 就依据概念的欲求能力来说，如果决定其行动起来的根据不在对象之中而是在它本身之内，那么它叫作**按照心愿做什么或者不做什么的**能力（ein Vermögen, *nach Belieben zu tun oder zu lassen*）。如果它与对人们行动起来以便引起相关对象的能力的意识联系在一起，那么它叫作**意愿**；但是，如果它并没有与此联系在一起，那么它的行动叫作**愿望**（*Wunsch*）。这样的欲求能力叫作**意志**，其内在的决定根据，因此甚至于心愿，出现在主体的理性之中。因此，意志与其说是（像意愿那样）联系着行动考察的欲求能力，不如说是联系着决定意愿行动起来的根据考察的欲求能力，并且真正说来它自身并没有任何决定根据，相反，在它能够决定意愿这样的范围内，它就是纯粹理性本身。[②]

在此，"意志自律"（die Autonomie des Willens）这个康德哲学中十分重要的论题便可以得到很好的理解了。所谓意志自律就是指意志之自己为自己立法的性质。显然，这样的自律只有就宽泛意义上的"意志"一语而言才是有意义的，其意义为：作为立法能力的意志即实践理性，为作为执行能力的意志即意愿确立了

---

[①] 参见Allison 2020: 451-452。

[②] MS, AA 6: 213.

## 人：遵守规则的动物

法则。①

按照康德的规定,目的就是这样的有关一个对象的概念,它同时包含着甚至于就是该对象的现实性的根据。(有时康德又将这样的对象本身称作目的,而将其概念称作意图[Absicht]。)因此,决定了意志的因致性的概念就是通常说的目的。于是,我们也可以说:意志或意愿就是按照目的而行动的能力。②

从前文我们看到,根据康德的观点,在理论认识领域,想象力某种意义上说扮演着感性与知性之间的桥梁作用,将两者内在地联系在一起。类似地,在实践认识领域,欲求能力或者说意愿扮演着感性与理性之间的桥梁作用,将两者内在地联系在一起:理性为欲求能力或意愿进而自然原因的因致性(甚至于感性偏好和欲望)提供了先天的原理。

按照康德的理解,理性进而相关的理知事项属于作为物本身的人,而欲求能力或意愿作为自然原因之一种属于作为显象的人。从前文我们看到,康德区分开了显象与物本身,进而现象界或自然的领域与本体界或超自然的领域。世界或自然作为诸显象或经验对象的总体,是一个由诸多无穷无尽的因果链条构成的整体。其中的每个事物均既以其他事物为原因,又因致了其他事物。普泛所谓原因,是指发生的事情的条件(或者说事物的存在的根据)③。如果这样的原因即发生的事情的条件本身,仍然是有条件的,那么它们构成所谓自然原因。一个原因之引起或因致某个结果的

---

① 参见GMS, AA 4: 431,440,446-447; Allison 2020: 454-455。
② 参见KU, AA 5: 180-181,192-193,220,369-370,408; KU, Erste Fassung der Einleitung, AA 20: 215-216。
③ 参见KrV, B 445-446/A 417-418; ND, AA 1: 394; AA 11: 36。

## 第 2 章 康德：人是拥有规则和原理能力的动物

性质叫作该原因的"因致性"或"原因性"（Kausalität）。康德也常常将一个原因之实施或发挥其因致性这个事件称作其"因致性"。因此，因致性概念蕴含了原因和结果之间的关系即因果关系。与许多哲学家一样，康德也认为原因与结果之间的关系是一种必然的决定关系（反言之，结果和原因之间的关系是一种必然的被决定关系或必然的依赖关系）。因此，他将自然原因的有条件的因致性（die bedingte Kausalität）——简言之，"自然因致性"（Naturkausalität）或"经验因致性"（die empirische Kausalität）或"感知因致性"（die sensible Kausalität）——称作"自然必然性"（Naturnotwendigkeit）。世界或自然中的诸原因和诸结果之间的这种必然联系，进而诸原因的因致性最终源自普遍必然的自然法则，因此，自然必然性便意味着发生的事情（即时间中的诸事件）根据有关因致性的自然法则而来的全部必然性——所有发生的事情均根据自然法则而毫无例外地（或者说无条件地，在任何条件或情况下，或在任何相关的可能世界中）被其诸原因的序列或诸条件的序列完全地决定了（也即，在这样的原因或条件序列之下，它们不可能不发生）。康德又将自然必然性称作"自然机制"（Naturmechanismus, Mechanismus der Natur）[①]。

作为世界或自然中的事物之一，即作为感性存在物，人以及发生于其上的自然事件也必然处于无穷无尽的因果链条之中。特别说来，人之行动作为显象根据恒常的自然法则而完全地处于与其他显象的关联之中，并且可以从作为其条件进而原因的这些其他显象之中得出，因此，它们与这些其他显象一起构成了唯一的自然

---

[①] 参见 KpV, AA 5: 97; GMS, AA 4: 458。

## 人：遵守规则的动物

秩序中的成员。作为自然秩序或因果链条中的一环，人以及发生于其上的自然事件（特别是其行动）构成了感知原因，进而其因致性构成了感知因致性或经验因致性。

作为显象总体的世界或自然中诸原因的因致性的根据在于普遍必然的自然法则：根据自然法则，世界或自然中的任何一个事件必然是作为结果，跟着一个作为原因的在前的事件发生的。这样的因致性是有条件的因致性。那么，在这种仅仅根据自然法则的因致性或有条件的因致性之外还有没有其他种类的因致性——依据完全不同种类法则的因致性或无条件的因致性（die unbedingte Kausalität）？或者说，除了有原因的原因之外，还有没有无原因的原因？康德断言，为了解释世界中诸事件的最终来源，我们必须假定存在着这样一种独特的因致性进而这样一种独特的原因。因为，如果仅仅存在着有条件的因致性，即根据自然法则的因致性，那么世界中的诸事件便不会拥有"先行充分地确定好了的原因"（hinreichend a priori bestimmte Ursache）[1]，而如果没有这样的原因，世界中的任何事件均不会发生。根据相关语境，所谓"先行充分地确定好了的原因"就是指世界中诸事件的终极原因，即第一因或第一推动者[2]，或绝对的无条件者。康德将这种无条件的因致性称作"自由"[3]。但是，他也常常将这种无条件的因致性称作"经由自由的因致性"或"出自自由的因致性"或"自由的因致性"，而将自由本身看作这种无条件的因致性所属的一种能力[4]。

---

[1] KrV, B 474/A 446.
[2] 参见KrV, B 478/A 450。
[3] 参见KrV, B 445-446/A 417-418。
[4] 参见KpV, AA 5: 105。

## 第2章 康德：人是拥有规则和原理能力的动物

此处所涉及的自由是所谓的"先验自由"（die transzendentale Freiheit）或"宇宙论意义上的自由"（Freiheit, im kosmologischen Verstande）。先验自由根本说来是这样一种能力，它能够全然自动地或自发地（ganz von selbst）或绝对地（schlechthin）（即无条件地进而无原因地）开始行动起来（即不需要也无法事先得到另外一个原因，后者再次根据有关因果联系的自然法则决定它行动起来），并进而自动地（自发地）或绝对地肇始（anfangen）世界中诸显象的按照自然法则延伸的序列或者说诸时间中的序列（也即，其肇始世界中的诸显象的按照自然法则延伸的序列的活动或性质——其因致性——并非根据自然法则再次隶属于另外一个原因，而正是这个原因从时间上说决定了它）。因此，先验自由是一种绝对的自发性（eine absolute Spontaneität）。作为这样一种绝对的自发性，先验自由涉及作为显象总体的整个世界的来源。如果没有先验自由，那么在自然的运行中诸显象的序列在诸原因的一边，决不可能是完全的。[①]

康德断言，先验自由只能是独立的、本源性的且创造性的理性——它构成了人之理性的原型——所拥有的一种能力。[②]

我们知道，按照康德的理解，自然中的任何事物作为显象均拥有作为其根据的物本身，均由其物本身决定了。物本身刺激作为感性存在物的人的感性（即感觉能力），让人产生了处于时间和空间关系之中的感性直观表象或显象。人的知性借助于范畴特别是原因（和结果）概念将相关的直观表象统一在一起，形成特定的

---

① 参见KrV, B 472-479/A 444-451, B 561/A 533, B 712-713/A 684-685, B 829-832/A 801-804; KpV, AA 5: 48-49。

② 参见KrV, B 700-701/A 672-673。

## 人：遵守规则的动物

经验对象或认识对象。不过，诸物本身并不处于时间和空间之中，进而也不能经由范畴加以处理。特别说来，诸物本身不处于因果关系之中。（根据康德的观点，假定没有拥有感性直观能力的有理性的动物，比如人，那么就不会有感性直观表象或显象，进而也不会有显象与物本身的区分。在此情况下，所有事物均应当保持其物本身之状态。）

但是，人除了拥有感性和知性以外，还拥有理性。作为有理性的动物，人之物本身（作为一种独特的先验对象的先验主体，真正的自我，我本身或主体本身）除了拥有其他物本身均拥有的让自己对作为感性存在物的人显现出来的性质以外，他还拥有一种非常独特的性质，即其理性（更准确地说，理性法则）作为原因——即所谓理性原因（Vernunftursache）或理知原因（eine intelligible Ursache）——而拥有一种独特的因致性，即所谓理知因致性（die intelligible Kausalität）。进而，人之物本身在这种意义上也可以说是一种理知原因，拥有一种理知因致性。理知因致性不是显象或任何经验，尽管其结果特别是人之行动在显象或经验中被遇到了。因此，理知因致性也是一种无条件的因致性或绝对的自发性，进而是一种真正意义的自由，即所谓的实践自由（die praktische Freiheit）：理性（或理性法则）进而拥有理性的人（作为物本身）能够不受制于（即独立于）任何感性条件（特别是感性冲动）的影响以及来自于显象的任何决定而自动地肇始其在感性世界中的诸结果（特别是人之随意的行动），与此同时并非有什么行动在它本身之内开始了，因为理性及其行动根本不处于时间之中。

先验自由是相对于所有自然事件的所有序列或者说整个世

## 第 2 章　康德：人是拥有规则和原理能力的动物

界的来源而言的,因而构成了从时间上说的绝对的第一开端（ein schlechthin erster Anfang der Zeit nach）;与此形成鲜明对照的是,实践自由则是相对于世界进程中的特定的自然事件的序列而言的,因而只是构成了从因致性上说的绝对的第一开端（ein schlechthin erster Anfang der Kausalität nach）。关于这两种不同意义上的第一开端,康德写道:"在此人们不要受到下面这种误解的阻碍:既然在世界之内一个前后相继的序列只能有一个相对的第一开端,因为在世界中总是有一个事物状态先行发生了,那么或许在世界进程中任何绝对的第一开端便是不可能的了。因为,我们在此谈论的并不是从时间上说的绝对的第一开端,而是从因致性上说的绝对的第一开端。如果我现在（比如）完全自由地,在没有受到自然原因的绝对地决定性的影响的情况下从我的椅子上站起来,那么在这个事件中——连同其延续到无穷的自然后果——一个新的序列便绝对地开始了,尽管从时间上说这个事件仅仅是一个先行进行着的序列的继续。因为这种决心和行为根本没有处于单纯的自然结果的序列之中,并非是该序列的一种单纯的延续,相反,联系着其发生来说,其上的决定性的自然原因完全终止了。其发生尽管是跟着那些自然原因而来的,但是并非是从它们那里产生的。因此,尽管并非是从时间上说,但的确从因致性上说,这种决心和行为的发生必须被称为诸显象序列的一种绝对的第一开端。"①

显然,实践自由预设了先验自由,即如果没有先验自由,那

---

① KrV, B 478/A 450。进一步参见 KrV, B 476/A 448, B 560-586/A 532-558, B 712-713/A 684-685, B 828-832/A 800-804; KpV, AA 5: 48-50, 96-97; GMS, AA 4: 446-448。

## 人：遵守规则的动物

么实践自由也将是不可能的了。最低限度说来，如果不存在先验自由或宇宙论意义上的自由，那么也就不存在所有自然事件的整个序列了，进而也就不会有作为感性存在物的人或者说发生在人之上的自然事件，以及人所做出的任何行动。这样，实践自由也就无从谈起了。康德写道："有关自由的实践概念是建立在**有关自由的**这种**先验理念**基础之上的，先验自由构成了实践自由中诸困难的真正的因素，而这些困难一直围绕着有关实践自由的可能性的问题。**实践意义上的自由**就是意愿对于来自感性冲动的强制性的独立性。因为，就意愿来说，如果它**从内心活动上说**（经由感性动因）**受到了影响**，那么它便是**感性的**；如果**从内心活动上说**它可以**被必然化**（wenn sie *pathologisch necessitiert* werden kann），那么它被叫作**兽性**的（brutum）。人的意愿虽然是感性的意愿（arbitrium sensitivum），但并不是兽性的意愿，而是自由的（liberum）意愿，因为感性并没有使得其行动成为必然的，相反，一种独立于来自感性冲动的强制而自动地决定自身的能力寓于人之内（sondern dem Menschen ein Vermögen beiwohnt, sich, unabhängig von der Nötigung durch sinnliche Antriebe, von selbst zu bestimmen）。""显而易见，如果在感性世界中一切因致性都仅仅是自然，那么每个事件都将在时间中由另一个事件按照必然的法则而被决定了，进而，既然诸显象在其决定了意愿范围内必然使得每个作为其自然的后果的行动成为必然的，那么取消了先验自由便同时去除了一切实践自由。因为，实践自由预设了下面这点：尽管某事没有发生，但是它**应当**发生了，而且其在显象中的原因并非是如此地决定性的，以致在我们的意愿之中不存在这样一种因致性了，它独立于那些自然原因甚至于抗拒着其强力和影响地引

## 第2章 康德：人是拥有规则和原理能力的动物

起了某种东西,那种在时间秩序中根据经验法则而被决定的东西,因此它**完全自动地**肇始了一个事件序列。"①

人作为显象而拥有的经验因致性最终说来源自人的理知因致性。关于这点,康德写道:"难道情况也必然是这样的吗:如果诸结果是显象,那么它们的原因的因致性——它(即该原因)本身也是显象——必然仅仅是经验性的? 相反,如下事情难道不是可能的吗:尽管对于显象中的每个结果,我们的确都要求一种根据有关经验的因致性的法则而来的与其原因的联系,但是这种经验的因致性本身毕竟可以是一种非经验的、可理知的因致性的结果,而与此同时这一点儿也没有中断其与诸自然原因的关联吗? 也即,这种经验的因致性难道不可以是这样一种原因的一种本源性的(联系着诸显象来说)行动的结果吗?——它在这样的范围内因此不是显象,相反,根据这种能力,它是可理知的,尽管除此而外〔从另一个方面看〕它〔或者说:其显象或其经验的方面〕作为自然链条中的一个环节而必须被完全地算作属于感性世界的吗?"②

任何事项作为原因都必定预设了一条有关其因致性的规则进而法则,正是根据这样的规则或法则,某些事项作为结果必然地跟着该事项发生了。如果没有这样的规则或法则,它们根本就不

---

① KrV, B 561-562/A 533-534。进一步参见KrV, B 829-832/A 801-804; KpV, AA 5: 96-97。请比较康德有关两种自由的区分的观点与第1章第1节提到的亚里士多德有关两种不同意义的不动的推动者(即第一推动者与灵魂)之区分的观点。按照亚里士多德的理解,即使第一推动者也不是时间上说的绝对的第一开端,而仍然是(与目的因相关的)因致性上说的绝对的第一开端。另外,按照亚里士多德的观点,所有有灵魂的自然物体的诸灵魂能力进而整个灵魂,均构成了其各种生命活动的无原因的原因;而按照康德的理解,只有人的灵魂或心灵中的高级能力即理性,才构成人的行动的无原因的原因。

② KrV, B 572/A 544.

## 人：遵守规则的动物

会是原因了。康德将一个原因的因致性的规则或法则称作其品格（Charakter）。人是感性世界的诸显象之一，在这样的范围内，他是这样的自然原因之一种，其因致性必定隶属于特定的经验法则或自然法则（包括普遍必然的知性法则和相关的偶然的经验法则）。据此，作为这样一种自然原因，他必定拥有一种经验品格（正如所有其他自然物一样）。经由这样的品格，发生于人身上的自然事件（包括其行动）作为显象必然完全地处于与其他显象的关联之中，并且可以从作为其条件的这些其他显象之中得出，因此，它们与这些其他显象一起构成了唯一的自然秩序（die Ordnung der Natur, die Naturordnung）的成员。另一方面，作为有理性的动物，人——更准确地说人之物本身（人本身）——又构成了一种理知原因，进而拥有一种理知因致性。该因致性也必须遵循一种特别的普遍必然的法则，即理性法则（进而实践法则或道德法则）。人所遵循的普遍必然的理性法则进而其所选择的行动准则构成了人之理知品格。人之理知品格不隶属于任何感性的条件，根本就不是显象。经由该品格，人构成了作为显象的人的行动的原因，并且成为一种与自然秩序完全不同的秩序，即自由秩序或理知秩序（die intelligibele Ordnung）的成员。①

人之所以能够充当理知原因，是因为人有理性，而理性构成了人之随意的行动以及其他相关显象的最终的原因。因此，康德常常联系着理性谈论经验品格和理知品格："假定下面的事情是可能的：理性实际上对诸显象拥有因致性。那么，尽管它还是理性，但是它却必然展现出一种经验品格，因为每个原因均预设了这样

---

① 参见KrV, B 566-586/A 538-558; KpV, AA 5: 42-50。

## 第2章　康德：人是拥有规则和原理能力的动物

一条规则,根据它某些显象作为结果跟着发生了,而且每条规则均要求诸结果的某种齐一性,正是这种齐一性为作为一种能力的原因的概念提供了基础。在该概念必须从单纯的显象中得到阐明范围内,我们可以将其称为该能力〔即该原因或理性〕的经验品格。该品格是恒常性的,而诸结果则依据伴随的并且部分说来限制性的条件而以可变的形态显现出来。""任何行动,在不考虑其与其他显象所处的那种时间关系的情况下,均是纯粹理性的理知品格的直接的结果。因此,纯粹理性是自由地行动起来的,而并没有在自然原因的链条中被外部的或内部的但是从时间上说先行发生了的根据,从动力学上说予以决定。"①因此,所谓纯粹理性的经验品格就是指从单纯的显象中得到阐明的理性原因概念,即预设了经验中的规则性联系和结果的齐一性的原因概念,而纯粹理性的理知品格则是指纯粹的理性法则。②

康德又将理性的经验品格称作理性的"感觉模式"(Sinnesart),而将理性的理知品格称作理性的"思维模式"(Denkungsart)。③

人之经验品格就是人作为显象的品格(或者说,人在显象中的品格);而人之理知品格则是人作为物本身的品格(或者说,人在本体界中的品格)。④因此,理知品格可以说构成了经验品格的先验的原因或根据,而经验品格则在显象中展现了理知品格。这也就是说,经验品格在理知品格那里被决定了——有什么样的理

---

① KrV, B 576-577/A 548-549, B 581/A 553.
② 参见KrV, B 583/A 555; GMS, AA 4: 454。
③ 参见KrV, B 579-580/A 551-552。
④ 参见KrV, B 566-567/A 538-539。

## 人：遵守规则的动物

知品格，便有什么样的经验品格；一种不同的理知品格会给出一种不同的经验品格。①那么，一个人的理知品格究竟是如何形成的？康德认为，一个人的理知品格是自愿选择的结果，完全是他为他自己所造成的（sich selbst verschafft）。在《实践理性批判》中，他写道："一个有理性的存在物现在可以针对他所做出的每个违反法则的行动均正当地说'我本来是可以不做出这个行动的'，尽管作为显象它在已经发生的事项中被充分地决定了，而且在这样的范围内是不可避免地必然性的。因为，它连同决定了它的所有已经发生的事项，均属于他这样的品格〔即理知品格〕的唯一现象，它是他为自己所造成的，而且，根据它，他将那些显象的因致性归于作为一种独立于一切感性的原因的他自身。""存在着这样的情形，在其中一些人从孩童时起便早早地表现出了坏人的属性（甚至于在这样一种教育之下，此种教育与他们自己的教育一起对其他人来说是十分有益的），并且在进入成年的过程中持续地变得更坏，以致我们将他们看成生就的坏人，将他们看成完全不可变好的（就思维模式来说）。尽管如此，我们同样会因为他们的作为和无为（wegen ihres Thuns und Lassens）而收拾他们，同样会训斥他们并将他们的不当行为看作罪责。甚至于他们自己（这些孩子）都觉得这种指责是完全正当的，以至于不管归之于他们的他们的心灵的毫无希望的自然特征，他们像所有其他人一样好像是仍然要负起责任的。但是，如果我们不做出下面的预设，那么这样的事情是不会发生的：源自一个人的意愿的一切（每个故意做出的行动毫无疑问均属此列）均拥有一种作为其根据的自由的因致

---

① 参见KrV, B 568-569/A 540-541, B 573/A 545, B 579-580/A 551-552, B 581/A 553, B 584-585/A 556-557。

## 第2章 康德：人是拥有规则和原理能力的动物

性，该因致性从人们少年时代起便在其显象（行动）之中表达了其品格〔即理知品格〕。这些显象（行动）则由于行为的齐一性而让人看出了这样一种自然的关联，它并没有使得意志的恶劣的属性成为必然的，相反，它是那些自愿采用的、败坏的、不可改变的原则〔即相应的行动准则进而理知品格〕的后果（die Folge der freiwillig angenommenen bösen und unwandelbaren Grundsätze），而这些原则使得意志变得更应受到指责和受到惩罚。"[①]

理知因致性或理性的因致性在显象中的结果主要表现为人之随意的行动——即人之受意志支配的行动。这样的行动的基本结构是这样的：理性作为原因以独立于任何感性条件（特别是感性冲动）的方式直接地决定了意志，因致意志决定和意志行动；意志决定和意志行动进而因致相应的身体运动；最后，通过这样的身体运动相应的行动主体的相关目的或意图得到满足或实现。

由于意志（在此指狭窄意义上的意志，即意愿）的因致性的决定根据在于理性，而理性的因致性就是自由，进而理性本身是自由的，因此意志的因致性也是自由，进而意志本身也是自由的。不过，与理性的因致性之为无条件的因致性或绝对的自发性不同，意志的因致性不是无条件的，而是有条件的。意志虽然受到了感性条件的影响，但是可以不被感性条件所决定，因而能够以独立于感性条件而遵循理性条件的方式而行动；理性则不可能受到感性条件的影响，更不可能被感性条件所决定，因此必然始终独立于感性条件，而是能自动地（按照自己所确立的条件即理性法则）行动起来，决定意志，进而因致行动。正是在这样的意义上，人的意志

---

① KpV, AA 5: 98, 99-100.

## 人：遵守规则的动物

或意愿虽然是感性的，但不是兽性的，而是自由的。①

由于人的理性是自由的，而且人的意志也是自由的，所以人的随意的行动（受其意志或意愿支配的行动）也是自由的。正因如此，人应该为其行动进而为其行动所导致的进一步的后果负责。

从前文我们看到，依照康德的观点，人作为感性存在物而属于显象领域或感性世界（感性事项的领域）；但是，人作为理性存在物进而作为物本身又属于本体界或知性世界（超感性事项的领域）。感性世界又称感知世界，知性世界又称理知世界或理智世界或理智物的世界。感性世界的秩序是由时空关系进而因果关系构成的自然必然性的秩序（简言之，自然秩序）；而知性世界的秩序则是非时空非因果的理知秩序或自由秩序。感性世界的自然必然性的秩序，是由感性世界的法则即自然法则所决定的；而知性世界的自由秩序，是由知性世界的法则所决定的。进而，感性世界的法则是由知性所确立的；而知性世界的法则则是由理性所确立的。总而言之，作为有理性的动物，人既属于感性世界，又属于知性世界，进而既从属于自然秩序，又从属于自由秩序。②

两种世界进而两种秩序并不是互不相关的，而是密切地关联在一起的：虽然感性世界中的事项影响不了进而不能决定知性世界中的事项③，但是知性世界中的事项却可以影响甚至于决定感

---

① 参见KrV, B 561-562/A 533-534, B 829-830/A 801-802; KpV, AA 5: 24-25; MS, AA 6: 213-214。

② 参见KpV, AA 5: 42-50; GMS, AA 4: 450-463。

③ 康德否认感性世界中的自然事项能够因果地影响或决定知性世界中的超自然的事项，但是他有时却声称自然事项会为自由的因致性或理性的因致性设置障碍或者给其带来某种促进，比如在《纯粹理性批判》中他写道："我们将理性看作这样一种原因，它能够而且应当在不顾及上面提到的所有那些经验条件的情况下就

## 第2章 康德：人是拥有规则和原理能力的动物

性世界中的事项。首先，总体说来，感性世界中的事项不过是知性世界中的事项之显现的结果，因此，知性世界包含着感性世界的根据，进而也包含着感性世界的法则的根据。其次，知性世界中的理性进而人本身根据理性法则而因致了属于感性世界的人之行动。假定感性世界中的所有人的行动，总是符合于知性世界的法则（即理性法则）特别是道德法则，那么此时感性世界便成为拥有知性世界的形式的感性世界。此种感性世界便是康德所说的"目的王国"或"道德世界"，而其对立物就是其所说的"自然王国"。单纯的感性世界（或单纯的自然王国）构成感性自然，而知性世界则构成超感性自然。由于人们期待感性自然最后拥有超感性自

---

已经以不同的方式决定了人的举动。而且，在此我们并不是仅仅像看待神助性原因（Konkurrenz）那样看待理性的因致性的，而是就其本身来说就将其看作完全的，即使感性动力根本不是支持它的，相反，根本就是反对它的。我们将该行动〔一个人的撒谎举动〕归因于他的理知品格：在其撒谎的这一刻，他是完全有过错的；因此，不管该行动拥有什么样的经验条件，理性都是完全自由的，而他的行动全部要归因于它的不作为。"（KrV, B 583/A 555.）这样，康德似乎陷入了自相矛盾的境地。不过，康德不认为自己会面临这样的处境。他提醒读者注意这点：当他说自然事项会为自由的因致性或理性的因致性设置障碍或者给其带来某种促进时，真正说来他想说的是：自然事项会阻碍或促进自由的因致性或理性的因致性在感性世界中的结果即相应的行动。在《判断力批判》中他写道："人们声称在自然因致性与经由自由而来的因致性这个整体性区分之中包含着各种各样的矛盾，其中之一是当人们对它做出如下指责时所给出的那个矛盾：当我谈到自然为根据自由法则（道德法则）的因致性所设置的**障碍**或者自然给其带来的**促进**时，我毕竟还是承认了自然对这种因致性产生了**某种影响**。不过，只要人们愿意理解我所说的话，那么避免这种误解是很容易的。这种阻力或促进并非存在于自然与自由之间，而是存在于作为显象的自然与自由之在感觉世界中作为显象的**诸结果**之间。而且，甚至自由的**因致性**（纯粹的且实践的理性的**因致性**）也是某种隶属于自然的自然原因（被看作人进而被看作显象的主体）的**因致性**。我们在自由之下所想到的那种可理知者（das Intelligible）以一种除此之外不可说明的方式（正如在构成了自然的超感觉的基质的那种可理知者的情况下一样）包含着这种自然原因的因致性的**决定**的根据。"（KU, AA 5: 195 Anm.）

## 人：遵守规则的动物

然的形式,所以前者又称"摹本自然"(natura ectypa),后者又称"模本自然"(natura archetypa)。①

上面我们看到,按照康德的理解,知性世界中的事项可以因果地影响甚至决定感性世界中的事项(尽管反之则不然)。这点集中表达于人类的行动结构之中：理性作为知性世界中的重要成分以独立于任何感性条件(特别是感性冲动)的方式直接地从因果关系上说决定了意志,因致意志决定和意志行动；意志决定和意志行动进而因致相应的身体运动；最后,通过这样的身体运动相应的行动主体的相关的目的或意图得到了满足或实现。在当代哲学的语境中,康德的这种观点很容易让人产生如下疑问：它是否会面临某种形式的过度决定困境?

在此我们需要回顾一下当代哲学特别是心灵哲学中所讨论的过度决定情形是如何出现的。在当代讨论中,人们均假定了实体一元论,即认为世界中的所有实体最终说来均是由物质粒子构成的。不过,当由物质粒子所构成的整体足够复杂时,相关的整体便会拥有一些无法通过制约着物质粒子的物理学规律充分解释的性质,其中最重要的便是心灵性质。这样的观点被称为非还原的物理主义。有些哲学家不同意这种观点,在他们看来复杂的物质粒子结构所具有的任何性质,最后均可通过制约着物质粒子的物理学规律充分地加以解释,甚至所谓的非物理性质不过就是物理性质。这样的观点被称为还原的物理主义。按照非还原的物理主义,非物理性质不同于甚至于不能还原为物理性质,两种性质之间只是处于实现、伴生或奠基关系之中。这样,假定非物理性质在此

---

① 参见KrV, B 836/A 808; KpV, AA 5: 43-44; KU, AA 5: 175-176, 195-196; GMS, AA 4: 462-463。

## 第2章 康德：人是拥有规则和原理能力的动物

还拥有独立的因果效力，那么便出现了所谓过度决定情形：非物理性质与作为其基础的物理性质的例示，似乎均决定进而因致了同一个物理性质或非物理性质的例示。不过，由于非还原的物理主义者均承认非物理性质依赖于物理性质（无论他们如何理解实现、伴生和奠基关系），那么非物理性质的因果效力似乎应当完全得自于相应的物理性质的因果效力。这样，由于当代哲学家们常常认为，因果效力是个体化一个事项的关键要素，进而也是保证一个事项的存在论地位的核心要素，因此，非物理性质的存在论地位便受到了威胁。[①]

从前文我们看到，按照康德的理解，一方面，现象界中的任何显象或自然事件（包括人的意愿决定和人之行动）均处于无穷无尽的因果关联之中，任何自然事件均是其他自然事件的结果，同时又是另外的自然事件的原因。另一方面，一般说来，物本身（或者说超感性事项或超自然事项）刺激人的感性，让人产生直观表象或显象。在这种意义上，物本身为直观表象或显象提供了根据或原因。人作为物本身（先验主体，真正的自我）必定也构成了人有关其自身的直观表象或显象（作为显象的人，经验主体）的根据或原因——理知根据或理知原因。而且，作为物本身（或者说超感性事项或超自然事项），人——进一步说来，人之理性——在另外一种意义上也构成了理知根据或理知原因，进而拥有一种非常独特的理知因致性，即能够自动地因致显象中的一个结果即一个自然事件（特别说来，一个行动），进而肇始一个显象序列或自然事件的序列。但是，我们看到，在自然序列中，作为结果的自然

---

① 相关讨论，请进一步参见韩林合2013：第7章。

## 人：遵守规则的动物

事件（特别是人之行动）本来已经由作为其原因的诸自然事件充分地决定了，由此便似乎出现了过度决定情形：理性原因和相应的自然原因（特别说来，意愿的决定和行动）似乎均因致了同一个结果（特别说来，一个特定的行动）。这样，其中之一似乎必定是不必要的。

那么，在此出现的是否是当代心灵哲学讨论中所说的那种可允许的过度决定现象？在可允许的过度决定情形中，诸相关的候选的原因或决定者彼此是互相独立的，没有依赖关系。但是在此相关的自然事件是依赖于理性原因的，或者说是由后者决定的。因此，在此出现的并不是当代心灵哲学讨论中所提到的可允许的过度决定情形。

按照当代哲学的相关讨论，在此真正冗余的进而应该放弃的只能是相应的自然原因，因为在此它们是被理性原因所决定的。康德显然不可能接受这样的结论，因为放弃了自然事件的原因身份就等于放弃了其有关显象的观点，进而就等于放弃了其基于显象与物本身的区分而建立起来的整个哲学大厦。

我们看到，康德貌似面临的过度决定情形，与当代心灵哲学中所讨论的过度决定情形的理论背景是完全不同的：前者的理论背景是物本身与显象进而知性世界与感性世界之间的严格区分学说；后者的理论背景是实体一元论和性质二元论。可以说，当代哲学中所讨论的过度决定情形完全是发生在康德所说的现象界之内。在康德看来，物本身（包括人本身）必然要向人显现出来，产生诸显象；而诸显象必定被安排进因果结构之中，进而构成经验对象。而且，作为有理性的存在物或物本身，人必然可以作为理知原因或理知根据而决定其意志，进而决定其作为显象的行动。

## 第2章 康德：人是拥有规则和原理能力的动物

这样,物本身的因致性和诸显象的因致性,对于作为一种特定的显象的人之行动来说,均是不可或缺的。一方面,如果不考虑物本身(或者说,如果将诸显象就看成物本身),那么诸显象(包括人本身之显象)可以独立地发挥其因致性。(当康德说诸显象完全地或充分地决定了一个人的行动时,他假定了考虑一个人的行动的显象视角。)但是,如果考虑到诸显象(包括人本身之显象)不过是物本身(包括人本身)向作为有理性的动物的人显现的结果(因此,没有物本身,便没有诸显象),那么诸显象实际上并不能独立地——以绝对独立于物本身的方式——发挥其因致性。另一方面,虽然作为一种独特的物本身的先验主体(或者说人之理性),能够以独立于诸先行发生的自然条件的序列的方式因致一个行动,但是他的因致活动还是预设了某些与其相伴的自然条件(进而预设了整体说来作为其显象的整个感性世界),包括主体内的自然条件(还有支持或促进相应行动的自然条件),进而还预设了支配着这些自然条件的自然法则,因此先验主体(或者说人之理性)实际上也不能独立地、不经过任何中介作用地(或者说在没有必要的自然条件相伴的情况下)、以违反相关的自然法则的方式因致感性世界中的一个行动。因此,真正说来,康德有关双重因致性(即理性因致性与自然因致性)的理论并没有让其面临过度决定困境。

康德之所以能够避开过度决定困境,是因为先验主体或相关的超感性事项(或超自然事项)与相关的自然条件即相关的超感性事项在主体之内的内感显象(意志决定和意志行为)之间的关系,并非是当代哲学中所讨论的实现关系、伴生或奠基关系,而是一种因果关系。因此,先验主体或相关的超感性事项、相关的自然条件与相关的行动构成了一个因果链条,或者说,理知因致并不是

## 人：遵守规则的动物

一种直接的因致，而是一种间接的因致：先验主体即作为物本身的人或其理性决定作为显象的人之内的相应的自然原因即意愿按照自然法则、同时也与理性法则协调一致地实施其因致性，以因致一个相应的自然事件即合乎理性法则的行动。①

在西方当代哲学家中已经有人注意到了康德哲学中的这个过度决定问题。比如佩雷布姆（Pereboom）和汉纳（Hanna）均认为，如果将康德有关物本身与显象的区分的理论，理解成有关双重世界的形而上学的区分，进而将其有关作为显象的人和作为物本身的人的区分，理解成有关经验主体和本体主体这两种截然不同的对象的区分，那么康德就不得不面对让人忧虑的过度决定问题：就任何一个经验行动来说，它既在经验主体以及其他相关的先行发生了的自然事件那里有一个充分的现象原因，又在一个先验地自由的主体那里拥有一个充分的本体原因。汉纳根据金在权关于心灵因致性的排除论证，断定这样的过度决定不可接受，因此我们也不能将康德的物本身与显象的区分解读成一种形而上学的区分。②与此相反，佩雷布姆则试图通过援引基督教中有关神意（divine providence）或神之施动性（divine agency）的学说为此种过度决定提供某种程度的辩护："上帝会通过创造恰恰这样的先验地自由的存在物的方式——它们的自由的选择的诸显象符合于上帝为显象世界所设计的那些决定论的法则——来调和本体的先验自由与现象决定论。"③另外，他还试图通过做梦的故事来做出这种调和："我可以自由地意欲下面的事情，即我梦到我的梦中的我

---

① 参见KU, AA 5: 195-196。
② 参见Hanna 2006: 424-425; Kim 1993。
③ Pereboom 2006: 557.

## 第2章 康德：人是拥有规则和原理能力的动物

（在此梦中的我不同于我本身）被水平极高的火星上的神经科学家们按照决定论的方式操纵着偷走了蒙娜丽莎。在这些情况下，我自由地因致了偷走蒙娜丽莎这个梦中的行动，而梦中的我则被神经科学家们因果地决定着做出该梦中的行动。这个故事让下面的事情变得可以理解了：或许存在着康德的理论所涉及的那种过度决定。"①不难看出，通过这样的方式，佩雷布姆最多仅仅是尝试解释了过度决定现象可能是如何出现在康德的理论之中的，而并没有告诉人们康德的理论可以如何摆脱真实的抑或貌似的过度决定困境。实际上，佩雷布姆甚至于都不能通过这样的方式令人满意地解释康德的理论何以会产生过度决定现象，因为，首先，做梦现象显然只能是发生于康德所谓感性世界中的现象，它无论如何不能用以适当地说明超感性事项与感性事项之间的关系，而且真正说来，在此我们也不能说做梦的人自由地（或不自由地）因致了偷走蒙娜丽莎这个梦中的行动，更不能说梦中的人因致了其无论什么样的梦中的行动。其次，康德有关两种因致性的区分学说就其本身来说根本不涉及神意或神之施动性问题，也完全不涉及上帝创世的问题。

解决康德貌似面临的过度决定困境的另一种可能的途径是求助于艾利森（Henry Allison）所提出的纳入论题（the incorporation thesis）。按照艾利森的观点，理性法则本身作为抽象的事项只能构成行动的理由，而不可能拥有因果效力，只有人们对理性法则所持有的命题态度才可以具有因果效力，才可以是真正意义上的原因。进而，提供理性法则的理性本身也不具有因果效

---

① Pereboom 2006: 558-559.

力,也不能构成真正意义上的原因。艾利森本人也意识到,他的这种解读与康德的大量相关文本明显不一致,因为在众多相关段落中,康德均明确地断言理性或理性法则本身就可以充当原因(此处指效力因),就直接地拥有因果效力。艾利森声称,这样的文本均不能按照其字面意义加以理解,而只能在比喻的意义上或特别的意义上(所谓"Pickwickian"意义上)理解,即理性为真正拥有因果效力的纳入行为——即将特定的感性偏好和欲求纳入行动准则之中——提供了指导原则,即理性法则构成了这样的纳入行为的指导原则。因此,艾利森的纳入论题并没有解决而是逃避了康德貌似面临的过度决定困境。①

### 2.1.5 感受力和判断力

康德将感受力规定为对于愉快和不快的接受性,或者说从一个表象中获得愉快和不快的感受的能力。关于愉快,他是这样定义的:愉快是这样一种心灵状态,在其中一个表象与其本身协调一致,在此该状态或者构成了单纯地维持该状态的根据(因为在一个表象中彼此相互促进的心灵能力维持了自身),或者构成了引起该表象的对象的根据。感受力不是对于事物的表象能力,而是处于全部认识能力之外。在前文中我们简单介绍了康德有关作为低级认识能力的感性的观点。他还在宽泛的意义上使用"感性"一语,将感受力也归属在感性之下,将其看成一种不属于认识能力的感性。②

---

① 关于Allison的观点,请参见Allison 1990:38-41,48-52。请进一步参见本书3.1.3节的讨论。

② 参见KrV, B 829/A 801 Anm.; KU, Erste Fassung der Einleitung, AA20: 230-231; Anth, AA 7: 153; MS, AA 6: 211Anm.。

## 第 2 章　康德：人是拥有规则和原理能力的动物

在康德看来，判断力包含着适用于感受力的先天原理。那么，什么是判断力？泛而言之的判断力是那种将特殊的事项思考为包含在普遍的事项（规则、原理或法则）之下的能力。如果相关的普遍的事项已经给出了，那么将相关的特殊的事项归属在其下的判断力就是规定性的（bestimmend）；如果只是特殊的事项被给出了，而判断力则应当为其寻找普遍的事项，那么判断力就仅仅是反思性的（reflectirend）。在此，规定（Bestimmen）意味着设定（或断定）两个对立的谓词中的一个，而排除另一个；反思（Reflectiren, Überlegen）则意味着着眼于一个可能的概念（或者说，规则进而法则）将诸给定的表象放在一起彼此进行比较或者将其与自己的认识能力加以比较。①

规定判断力的主要任务是将纯粹知性概念或范畴应用到显象之上，《纯粹理性批判》之原则分析论部分处理的便是这个问题。②反思判断力的主要任务之一是解决自然的合目的的统一性问题。从前文我们看到，康德在《纯粹理性批判》中就已经回答了这个问题，认为自然的合目的的统一性就是理性所追求的那种统一性。不过，在《判断力批判》中，康德转而将这种统一性功能移交给了反思判断力。他认为，为了对自然事物进行反思，判断力为自己确立了一条先验原理，即自然的合目的的统一性原理。进而，判断力提供了一个十分重要而独特的先天概念，即自然的合目的性概念。请看如下段落：

---

① 参见 KrV, B 171/A 132; KU, AA 5: 179; KU, Erste Fassung der Einleitung, AA 20: 201-203, 211; AA 1: 391。

② 参见 KrV, B 169-175/A 130-136。

人：遵守规则的动物

现在,下面这点是清楚无误的:反思判断力如果没有假定自然本身是根据某一条原理来**明细化**(*spezifizieren*)其先验法则的,那么按照其本性它不能着手做这样的事情,即根据其诸经验差异对整个自然**进行分类**。这条原理现在只能是〔自然之〕相对于判断力本身的能力的适宜性原理,即〔其〕适合于让人们在依据可能经验法则的诸事物的不可测量的杂多性中,发现它们之间足够的亲缘关系,以便人们能够将它们置于经验概念(类)之下,并且将这些概念(类)置于更普遍的法则(更高的属)之下,进而能够达至一个有关自然的经验系统。——现在,正如这样一种分类不是普通的经验认识而是一种艺术认识一样,自然也将被看作**艺术**——在其被这样思考范围内,即它是按照这样一条原理明细化自身的。因此,判断力先天必然地随身带有一条有关这样的自然的**技艺**(*Technik* der Natur)的原理,它与依据先验知性法则的自然的**立法**(*Nomothetik* der Natur)之区别在于下面这点:自然的立法可以让其原理作为法则而发挥作用,而自然的技艺则只能让其原理作为必然的预设而发挥作用。

因此,判断力的真正的原理是这样的:**自然按照一个逻辑系统的形式、为了判断力的好处而将其普遍的法则明细化为经验法则。**

现在在此便出现了一个有关自然的某种合目的性的概念,而且它是作为反思判断力而非理性的独特概念而出现的,因为目的根本没有被放在对象之中,而仅仅是被放在了主体之中,而且是被放在了主体的单纯的反思能力之中。——因为我们将这样的东西称作合目的的,其存在似乎预设了其表

## 第2章 康德：人是拥有规则和原理能力的动物

象；但是，这样的自然法则——它们具有如此的性质并且如此地彼此关联在一起，好像是判断力为了其自身的需求而设计出了它们——与诸事物的这样的可能性拥有类似性，它将这些事物的表象作为它们的根据而预设下来了。因此，判断力经由其原理为自己设想了这样一种自然的合目的性，在经由经验法则对其诸形式进行明细化时，自然便表现出了这种合目的性。①

遵循知性所给的出那些普遍而先验的法则的规定判断力仅仅是归属性的。这样的法则已经先天地给它确定下来了，因此，它不必自己去推想这样一条法则，以便能够将自然中特殊的事项置于该普遍的事项之下。——不过，存在着如此多杂多的自然形式，好比说如此多普遍而先验的自然概念的变状——纯粹知性先天地给出的那些法则让它们处于未得到规定的状态，因为那些法则仅仅涉及某个作为感觉能力的对象的自然本身的可能性——以至于也必须存在着有关它们的这样的法则，它们虽然作为经验法则从**我们的**知性洞见来看或许是偶然的，但是既然它们应当被叫作法则（正如有关某个自然的概念所要求的那样），那么它们就必须根据一条有关杂多的统一性的原理而被看成必然的，尽管我们并不知晓该原理。——因此，有责任从自然中特殊的事项攀升到普遍的事项的反思判断力需要这样一条原理，它不能从经验那里将其借来，因为它恰恰应该为所有经验原理，在尽管同样是经验性的但却是更高级的原理之下的统一性，进而为这些更高级原

---

① KU, Erste Fassung der Einleitung, AA 20: 215-216.

## 人：遵守规则的动物

理系统的隶属的可能性,提供基础。因此,就这样一条先验原理来说,反思判断力只能将其作为法则给予它自己,而不能从其他地方获取它（因为,否则,它便成为规定判断力了),它也不能将其作为法则颁布给自然,因为有关自然法则的反思是依照自然进行的,而自然并不是按照这样的条件而行事的,正是根据它们我们力争获取有关自然的一个（联系着这些条件来看）全然偶然的概念。

现在,这条原理只能是这样的：由于普遍的自然法则在我们的知性中有其根据（正是我们的知性向自然颁布了这些法则,尽管它仅仅是依据有关自然本身的普遍的概念而颁布它们的),因此,特殊的经验法则——联系着它们中经由那些普遍的自然法则未得到规定的东西来说——就必须依据这样一种统一性来得到考察,好像同样是一个知性（尽管不是我们的知性）为了我们的认识能力的好处而给出了它们,以便使得依据特殊的自然法则的经验的系统成为可能。在此事情并非是这样的：好像依这样的方式我们必然真的假定了这样一个知性（因为这个理念作为原理所服务的对象仅仅是反思判断力——为了帮助其进行反思而非为了帮助其做出规定)。相反,事情是这样的：这种能力〔即反思判断力〕由此只是将一条法则给予了它自己而非给予了自然。

现在,由于有关一个对象的这样的概念被叫作**目的**,它同时包含着该对象的现实性的根据,而且一个事物与诸事物只有根据目的才是可能的性质之一致性,被叫作该事物的形式的**合目的性**,因此,判断力的那条有关遵从经验法则的自然事物的形式原理就是**自然**在其杂多中**的合目的性**。这也就是

## 第2章 康德：人是拥有规则和原理能力的动物

说，自然经由这个概念〔自然的合目的性概念〕如此地被设想了，好像一个知性包含着自然经验法则之杂多的统一性的根据。

因此，自然的合目的性就是这样一个独特的先天概念，它只是在反思判断力中有其根源。因为，就自然产物来说，人们不能将诸如它们中的自然与目的的关系（Beziehung der Natur an ihnen auf Zwecke）这样的东西归属给它们，而仅仅是为了下述目的才能使用这个概念，即联系着自然中的诸显象的这样的联系——它是依据经验法则被给出的——对自然进行反思。此外，这个概念与实践的合目的性（人类艺术的合目的性或者还有道德的合目的性）是完全不同的，尽管它是按照与后一种合目的性的类比而被思考的。①

被人们先天地置于自然研究基础地位的判断力的诸准则足以说明，自然的合目的性概念属于先验原理。这些准则涉及经验的可能性进而自然认识的可能性，不过，在此所涉及的自然不仅仅是自然本身（Natur überhaupt），而是经由特殊的法则的多样性所规定的自然。它们作为形而上学智慧的警句——凭借着许多这样的规则的机缘，人们不能从概念对其必然性做出说明——足够经常地尽管是零星地出现在这门科学的进程之中。"自然总是走捷径（节俭原理 [lex parsimoniae]）；尽管如此，自然并不做跳跃，既不在其变化的序列之中这样做，也不在从种上说不同形式的组合中这样做（自然的连续性原理 [lex continui in natura]）；虽然就其经

---

① KU, AA 5: 179-181.

## 人：遵守规则的动物

验法则来说自然包含着巨大的多样性,但是这样的多样性还是从属于少数原理的统一性(如无必要,勿增原理[principia praeter necessitatem non sunt multiplicanda])。"诸如此类的警句还有很多。

不过,如果人们想提供这些原则的来源并且试图沿着心理学的路子做到这点,那么这样的做法是完全有违其本义的。因为它们并没有说什么事情发生了,也即实际上我们的认识能力是根据哪些规则进行其活动的,以及人们是如何做判断的,而是说人们应当如何做判断。如果这些原理仅仅是经验的,那么便不会出现这种逻辑的、客观的必然性。因此,自然之对于我们的认识能力及其使用的合目的性——这种合目的性从这些原则中可以明显地看出——是一条先验的判断原理,进而也需要一种先验的演绎,而我们如此地做出判断的根据,必须借助于这种演绎在认识来源中先天地加以寻找。

这也就是说,我们的确首先在一种经验的可能性的根据之中发现了某种必然的东西,即普遍的法则。如果没有这样的法则,自然本身(作为感觉能力的对象)是无法思维的。它们是以范畴为基础的,而范畴则应用于一切对我们来说可能的直观的形式条件之上(在该直观同样被先天地给出了这样的范围内)。在这些法则之下判断力是规定性的,因为其任务仅仅在于将某种事项归属在这些给定的法则之下。比如,知性说一切变化均有其原因(这是一条普遍的自然法则)。先验的判断力现在除了下面的任务之外便没有其他进一步的事情可做了:给出将某种事项归属在呈现在面前的这个先天的知性概念之下的条件。此条件是这样的:同一个事

## 第2章 康德：人是拥有规则和原理能力的动物

物的诸规定的前后相继性。对于自然本身（作为可能经验的对象）来说，那条法则被认作绝对必然的。——但是，经验认识的诸对象除了遵循那个形式的时间条件之外，还以许多方式被规定了，或者说还能以许多方式被规定（在人们能够先天地就此做出判断范围内），以至于诸多从种上说不同的自然（specifisch-verschiedene Naturen）除了其作为同属于自然本身的东西而共同具有的东西之外，还能够以无穷多样的方式充当原因，而这些方式中的每一种都必定有其规则（基于原因本身的概念）。相关的规则是法则，因此随身就带有必然性，尽管由于我们的认识能力的特性和局限性，我们根本无法洞察这种必然性。因此，联系着自然的单纯经验的法则，我们必须设想在自然中存在着无穷多样的经验的法则的可能性，但是对于我们的洞见来说，这些法则是偶然的（它们是不能被先天地认识到的）。而且，联系着这种可能性，我们将根据经验法则的自然统一性以及（作为依据经验法则的系统的）经验的统一性的可能性判定为偶然的。但是，由于这样一种统一性是必然要被预设和假定的，因为否则的话，诸种经验知识之通向一个经验整体的贯通的关联便不会发生（而这又是因为，尽管普遍的自然法则提供了从其属来看的诸事物［即作为自然物本身的诸事物］之间的这样一种关联，但是并没有提供从其种来看的诸事物［即作为如此这般的、独特的自然存在物的诸事物］之间的这种关联），因此，判断力必须将下面这点作为先天的原理而予以假定，以备自己使用：包含在诸特殊的（经验的）自然法则之中的那种对人之洞见来说偶然的东西，却包含着这样一种对于我们来说虽然无法探究，但

## 人：遵守规则的动物

的确可以思维的合法则的统一性，它出现在我们将这些特殊的自然法则之杂多连接成为一种就其本身来看可能的经验过程之中。因此，因为包含在某种连接中的这样的合法则的统一性——我们虽然将其认作是合乎知性的一种必然的意图的（合乎知性的一种需求的），但是同时又的确将其认作就其本身来说偶然的——将被设想成诸对象（在此即自然）的合目的性，所以，判断力必须根据相对于我们的认识能力的**合目的性的原理**、联系着可能的（还有待发现的）经验法则思考自然（而就从属于这些经验法则的事物来说，判断力是单纯反思性的）。这个原理就表达在上面所提到的那些判断力的准则之中。这个有关自然的合目的性的先验概念，既不是一个自然概念，也不是一个自由概念，因为它根本没有将任何东西赋予对象（自然），而仅仅呈现了当我们着眼于一种贯通地关联在一起的经验来反思自然的对象时，我们所必须采取的那种唯一的行事方式。因此，它是判断力的一条主观的原理（准则）。进而，如果我们在单纯经验的法则之中遇到了这样一种系统的统一性，那么我们也将会非常高兴（实际上一项需求因此而得以解除了），好像这是一件幸运的、有利于我们的意图的偶然事件一样，尽管我们一定会假定存在着这样一种统一性，但是我们并不能洞察到它，也不能证明它。①

由于反思判断力为自己确立了这样的合目的的统一性原理，因此它也是一种先天的立法能力。我们看到，知性是为自然进行

---

① KU, AA 5: 182-184.

## 第 2 章 康德：人是拥有规则和原理能力的动物

立法的,而作为实践理性的意志为作为欲求能力的意志进行立法。因此,知性和理性均可以说拥有自律。由于反思判断力也是立法性的,因此它也拥有或者说表现出了自律。不过,严格说来它所拥有的或所表现出的自律是所谓"我自律"(Heautonomie)。请看如下段落：

> 因此,判断力也拥有一条针对自然之可能性的先天原理,不过,只是在主观方面来看才如此。经由这条原理,判断力并不是给自然（作为自律),而是给它自身（作为我自律）确立了一条法则,以便借此对自然进行反思。这条原理可以叫作联系着自然的经验法则的**自然的明细化法则**。判断力并不是先天地在自然那里认识到这条原理的,而是当它要将特殊的自然法则的杂多置于普遍的自然法则的时候,出于它对自然的普遍法则所做的划分中的一种秩序的考虑而将其假定下来的。因此,如果人们说,自然是按照相对于我们认识能力的合目的性原理来明细化其普遍法则的,即它是以与人类知性之从事下面这样必要事务的适宜性的方式来明细化其普遍法则的,也即为知觉提供给它的特殊事项找到普遍事项并且再一次地为不同的东西（不过,对于每个属来说它又是普遍的事项）找到其在原理的统一性中的联系,那么由此人们既没有给自然确立一条法则,也没有经由观察而从自然那里了解一条法则（尽管这一原理可以经由观察而被证实)。因为,这一原理并不是规定判断力的原理,而仅仅是反思判断力的原理。我们想要的只是下面这点:无论自然就其普遍的法则来看是如何得到安排的,我们都完全必须按照这一原理以及以此为

## 人：遵守规则的动物

基础而建立起来的准则来追究自然的经验的法则，因为只有在我们这样做了，我们在经验中使用我们的知性时才能有所进展并且获取知识。①

康德认为，自然的合目的性概念既不是自然概念，也不是自由概念（因为它根本没有将任何东西赋予自然或任何对象），而是构成了二者间的居间调停概念（der vermittelnde Begriff）：正是这个概念促成了从自然概念到自由概念的过渡。②由于自然的合目的性概念属于反思判断力，因此可以说判断力使得从自然概念的领地到自由概念的领地的过渡成为可能。那么，为什么自然的合目的性概念具有如此重要的作用？对此，康德给出了如下简洁的回答："因为，正是经由这个有关自然的某种合目的性的概念，我们认识到了这样的终极目的的可能性，它只有在自然之中并且只有以与自然法则协调一致的方式才能成为现实。"③为了理解这个简洁的回答，有必要参考如下段落："尽管我们有关自然在其依据经

---

① KU, AA 5: 185-186.

② 在此请注意，在《纯粹理性批判》中，康德认为使得从自然概念到自由概念或实践概念的过渡成为可能的是理性理念即先验的理性概念。他此时之所以持有这种观点，这点当然是因为他当时将合目的性概念算作理性理念了。请看如下段落："针对先验的理性概念，尽管现在我们必须说：**它们仅仅是理念**，但是我们当然绝对不可以将它们看作多余的且无价值的。因为，尽管我们不能借助于它们规定任何对象，但是它们其实在以一种不引人注意的方式作为知性的拓展的并且一致的使用的范则而服务于知性。借此知性虽然没有认识到比它根据它的概念所认识的对象更多的对象，但是它的确在这种认识中受到了更好的并且更进一步的引导——更不用提下面这点了：先验的理性概念或许使得从自然概念到实践概念的某种过渡成为可能，并且能够以这样的方式为道德理念本身提供支持并造成了其与理性的思辨知识的关联。"（KrV, B 385-386/A 329.）

③ KU, AA 5: 196.

## 第 2 章　康德：人是拥有规则和原理能力的动物

验法则的诸形式之中的主观的合目的性概念（unser Begriff von einer subjectiven Zweckmäßigkeit der Natur in ihren Formen nach empirischen Gesetzen）决不是一个有关对象的概念，而仅仅是判断力的这样一条原理，根据它，在自然的如此巨大的杂多性中判断力为自己设法获得一些概念（以便自己在其中找到方向），但是我们由此还是按照与某个目的的类比而将好像对我们的认识能力的某种关怀归属给了自然（so legen wir ihr doch hiedurch gleichsam eine Rücksicht auf unser Erkenntnißvermögen nach der Analogie eines Zwecks bei）。"[①] 这也就是说，自然的合目的性概念表明，自然似乎对我们理论的认识能力照顾有加；既然如此，自然也会对我们实践的认识能力即实践理性进而意志有所照顾，即它也应当提供了这样的必要条件，它们能让我们的理性的因致性的结果，即符合理性法则特别是道德法则的行动，出现在自然之中。并且最终能让我们的终极目的（der Endzweck）[②] 即道德世界或自由概念的领地或者说至善（德行加幸福），在自然之中以与所有自然法则协调一致的方式实现出来。请进一步参考《判断力批判》中的如下段落：

> 这两个不同的领地〔即自然概念的领地和自由概念的领地〕，尽管就其立法来说，并不互相限制，但是就其在感性世

---

① KU, AA 5: 193. 进一步参见 KU, Erste Fassung der Einleitung, AA 20: 202-203。

② 所谓终极目的是指那种包含着所有其他目的的不可回避的同时又是充分的条件的目的，即不需要以其他目的作为其可能性的条件的目的。（参见 KU, AA 5: 434.）

## 人：遵守规则的动物

界中的结果来说,它们却是永无休止地彼此限制的。它们之所以没有构成一个领地,原因如下:尽管自然概念能够在直观中呈现其对象,但是并不是将其作为物本身而是将其作为单纯的显象如此呈现它们的;与此相反,自由概念虽然能够在其对象中呈现某个物本身,但是并不是在直观中如此呈现它的。因此,这两个概念中的任何一个均不能为我们弄到有关它们的作为物本身的对象(乃至有关思维主体)的理论知识,而物本身恰恰就是这样的超感性事项,虽然人们必须将其理念置于所有那些经验对象的可能性之下,但是它却从来不能将自己提升并拓展为一种知识。

因此,存在着一个无限的、但同时对于我们的全部认识能力来说也是难以到达的领域,也即超感性事项的领域,在其内我们为自己找不到任何基地,因此,在其上我们不能拥有理论知识的领地——即非对于知性概念来说,也非对于理性概念来说;即这样一个领域,尽管为了理性的理论使用及其实践使用的好处,我们必须用理念占据它,但是我们只能联系着基于自由概念的法则为这些理念弄到实践的而非任何其他的实在性。因此,经由这点我们的理论知识一点儿也没有被扩展到超感性事项。

尽管现在我们在自然概念的领地(作为感性事项)与自由概念的领地(作为超感性事项)之间牢牢地建立起了一条无比巨大的鸿沟,以至于从前一个领地到后一个领地的过渡是不可能的(因此也就是不可能借助于理性的理论使用进行这样的过渡),好像存在着恰好同样多这样的不同的世界一样,其中的第一个世界不能对第二个世界产生任何影响,但

## 第 2 章 康德：人是拥有规则和原理能力的动物

是，后者应当对前者拥有某种影响，也即，自由概念应当使得经由其法则所设定的目的在感性世界之内成为现实的。因此，自然必定也能够被设想成这样，即其诸形式的合法则性，至少与要在其内实现出来的合乎自由法则的诸目的的可能性，是协调一致的。——因此，必定存在着这样一种根据〔即自然的合目的性〕，它**将**作为自然之基础的超感性事项与自由概念实践地包含的超感性事项**统一起来**。正是有关这种根据的概念〔即自然的合目的性概念〕使得从依据自然的原理的思维方式，到依据自由的原理的思维方式的过渡成为可能，尽管这个概念达不到该根据的认识——无论是从理论上说还是从实践上说——进而也并非拥有一个独有的领地。①

知性对于作为感觉能力的对象的自然是先天地立法性的，以便在一个可能的经验中达致有关这样的自然的理论知识。理性对于作为主体中超感性事项的自由及其自身的因致性是先天地立法性的，以便达致无条件地实践的知识。那条将超感性事项与诸显象分离开来的巨大的鸿沟将隶属于一种立法的自然的领地与隶属于另一种立法的自由概念的领地与它们自身（它们中的每一个根据其基本法则）可能对彼此产生的影响完全隔离开了。就有关自然的理论知识来说，自由概念没有决定任何东西；就有关自由的实践法则来说，自然概念同样没有决定任何东西。在这样的范围内，不可能在一个领地与另一个领地之间架起一座桥梁。——不过，虽然根据自由概念（并且根据自由所包含的实践规则）的因致性的

---

① KU, AA 5: 175-176.

## 人：遵守规则的动物

决定根据并非出现在自然之内，并且感性事项不能决定主体中的超感性事项，但是这点反过来倒是可能的（尽管并非联系着有关自然的认识，而是联系着自由概念在自然之上所造成的后果），而且这种可能性已经包含在经由自由而来的因致性概念之中（合乎自由的这些形式法则的自由的**结果**应当发生在世界之中）。不过，当"原因"这个词被用在超感性事项之上时，它仅仅意指这样的**根据**，它决定自然物的因致性按照自然物自己的自然法则但同时也与理性法则的形式原理协调一致地导向一个结果。尽管我们无法洞察这种可能性，但是，声称在此包含着某种矛盾这样的指责是可以被充分地加以拒斥的。——依据自由概念的结果是终极目的。终极目的（或者其在感性世界中的显象）应当实际存在，为此其在自然中（在作为感性存在物即作为人的主体的自然中）的可能性的条件便被预设了。那个先天地且不考虑实际事项地预设了这个条件的东西即判断力在有关自然的某种**合目的性**的概念中提供了自然概念与自由概念之间的居间调停概念。正是这个居间调停概念使得从纯粹理论的合法则性到纯粹实践的合法则性、从依据自然概念的合法则性到依据自由概念的终极目的的过渡成为可能。因为，正是经由这个有关自然的某种合目的性的概念我们认识到了这样的终极目的的可能性，它只有在自然之中并且只有以与自然法则协调一致的方式才能成为现实。

知性经由其为自然提供的先天的法则的可能性证明了自然仅仅是作为显象而被我们所认识的，因此同时也向人们提供了自然的某种超感性基质的迹象（Anzeige auf ein

## 第 2 章 康德：人是拥有规则和原理能力的动物

übersinnliches Substrat derselben）。不过，它让这个基质处于全然**未得到规定的状态**。判断力则经由其有关如何根据自然的可能的特殊法则对自然进行评判的先天原理为自然的超感性基质（既包括自然之在我们之内的超感性基质，也包括自然之在我们之外的超感性基质）谋得了**经由理智能力对其加以规定的可能性**（Bestimmbarkeit durch das intellectuelle Vermögen）。但是，理性则通过其先天的实践法则为恰好这个基质提供了**规定**。因此，判断力使得从自然概念的领地到自由概念的领地的过渡成为可能。①

以上引文最后一段中出现的"理智能力"当指理性进而实践理性，而并非像有些解释者所认为的那样指知性。接下来的话清楚地表明了这点："理性则通过其先天的实践法则为恰好这个基质〔自然的超感性基质〕提供了规定"。②关于这句话的意义，请进一步参见《纯粹理性批判》和《实践理性批判》中的如下段落：

---

① KU, AA 5: 195-196.

② 艾利森错误地认为此处的"理智能力"指经验使用中的知性。因此，他对"判断力则经由其有关如何根据自然的可能的特殊法则对自然进行评判的先天原理为自然的超感性基质（既包括自然之在我们之内的超感性基质，也包括自然之在我们之外的超感性基质）谋得了经由理智能力对其加以规定的可能性"这段话也做出了极其错误的解释："康德用'理智能力'意指的是处于经验功能中的人类知性，而且当他声称该能力使得自然的超感性基质可以相对于知性而得到规定时，他所意指的是这点：判断力将这个基质设想为在形式的或逻辑的意义上合目的的，也即将其设想为易于被该能力置于经验法则之下，而后面这点又使得下面的事情成为可能，即理性在其纯粹的实践功能中将这个基质置于道德法则之下。"（Allison 2020: 423.）在此，我们不禁要问：康德所谓的超感性基质（物本身）如何能够被置于经验法则之下？

## 人：遵守规则的动物

……驱使我们必然地走出经验以及所有显象的界限的东西是**无条件者**。理性必然地并且完全正当地在物本身之中为一切有条件者要求无条件者，并且由此而要求完成了的诸条件的序列。假定情况是这样的：如果人们假定，我们的经验知识要视作为物本身的对象而定，那么无条件者便**根本不能无矛盾地加以思维**；相反，如果人们假定，我们对于给予我们的事物的表象并非要视作为物本身的这些事物而定，相反，这些对象，作为显象，要视我们的表象方式而定，那么**矛盾便消除了**。因此，进一步假定情况是这样的：无条件者必定不是在我们所亲知的事物（给予我们的事物）之上遇到的，而必定是在我们并不亲知的事物——作为事物本身的事物——之上遇到的。……现在，在我们否认了思辨理性在这个超感性事项的领域之上的任何进展之后，我们总是还可以进行这样的试验，即看一看在理性的实践知识中，是否有可用来规定那个有关无条件者的超验的理性概念的材料，并且尝试以这样的方式，以符合形而上学的希望的方式，借助于我们的仅仅在实践方面可能的先天知识达到一切可能的经验的界限之外。在这样一种程序中，思辨理性的确总是至少为这样一种拓展谋得了一个位置，尽管它不得不让这个位置虚位以待。因此，我们尽可以根据我们自己的意愿决定是否用理性的实践**材料**来填充该位置（当我们能够这样做时）——理性甚至于敦促我们这样做。①

感性世界中存在物的因致性的决定（就作为这样的感性

---

① KrV, B xx-xxi.

## 第2章 康德：人是拥有规则和原理能力的动物

世界的感性世界来说）从来不可能是无条件的，不过，相对于诸条件的任何序列来说，必然存在着某种无条件者，因此也必然存在着一种全然自动地决定自身的因致性。因此，有关作为一种绝对自发性能力的自由的理念不是一种需求，而是纯粹思辨理性的一个分析原则（**就其可能性来说**）。不过，因为我们绝对不可能给出一个包含在某种经验中合乎该理念的例子（因为在作为显象的事物的原因之中，我们不可能遇到因致性这样的决定，它是绝对地无条件的），所以，就有关一种自由地行动的原因的思想来说，当我们将它应用到感性世界中的一个存在物时，只有在该存在物另一方面被看作本体时，我们才能通过如下方式**捍卫它**，即我们表明如下做法并不是自相矛盾的：将该存在物的所有行动均看作物理上说有条件的（在它们均是显象范围内），但是与此同时将它们的因致性看作物理上说无条件的（在行动着的存在物是一个知性的存在物范围内），因此使得自由概念成为理性的调节原理。由此尽管我根本没有认识这样的对象——我们将这样的因致性归属给它——没有认识它是什么，但是确实去除了所涉及的障碍，因为一方面，在对世界事件进而对有理性的存在物行动的解释中，我公正地对待了从有条件者无穷地回溯至条件的自然必然性的机制，而另一方面，我也为思辨理性开放了一个对于它来说空闲的位置，也即可理知的东西，以便将无条件者安置在那里。但是，我不能**实在化**这个**思想**，也即，不能将它转变成有关一个如此地行动着的存在物的**认识**——即使仅仅就其可能性来说。现在，纯粹实践理性经由一条有关理知世界中的因致性（根据自由的因致性）的确定的法则，即道德法则

## 人：遵守规则的动物

填充了这个空闲的位置。由此思辨理性虽然在其洞见方面没有轻易地得到什么，但是在其成问题的自由概念的**保证**方面它确实轻易地得到了一些东西。在此人们设法为其谋得了**客观的**、尽管仅仅是实践的却也不受怀疑的**实在性**。①

上面讨论的自然的合目的性概念，是有关所有遵循着特殊的经验法则的自然事物的主观的或形式的合目的性概念。正是根据这样的合目的性概念，我们能够将所有这样的自然事物看成属于一个经验的系统的。但是，这样的合目的性概念，或者说与此相联的有关自然的合目的性的先验原理，并没有告诉人们在什么地方以及在哪些情形中要根据该概念或该原理，而不是仅仅根据普遍的自然法则评判一个自然产物。康德认为，只有美感反思判断力所提供的那种独特的主观的合目的性概念，即无目的的合目的性（Zweckmäßigkeit ohne Zweck）才有资格承担此重任。而且，这种主观的自然的合目的性概念，同样能够很好地扮演自然概念的领地与自由概念的领地之间的居间调停者的角色，使得从前者可以过渡到后者，因为它所涉及的那种诸种认识能力之间（即想象力分别与知性和理性）的协调一致，进而对这种一致性的非概念的意识即审美愉快，促进了心灵对于道德情感的接受性。请参看如下段落：

> 不过，这条先验原则——作为一条评判一个事物的形式的原理，根据它，我们主观地联系着我们的认识能力在该形式

---

① KpV, AA 5: 48-49.

## 第 2 章  康德：人是拥有规则和原理能力的动物

中设想了一种自然的合目的性——让下面这点处于完全没有得到规定的状态，即在什么地方以及在哪些情形中我不得不做出这样的评判，即根据一条合目的性原理而不是仅仅根据普遍的自然法则评判一个产物，并且它将这样的任务留给了**美感**判断力，即在鉴赏中确定该产物（其形式）与我们的认识能力的适宜性（在这种判断力并非是经由与概念的一致性而是经由感受做出决断这样的范围内）。①

就心灵能力本身来说（在其被看作高级的心灵能力即被看作包含着某种自律的心灵能力范围内）：对于**认识能力**（对于有关自然的理论认识）而言，知性是那种包含着其**构成性的**先天原理的能力；对于**愉快和不快的感受力**来说，判断力是那种包含着其先天原理的能力；对于**欲求能力**来说，理性是那种包含着其先天原理的能力。在此判断力是独立于这样的概念和感觉的，它们关联着对欲求能力的规定并由此而直接可以是实践性的；理性则不经过任何形式的愉快的居间调停（不论这种愉快来自何处）便是实践性的并且为作为高级能力的欲求能力规定了终极目的，这个终极目的同时随身带有因相关对象而来的纯粹理智上的愉悦。判断力的自然的合目的性概念还属于自然概念，不过，它仅仅是作为认识能力的调节性原理而属于自然概念，尽管有关某些对象（自然对象或艺术对象）的美感判断——正是这样的判断引起了自然的合目的性概念——联系着愉快或不快的感受力来说是一个构成性原理。这样的认识能力的游戏中的自发性——它们之间的协调一致

---

① KU, AA 5: 194.

## 人：遵守规则的动物

构成了〔在对美做出判断时我们所感受到的〕那种愉快的根据——使得所提到的合目的性概念适合于用来居间调停自然概念的领地与从其后果来看的自由概念之间的关联，因为这种协调一致同时促进了心灵对于道德情感的接受性。①

由于美感反思判断力为自己确立了有关自然事物的无目的的合目的性原理，所以它也表现出了一种自律，即我自律。请看如下段落：

> ……因此，〔美感反思〕判断力联系着反思的诸条件来说是先天地立法的而且表现出了**自律**。不过，这种自律并非是客观有效的，即并非经由有关事物或可能行动的概念而有效（像联系着有关自然的理论法则的知性的自律那样，或者像在有关自由的实践法则中理性的自律那样），而仅仅是主观有效的，即仅仅针对基于感受的判断来说有效。如果这个判断可以要求普遍有效性，那么它便表明了其基于先天的原理的根据。真正说来，人们必须将这种立法叫作**我自律**，因为判断力并没有将这条法则给予自然，也没有将其给予自由，而仅仅是将其给予它自己了，而且它并不是引起有关对象的概念的能力，而仅仅是这样的能力，即将出现的情形与人们从其他地方给予它的那些有关对象的概念加以比较，并且先天地给出这种结合的可能性的主观条件。②

---

① KU, AA 5：196-197.还请参见KU, AA 5：313,220-222,354-356。
② KU, Erste Fassung der Einleitung, AA 20：225.

第2章 康德：人是拥有规则和原理能力的动物

最后，我们要指出，一般说来，反思判断力给自己确立的先验的合目的的统一性原理，同时就是它向感受力所提供的先天原理，即感受力之运用即在其产生有关愉快和不快的感受时便遵循这条原理。

## 2.2 人是拥有规则和原理能力的动物

从前文的梳理我们看到，按照康德的理解，无论是宽泛还是狭窄意义上的理性，均是一种规则或原理能力。因此，亚里士多德的命题"人是有理性的动物"可以重新表述为：人是拥有规则和原理能力的动物。由于判断力也是一种立法能力，而欲求能力或意愿的运用应当受制于理性法则，甚至感性也可以看成一种规则能力，因为它也包含着规则①，因此，这个重新表述后的人之本质规定从人的其他心灵能力来看也是可以接受的。

作为拥有理性进而拥有规则和原理能力的动物，人能够自己为自己选择或设置行动的目的和人生的目标。②进而，人能够自主地选择或设计实现自己所选定或设置的目的的手段。③人所拥有的这些能力，表现在其行动进而其生活的方方面面。比如，它们首

---

① 参见 KrV, B 76/A 52。
② 康德有时甚至直接将这种能力看成理性进而人性的构成要素："有理性的自然（die vernünftige Natur）通过下面这点而从其他自然之中脱颖而出，即他为他自己设置了一个目的。"（GMS, AA 4：437.）"为自己设置一个随便什么目的的能力是（与动物性有别的）人性的刻画特征。"（MS, AA 6：392.）"作为地球上唯一拥有知性（因此唯一拥有随意地为自己设置目的的能力）的存在物，人……是号称的自然的主人……"（KU, AA 5：431.）
③ 参见KU, AA 5：431; MS, AA 6：392。

## 人：遵守规则的动物

先表现在人之营养本能的作用，即个体的保存之上。动物的食物范围非常有限，基本上是由其本能决定好了的，而且其获取这些食物的方式也基本是由本能决定了的。与此相反，人的食物范围则并非是由本能决定好了的，而其获取食物的方式更非是由本能决定了的。借助于理性（和想象力），人可以自行选择全新的食物，并自主创造出获得进而烹饪食物的全新的方式。人之自主选择或设置目的的能力也充分地表现在其性本能的作用，即其物类的保存之上。动物的性本能只在其本能决定好了的固定的时期起作用，而且其作用仅仅是为了保存其物类。与此形成鲜明对照的是，借助于理性（和想象力，还有其他心灵能力）人之性本能的活动的时间和方式并非是由本能完全决定了的，更非仅仅是为了保存其物类，而是构成了人类最伟大的发明之一即爱情的生理基础。如果说在营养活动中理性仅仅是服务于营养本能的工具，那么在性活动中理性则扮演着更为积极的角色，而决非仅仅服务于性本能的工具，因为通过理性人们能够而且有时也有必要控制性本能的活动。人之自主选择或设置目的的能力，更体现在人们对未来事情的期待之上。动物显然没有将来的观念，进而也不会有意识地对将来的事情做出准备，它们只能按照完全由本能决定好了的方式进行活动，而人则总是借助于理性谋划着将来的事情，更是常常为终将会到来的死亡而深感恐惧。[①]

在康德看来，人天生就拥有理性。但是，这并不意味着人生下来就拥有充分实现了的、成熟的理性。人生下来时拥有的仅仅是类似于植物的胚（Keim）的理性，即作为纯粹的潜能的理性，

---

① 参见 Mut, AA 8: 111-114。

## 第2章 康德：人是拥有规则和原理能力的动物

未得到化育（未开化）的理性（die uncultivirte Vernunft）。这样的理性还需要经过长期而复杂的教育过程才能觉醒并最终得到完全的展开（entwickelt）——充分实现出来，或者说走向成熟。① 就一个特定的人类个体来说，其理性成熟的过程就是其从**有理性能力**的动物（ein mit *Vernunftfähigkeit* begabtes Thier; animal rationabile）最终转变成为有理性的动物（ein vernünftiges Thier; animal rationale）的过程，也即其最终成为真正意义上的人的过程。在此**理性能力**特指能够发展成为成熟的理性的自然禀赋（Naturanlagen），即作为潜能的理性。② 当然，人出生时拥有的

---

① 请参见《纯粹理性批判》中的如下段落："按照我的理解，概念分析论……是指**对知性能力本身的分解**（*Zergliederung des Verstandesvermögens selbst*）（迄今为止人们还很少尝试这样做），其目的是通过如下方式探究先天概念的可能性，即仅仅在作为其出生地的知性之中寻找它们，并且分析知性的纯粹的使用本身；因为这样的探究恰恰就是先验哲学所独有的事务，而余下的事情便是对哲学本身中出现的这些概念进行逻辑的处理。因此，我们将追寻纯粹的概念，一直追寻至它们在人之知性中的最初的胚和禀赋（它们已经以准备好了的形式包含在其内了 [in denen sie vorbereitet liegen]），直至它们最终在适当的经验场合下得到展开并且经由恰恰同一个知性而得到纯净的表现为止（这时它们便从附着在它们之上的经验条件中解放出来）。"（B 90-91/A 65-66.）

② Naturanlage（也作 natürliche Anlage）也可译作天赋、天性或禀性。不能将该词简单地等同于 Anlage（禀赋）。就其严格的意义来说，后者仅仅指前者所指事项的充分展开了的状态。Naturanlage 的定义是这样的："就一个有机物体（植物或动物）来说，其特定的展开的根据包含在其自然之中。如果这个展开涉及特殊的部分，那么我将其根据称为胚（Keime）；但是，如果该展开仅仅涉及诸部分的大小或关系，那么我将其根据称为自然禀赋。"（AA 2: 434.）关于 Anlage，康德给出了如下定义："我们这样来理解一个存在物的禀赋：它既指一个东西为了成为该存在物所需要拥有的构成成分，也指这些构成成分为此而需要处于的结合形式。"（Reli, AA 6: 28.）就直接与欲求能力以及意愿的使用相关的禀赋来说，康德将其区分为三种：人作为有生命的存在物的动物性禀赋（die Anlage für die Thierheit des Menschen, als eines lebenden Wesens）；人作为有生命的、有理性的存在物的人性禀赋（die Anlage für die Menschheit des Menschen, als eines lebenden und zugleich vernünftigen

人：遵守规则的动物

自然禀赋不限于这种意义上的理性能力,还包括其动物性的自然禀赋（包括与个体保存相关的自然禀赋、与物类保存相关的自然Wesens）；人作为有理性的且同时能够归责的存在物的人格性禀赋（die Anlage für die Persönlichkeit des Menschen, als eines vernünftigen und zugleich der Zurechnung fähigen Wesens）。动物性禀赋指物理的且单纯机械性的自爱（die physische und bloß mechanische Selbstliebe）(该禀赋进一步分为自我保存禀赋、物类保存禀赋和社会性禀赋）；人性禀赋指物理的、比较性的自爱（die physische, aber doch vergleichende Selbstliebe）；人格性禀赋指一个人对其对于道德法则的敬重的接受性（die Empfänglichkeit der Achtung für das moralische Gesetz）(在敬重就其自身来说就构成了意愿的充足的动力之范围内）。这些禀赋都是向善的禀赋（Anlagen zum Guten）,因为它们均有助于人们对道德法则的遵守。在其有关人类学的著作中,康德提到了如下三种禀赋:(有关如何使用物件的）技术禀赋（die technische Anlage）(该禀赋必定与意识关联在一起,而且是机械性的)、(有关如何为了实现自己的意图而有技巧地使用其他人的）实用禀赋（die pragmatische Anlage）和（有关如何按照隶属于道德法则的自由原则针对自己及其他人做出行动的）道德禀赋（die moralische Anlage）。康德认为,这三种禀赋均预设了理性能力,其中的每一种单独来看就足以将人与其他有生命的存在物区别开来了。其中的前两种禀赋可视同于所谓人性禀赋,而道德禀赋即所谓人格性禀赋。(参见Reli, AA 6: 26-28; Anth, AA 7: 322-325。)

有关有理性能力的动物与有理性的动物之区分出自如下段落:"因此,为了在有生命的自然的系统（System der lebenden Natur）之中标示出人所属的类别进而给出其独特的特征,我们只能这样说：他拥有按照自己为自己所采用的目的来完善自身的能力,通过这种能力他为自己创造了一种独特特征（Charakter）。在自我完善过程中,他作为一个拥有理性能力的动物从自身那里制作出了一个有理性的动物。"(Anth, AA 7: 321.)伍德（Wood,2003: 51）是这样评论这段话的:"康德拒绝了将人看作animal raionale的传统定义,而只允许将人看作animal rationabilis……人**有能力**理性地指导其生活,但是下面这点并非特别地构成了其独特的特征：成功地行使这种能力。相反,有理性（rationality）必须被看作人之本性为人所设置的一个**问题**,而该问题之解决则要由人来负责而不是要由其本性来负责。"卢登（Louden,2011: xxi）完全同意这种评论:"人有能力成为有理性的动物——如果他们适当地行使他们的相关能力的话,但是他们并不是自动地或必然地拥有理性的。……人并非内在地拥有理性,但是他们有能力变得有理性。我们中的一些人或许比另一些人在这方面更为成功。"从康德大量相关文本来看,这种解释应当是错误的。康德并不反对亚里士多德有关人是有理性的动物这个规定。事实上,他仅仅强调了人生下来时并非就拥有了充分实现了的理性。在这点上,他与亚里士多德的相关观点是完全一致的。

## 第 2 章　康德：人是拥有规则和原理能力的动物

禀赋和社会性自然禀赋）和与道德相关的自然禀赋等等。与理性能力一样，人之与道德相关的自然禀赋显然需要通过教育才能充分实现出来。按照康德的理解，即使人之看似纯粹动物性的自然禀赋也并非像在动物那里那样，不需要教育而通过简单的成熟过程便能得到充分的实现。因为就人来说，这些动物性的自然禀赋之成熟及其正常的发挥作用，均不能不伴随着甚或渗透着理性的作用（这点尤其适用于人之社会性的自然禀赋）。①

那么，人之自然禀赋为何必须通过教育才能最终充分实现出来或走向成熟？人为什么是唯一必须得到教育的创造物？这点当然是因为人不具备独立自主地展开其所有自然禀赋（特别是与理性、道德性或伦理性和社会性相关的自然禀赋）的本能。这与其他动物形成了鲜明的对照：其他动物均能独立自主地展开其所有自然禀赋，因为它们均拥有相应的本能。②

康德坚信，人性——更准确地说，人性之胚或人之自然禀赋——必定会经由教育而得到越来越好的展开。最终说来，完善的教育会让人类臻于完善（Vollkommenheit, Perfectionirung）——让人完成其使命（Bestimmung）。③

总之，只有经由教育，人才成其为人，也即，一个人才能从单纯的动物——从单纯动物性的创造物（ein bloß thierisches Geschöpf）——转变成真正意义上的人，而且他完全是他所接受的教育使他成为的那种人。进而，只有经由完善的教育，一个人

---

① 参见 Anth, AA 7: 321-325; MS, AA 6: 391-392; Mut, AA 8: 109-118; Idee, AA 8: 18-22; Päda, AA 9: 441-447, 475-478, 492; Reli, AA 6: 26-28。

② 参见 Päda, AA 9: 441, 447; Anth, AA 7: 324。

③ 参见 Päda, AA 9: 444-447; Mut, AA 8: 115-118; MS, AA 6: 392; Anth, AA 7: 321-322, 324。

## 人：遵守规则的动物

才能成为"完人"或"全人"。①

康德将通常意义上的教育分成三种：照料（Wartung）、管教（Zucht, Disciplin）和教导（Unterweisung, Belehrung, Anführung）。教导又称"化育"或"文化"（Cultur）。管教和教导合称"教化"（Bildung）。因此，化育或文化是教化之一种。照料是指大人对孩童给予的悉心的照顾，以防其以有害的方式使用其能力。管教是负面的教化，告诉人不能做什么，旨在去除人的野蛮性（Wildheit）；教导或化育是正面的教化，告诉人能做什么以及如何做可以做的事情，旨在去除人的粗鲁性（Rohigheit）。因此，没有得到良好的管教的人是野蛮的，而没有得到良好的化育的人是粗鲁的。文明化（Civilisirung）是化育或文化之一种，旨在教导人讲礼貌、守规矩。文明与变化不定的时代风气息息相关。

化育或文化旨在让人掌握做能做的事情的技巧（Geschicklichkeit），而技巧则是指人们使用其心灵能力以实现其所设置的任何目的的能力。由此看来，对于教育来说，最为重要的环节是各种心灵能力之化育：低级心灵能力之化育和高级心灵能力之化育。而在心灵能力之化育中，理性（在此包括知性、判断力和狭义的理性）的化育又是最为关键的环节。康德所关心的教育主要就是指理性之化育。②

通常意义上的教育旨在将外在于人之本性或人之自然的东西灌输给人。这样的教育显然不是一种自然的过程，而是一种人

---

① 参见Päda, AA 9: 441,443,492; Mut, AA 8: 114,115; Anth, AA 7: 321, 325; MS, AA 6: 392。

② 参见Päda, AA 9: 441-452,455-470,475-477,486-487; Mut, AA 8: 110-111。

## 第 2 章 康德：人是拥有规则和原理能力的动物

为的艺术。不过，即使这种意义上的教育最终也会变成人之自然的一个部分，或者说成为其另一种自然，即所谓"第二自然"（die andere Natur①，the second nature）。与通常意义上的教育不同，康德所讨论的教育特别是理性之化育，旨在让本来内在于人之本性或人之自然的东西，即人之自然禀赋（包括作为理性之展开根据的自然禀赋）充分地实现出来。此种教育可以说是以成性为目的的教育。②因为以成性为目的的教育所成就的东西，根本说来就是人之自然之一部分，因此即使将其称为"第二自然"甚至于都是不适当的。不过，由于人确实不能独立自主地（或者说仅仅凭借其自然本能便可）展开其所有自然禀赋，相反，只有经由教育——即以成性为目的的教育——人才能完成这个使命，所以即使以成性为目的的教育也可以说是一种艺术。

因此，一切教育均是艺术，而且完善的教育进而完善的艺术最终会再度变成人之自然（人之本性）。③

教育必定是在特定的共同体进而社会中进行的。因此，作为有理性的动物的人必定也是社会性动物。请参见如下段落："经

---

① 语出 Päda, AA 9: 445。

② 参见如下段落："教育部分说来教给人一些东西，部分说来仅仅是在人那里展开一些东西。""在人性（Menschheit）之内存放着许多胚，现在我们的任务就是按照比例展开这些自然禀赋，让人性从其胚之中展现出来（entfalten），并且让这样的事情发生：人完成了其使命。""教育是一种艺术，必须经过许多代其实施才能得到完善。由于装备了前代人的知识，每一代总是更加能够带来这样一种教育，它按照比例并且合乎目的地展开了人的所有自然禀赋，因此将整个人类引向其使命。""人首先应该展开其向善的禀赋；天命（Vorsehung）并非已经将它们以完成了的形式放在他之内；它们是单纯的禀赋，不具备任何道德性上的差异性。人应该做这样的事情：让自己变得更好，化育自己，并且在自身之内产生道德性（如果自己是恶的话）。"（Päda, AA 9: 443, 445, 446.）

③ 参见 Päda, AA 9: 443-447, 492; Mut, AA 8: 117-118。

人：遵守规则的动物

由其理性人注定要与其他人一起生活在一个社会之中，并且注定要在其中经由艺术和科学来**化育**、**文明化**并**道德化**自己（sich durch Kunst und Wissenschaften zu *cultiviren*, zu *civilisiren* und zu *moralisiren*）。不管其倾向于将自己**被动地**交付给来自舒适和惬意生活（他将这些称为幸福）的诱惑的动物性禀好（thierischer Hang）有多么强大，人都注定要在**积极地**抗拒其自然的粗鲁性（Rohigkeit seiner Natur）带给他的那些阻力的过程中，让自己配得上人性。"[①]

由于人拥有理性，而且拥有语言，因此人是更高级的社会动物。这也就是说，动物之社会性冲动与人之社会性冲动是不可同日而语的。

## 2.3 人是拥有道德性的动物

康德断言，理性不仅使人能够自己为自己选择或设置目的，进而能够自主地选择或设计实现自己所选定或设置的目的的手段，而且更让人认识到其本身就是目的，而决非仅仅是自然中其他任何东西的手段。相反，自然中其他任何非理性的存在物（包括其他动物）最终说来均是听命于人的意志的、用以实现其任意的意图的手段和工具而已。在这种意义上，人就是自然的目的（Zweck der Natur），进而就是所有目的之目的，即是目的本身（Zweck an sich selbst）。所谓目的本身是指这样的事物：根据其本性它们就是目的，或者说其存在本身就是目的（在这种意义上，目的本身

---

① Anth, AA 7: 324-325. 进一步参见 AA 7: 321-323; Reli, AA 6: 26; Idee, AA 8: 26。

## 第 2 章 康德：人是拥有规则和原理能力的动物

是独立自存的目的［ein selbstständiger Zweck］，而非有待实现的目的［ein zu bewirkender Zweck］)，或者说对所有人来说它们均构成了目的——所有人在其有所意欲中均会将其当作目的（在这种意义上，目的本身构成了客观的目的，而非仅仅是主观的目的）。显然，能够充当这样的目的的事物，只能是其存在本身就拥有绝对的价值之物。因此，人之存在本身就拥有绝对的价值。①

既然人是目的本身，那么任何人在其任何行动中进而在其所确立的任何行动准则中，均不能将其他人仅仅看作手段，而总是要同时将其看作目的，看作他的所有单纯相对的且随意的目的的最高限制性条件，看作与他平等的自然之礼物的当然的分享者。此即普遍目的版本的绝对命令。康德认为，普遍目的版本的绝对命令等价于如下形式的普遍法则版本的绝对命令：只按照这样的准则行动，即你能够同时意欲其成为一条普遍的法则，或你能够同时意欲其作为法则的普遍性（或者说它能够让自己同时成为一条普遍的法则）；以这样的方式行动，好像你的行动的准则会经由你的意志而成为普遍的自然律；要按照这样的准则行动，即它们能够将它们自身同时作为一条普遍的法则（一条普遍的自然律）当作对象（即当作目标）；按照这样的准则行动，它们已经将它们对所有人的普遍有效性包含在自身之内了；不要按照与这样的准则——这点与它能够一致起来，即它成为一条普遍的法则——不同的准则行动。普遍法则版本的绝对命令等价于普遍立法版本的绝对命令：以这样的方式行动，以至你的意志的准则总是能够同时被当作普遍的立法的原则；任何一个人的意志都能够被看成

---

① 参见GMS，AA 4: 427-431, 436-438。

## 人:遵守规则的动物

这样一种意志,它总是通过它的准则,而同时在进行着普遍的立法;要以这样的方式行动,你的意志能够将自己看成在通过它自己的准则,同时进行着普遍的立法;要拒绝所有这样的准则,它们与意志自己的普遍的立法无法一致起来。因此,普遍目的版本的绝对命令也等价于普遍立法版本的绝对命令。在康德看来,从道德角度说,任何一个人的意志的自律(即自我立法)只能意味着通过其准则而同时进行的普遍的立法,因此他必须遵循如下自律法则:只以这样的方式做出相关的选择,以致他所选择的准则同时作为普遍的法则而被包含在相同的意欲(即意志的行使)之中了。这个自律法则恰恰就是普遍法则版本的绝对命令,也就是说,绝对命令要求人做的事情恰恰就是要谨守自律。①

按照康德的理解,绝对命令就是最高的道德法则(最高的实践原则或最高的实践法则),所有具体的道德法则都可从其推导出来。②由于绝对命令进而所有基本的道德概念和道德法则均源自理性本身,甚至于它们均可以从有理性的存在物概念推导出来③,所以人之有理性(即拥有理性之性质)蕴涵着人之道德性(或伦理性):有理性的动物必定是有道德性的动物。④所谓道德性是指,

---

① 参见GMS, AA 4: 411-448; Mut, AA 8: 111-114; KpV, AA 5: 30-31。
② 参见GMS, AA 4: 421-425, 428-429。
③ 进一步参见GMS, AA 4: 411-412, 426, 433; KpV, AA 5: 31-33。
④ 在大多数场合康德均断言,人之有理性蕴涵了人之道德性。但是,在《纯粹理性范围内的宗教》中他却明确地做出了相反的断言,认为有理性并非蕴涵道德性。请看如下段落:

……从一个存在物拥有理性,我们根本得不出这样的结论:该理性包含着这样一种能力,即经由其准则之符合普遍的立法的资格的表象而无条件地决定意愿,因此就其本身来说就是实践性的——至少在我们能够看清这个事情的范围内。世界上最有理性的存在物为决定其意愿当然总是需要一些动力(它们是

## 第2章 康德：人是拥有规则和原理能力的动物

行动与（经由意志的准则而进行的）普遍的立法即意志自律之间的关系：如果一个行动与普遍的立法或意志自律一致，那么它就是合乎道德的；反之，它就是不合乎道德的。①

上面我们梳理了康德有关人之本质的理解。在此，要注意，在如是规定人之本质时，康德与亚里士多德一样，也假定了这样的前提，即人是地上唯一的有理性的存在物进而地上唯一的有理性的动物，甚至于假定了人是宇宙中唯一的有理性的动物。②康德认为，我们完全可以不做出这样的假定。我们完全可以设想，地上还有其他我们所不知的有理性的存在物甚或有理性的动物，更可以设想地外存在着其他有理性的存在物甚或有理性的动物。如果事情果真如此，那么人与其他这样的有理性的存在物甚或有理性的动物之间，到底有什么共同之处和不同之处？康德认为，人与其他可能的地上的有理性的存在物进而有理性的动物的区别在于：人虽然本质上说必定是社会性动物，不得不生活在社会之中，但是同时又有与他人对抗的天性，又有破坏社会的内在冲动，也即人拥有非

---

偏好的对象给予他的）。但是，他也可以将最理性的思考运用到这里——不仅在涉及相关动力的最大总和时，而且在涉及达到这些动力所决定的目的的手段时。不过，他甚至于都无法预知有关拥有绝对的命令力量的道德法则的任何可能性（这样的道德法则宣布自身就是动力，而且是至上动力）。假定这样的道德法则没有在我们之内就已经给定了，那么我们无法通过任何理性的运用而将其苦苦思考出来，也无法劝说意愿接受它。但是，这样的法则恰恰是唯一让我们意识到我们的意愿相对于来自所有其他动力的决定的独立性（我们的自由）的东西，因此同时也是让我们意识到一切行动的可归责性的东西。（Reli, AA 6：26n.）这样，康德似乎陷入了自相矛盾。不过，不难看出，在上述段落中，康德显然是在狭窄的意义上使用"理性"一词的，仅仅其指称所谓计算理性或工具理性。这样，他的相关表述不必是互相矛盾的。

① 参见GMS, AA 4：434, 439。
② 参见Idee, AA 8：18。

## 人：遵守规则的动物

社会的社会性（die ungesellige Geselligkeit）。不过,人终究会从不和睦状态走向和睦状态,或者说从不完善状态走向完善状态。①

康德断言,无论人与其他可能的有理性的存在物多么不同,二者均共同拥有如下本质特征：本质上说来,他们本身就是目的进而就是目的本身,而决非其他任何东西的手段。即使可能存在的、在其他方面（比如在自然禀赋方面）比人高级得多的有理性的存在物也无权随意支配人。这也就是说,所有有理性的存在物均是平等的。②

由于所有有理性的存在物均是目的本身,因此绝对命令必定也适用于所有有理性的存在物。这也就是说,绝对命令应当改造成更为一般的形式,即适用于所有有理性的存在物的形式：任何有理性的存在物在其任何行动中,进而在其所确立的任何行动准则中均不能将其他有理性的存在物仅仅看作手段,而总是要同时将其看作目的本身；按照这样的准则行动,它们已经将它们对所有有理性的存在物的普遍有效性包含在自身之内了；任何一个有理性的存在物的意志都能够被看成这样一种意志,它总是通过它的准则而同时在进行着普遍的立法。在康德看来,只有这种最为一般形式的绝对命令才具有真正意义上的客观有效性,即才是真正客观的实践原则,而非单纯主观的实践原则。③

普遍立法版本的绝对命令,进而普遍目的版本的绝对命令,乃至所有版本的绝对命令,都蕴涵目的王国版本的绝对命令：源于

---

① 参见 Idee, AA 8: 20-21; Anth, AA 7: 322; Reli, AA 6: 27。在其他地方（Reli, AA 6: 21）,康德提到,将人与其他有理性的存在物区别开来的特征是其或善或恶的品格。

② 参见 Mut, AA 8: 114; GMS, AA 4: 428-429。

③ 参见 GMS, AA 4: 411-448。

## 第 2 章　康德：人是拥有规则和原理能力的动物

每个有理性的存在物自己立法的所有准则都应当彼此配合以通向一个可能的目的王国；每个有理性的存在物都必须这样来行动，好像经由其准则他总是作为一个立法成员而属于一个普遍的目的王国；总是按照这样一个有理性的存在物的准则行动，他作为普遍的立法成员而属于一个单纯可能的目的王国。在此所谓"王国"（Reich）是指不同的有理性的存在物，经由共同的客观的法则而进行的系统的结合。由于这些法则根据其普遍有效性而决定了目的（它们的意图是在这些互相作为目的和手段的有理性的存在物之间建立起关系），所以在不考虑不同的有理性的存在物之间的差别及其私人目的之一切内容的情况下，我们可以设想这样一个目的王国（Reich der Zwecke）：由系统地关联在一起的所有目的所构成的整体，进而由作为目的本身的有理性的存在物，以及每个有理性的存在物自己的目的（即他们为自己所设置的目的）所构成的整体。由于自然整体（Naturganzen）以有理性的存在物作为其最终目的（letzter Zweck），所以我们可以将其称为"自然王国"（Reich der Natur）。显然，只有在所有有理性的存在物均按照与绝对命令一致的准则行动的情况下，目的王国才能够最终变成现实。此外，目的王国的最终实现还需要自然王国及其合目的的安排的密切配合。因此，目的王国终归只能是一种理想。①

---

① 参见GMS, AA 4: 433-434, 436, 438-439。关于目的王国与自然王国之间的关系，请参见如下段落："神学考虑将自然看作目的王国，道德学则考虑将一个可能的目的王国看作自然王国。在神学中目的王国是一个理论理念（eine theoretische Idee），用以解释所存在的东西，而在道德学中目的王国则是一个实践理念（eine praktische Idee），用以促成现在还不存在、但是通过我们的作为和无为能够变成现实的东西（而且恰恰是以合乎这个理念的方式）。"（GMS, AA 4: 436n.）

# 第3章 一种维特根斯坦式的人性观：人是遵守规则的动物

在上一章，我们已经根据康德的理性观，将亚里士多德的著名论题"人是有理性的动物"重新表述为：人是拥有规则和原理能力的动物。显然，作为拥有规则和原理能力的动物，人之本质当进一步体现为其自主制定规则并遵守自己所制定的规则的能力，进而体现在其所做出的相应的行动之上。这样，亚里士多德的这个命题应当可以进一步改写为如下形式：人是制定并遵守规则的动物，简言之，人是遵守规则的动物。

从上一章的梳理我们看到，康德实际上已经从制定并遵守规则的角度来刻画人之本质了，只不过，他主要是从人之道德性这个角度做出这样的刻画：人之本质最集中地体现在其自主制定并服从道德法则的能力之上。

> 按照这个原则〔指普遍立法版本的绝对命令〕，所有与意志自己的普遍立法不一致的准则均应该予以放弃。因此，意志不仅仅是听命于（unterworfen）法则的，而且是以这样的方式听命于它的，即它也必须**被看作是在给自己立法**（als selbstgesetzgebend），并且正因如此它才必须被看作是听命于

## 第3章 一种维特根斯坦式的人性观：人是遵守规则的动物

法则的（他自身可以被视为该法则的创造者）。①

有理性的存在物只服从（gehorcht）这样的〔道德〕法则，他同时也在将它们颁布给自己。②

……按照有理性的存在物自己所拥有的如下本性，他注定要成为一个可能的目的王国的成员：他是目的本身，而且正因如此是目的王国中的立法者；从任何自然律的角度看他都是自由的；他只服从这样的法则，它们是他颁布给自己的，而且根据它们，他的准则能够属于一种普遍的立法（他自己同时就听命于这种立法）。③

由此我们便可以得出如下无可争议的结论：每个有理性的存在物，作为目的本身，就其所听命的任何法则来说，同时就必须能够被看作在进行着普遍的立法。因为，恰恰是他们的准则对于普遍的立法的适宜性将他们突显为目的本身了。类似地，还有如下结论：有理性的存在物在所有单纯的自然存在物面前所拥有的这种尊严（特权）带来这样的结果：我们总是既要从他自己的视角，同时也要从其他每个作为立法的存在物的有理性的存在物（正因如此，他们被称为人格〔Personen〕）的视角看待他的准则。④

---

① GMS, AA 4: 431.
② GMS, AA 4: 434.
③ GMS, AA 4: 435-436.
④ GMS, AA 4: 438.有理性的存在物是目的本身，不应当被当作实现其他任何目的的手段，在这种意义上，康德将其称作"人格"。与有理性的存在物形成鲜明对照的是，没有理性的存在物总是可以被当作实现其他目的的手段，从来不是目的本身，在这种意义上，康德将其称作"物件"（Sachen）。在其人类学著作中，康德是这样定义（道德）人格的：配备有实践的理性能力以及对于其意愿的自由的意识的存在物

## 人：遵守规则的动物

现在，从刚刚说过的话可以很容易地解释如下事情是如何发生的：尽管我们将义务概念理解成对法则的某种听命（Unterwürfigkeit），但是我们由此也的确为履行了其所有义务的人格设想了某种高贵和**尊严**（Erhabenheit und Würde）。因为，尽管在一个人格**听命于**道德法则的范围内，没有任何高贵之处表现在他身上，但是在他相对于恰恰同样的法则同时又是**在进行着立法**并且仅仅是因为这样的原因，他才隶属于它这样的范围内，在他那里确实表现出了高贵。……人性的尊严恰恰在于这种普遍的立法能力，尽管为此要附加上这样的条件：一个人自己同时也恰恰要听命于这个立法。[①]

接下来，我们将主要依据维特根斯坦有关遵守规则的评论对人之为遵守规则的动物这个命题给以充分的阐述和论证。

---

（ein mit praktischem Vernunftvermögen und Bewußtsein der Freiheit seiner Willkür ausgestattetes Wesen）。在《纯粹理性范围内的宗教》中，康德将（道德）人格性（Persönlichkeit）规定为关于道德法则本身以及与道德法则不可分离的敬重的理念（die Idee des moralischen Gesetzes allein mit der davon unzertrennlichen Achtung），即纯粹从理智角度来看的人性理念（die Idee der Menschheit ganz intellectuell betrachtet）。在《道德形而上学》中，（道德）人格被定义为这样的主体，其行动是可以被归责的（dasjenige Subjekt, dessen Handlungen einer Zurechnung fähig sind）（与此对照的是，物件则是不能归责的事物）；相应地，（道德）人格性就是一个受制于道德法则的有理性的存在物的自由。（参见GMS, AA 4：428; Anth, AA 7：324; Reli, AA 6：28; MS, AA 6：223。）在康德的思想体系内，这些貌似不同的规定均是等价的。

① GMS, AA 4：439-440.

第3章 一种维特根斯坦式的人性观：人是遵守规则的动物

## 3.1 理由与原因之区分

### 3.1.1 维特根斯坦论理由与原因之区分

理由与原因的区分学说在维特根斯坦有关遵守规则现象的讨论中居于核心的位置。①下面我们首先看一下维特根斯坦是如何做出这种区分的。

在一些情况下，我们既可以追问一个事项的原因，又可以追问其理由。而且，在日常语言中，我们使用同一个语词"为什么"来表达两种追问。（相应地，我们采取相同的形式来回答两种追问："这是因为……"。）但是，原因和理由之间是有着本质的区别的，不可混淆。

其一，原因可以通过观察和实验来发现，但是观察和实验不会给出理由。事实上，说一个理由是经由观察和实验发现的，这样的说法根本就没有意义。

其二，一个理由与由它所辩护的事项之间的关系是内在的，一个事项只能从一个特定的理由那里得到辩护，可以说一个理由对于由它所辩护的东西来说是构成性的②；但是，一个原因则是外在于由它所引起的事件的，同样一个事件可以由完全不同的原因所

---

① 与"理由"或"根据"对应的德文词为Grund，英文词为reason或ground。Grund的基本意义为基础，引申义为根据或理由。reason既指理性，又指理由。其确定的意义要视语境而定。不过，当其以复数形式出现时，它总是意指理由。

② "辩护"的德文词为Rechtfertigung，英文词为justification。就当代哲学讨论的语境而言，二者的意思均为：为某种做法提供根据或理由，证明某种做法是正当的或合理的。

## 人：遵守规则的动物

引起。因此，表达一个事项如何从另外一个事项那里得到辩护的命题，可以说是一个语法命题；而表达两个事件之间的因果关系的命题则是经验命题，因此是一个假设。基于如上考虑，理由所辩护的事项可以称为"逻辑后承"（logische Folgen），而原因所导致的结果则只可能是"因果后承"（kausale Folgen）。

其三，由于某个理由而做出的事情可以被说成正确的或错误的，但是被看作由某个相关的事件所因致的同一个事情，则不能被说成正确的或错误的。

其四，通常情况下我们确实地知道我们所做出的某个事项的理由，但是却不一定知道其原因。因此，我们有关某个人之做了某个事情的理由的断定，最终要征得他本人的同意；但是，我们有关他之做了这个事情的原因的断定，则无需征得他本人的同意。

其五，理由的确定最终是以人们的一致为基础的，而单纯的一致则不能确定原因。

最后，理由的链条是有尽头的，我们不能没完没了地追问一个事项的理由，无休无止地要求人们为其提供辩护；而原因的链条则是无穷的，我们可以不停地追问一个事项的原因，无休止地要求人们为其做出因果解释。因此，当一个人在不应该追问理由的地方继续追问理由时，他或者误解了理由的本性，将其混同于原因了，或者真正说来他就是在追问原因。这时，人们向他提供的答案，当然也只能是原因而已。[①]

人类行动的结构中既包含有因果结构，也包含有辩护结构。

---

[①] 关于以上几点，请参见：BB,14-15,143；AWL,4-5,39-40；VoW,104-113,219,225,424-429；PG,96-97,101；BGM,333；PU,§§211-212,217,326,485。进一步参见：Waismann 1965: 119-122。

## 第3章 一种维特根斯坦式的人性观：人是遵守规则的动物

但是，根本说来，人类行动的结构在于辩护结构。因为，人们通常总是根据特定理由（比如道德法则或其他理性法则）而做出相应行动的。[①]当然，除了根据这样或那样的理由而行动以外，人们也是因为各种各样的原因而行动的，而且在做出相应的行动时，人们自己或许并不了解（他们常常也无需了解）这些原因。

辩护结构不仅构成了人类行动的结构之本质，而且也构成了科学理论的结构之本质。我们常常谈论我们做出某种科学假设、提出或相信一个科学理论的理由（或根据）。但是，有时我们之所以做出某种假设、提出或相信某种理论，并不是我们掌握了足够的相关理由的结果，而纯然是外在的因素的结果，比如喝了某种药物等等。这样的导致我们做出某种科学假设、提出或相信一个科学理论的因素便是其原因，而非其理由。理由与其所辩护的假设或理论之间的关系是内在的（某种意义上说，究竟什么应当被看作相信一个假设或理论的理由，这不是经验之事，而是约定之事）；而原因与其所导致的假设或理论的关系则是外在的。但是，人们常常混淆这种意义上的理由和原因，进而错误地认为：与导致我们做出某种科学假设、提出或相信一个科学理论的原因一样，我们之所以做出某种科学假设、提出或相信一个科学理论的理由，也须对某个相关的事件的发生产生一种经验上的影响，这就使得其出现非常有可能了。

一个假设或理论的理由总是存在于一个特定的科学体系之内。在此，理由常常以关于过去经验的陈述的形式出现。它们与

---

[①] 哲学家们将行动的理由称为"实践理由"（practical reasons），而将信念的理由称为"认识理由"（epistemic reasons）。（参见 Raz 2011: 41-53; Scanlon 1998: 17。）

## 人：遵守规则的动物

其所辩护的假设或理论之间的关系,虽然是内在的,但是它们之间却并非因此就总是具有逻辑推理（在此特指演绎推理）的关系。

显然,这种意义上的理由的链条是有尽头的,因此,以之为基础而做出的辩护活动也是有终点的。[①]

理由和原因的区分也表现在归纳和确信等事项之中。比如,在看到一个代数公式之后,我便确信我能够将相应的序列继续下去,我相关的过去的经验,构成了我这种确信的原因；正如我相关的过去的经验,构成了我对于如下事情的确信的原因一样：将手放入火中我便会被烧伤、松开手后手中的书便会掉到地上之类。但是,我却无法为这些确信提供进一步的理由,为其做出进一步的辩护。在此,我们只能提醒人们注意如下事实：在相关的语言游戏和生活形式之中,这种确信不需要进一步的理由：在其中人们就是这样行事的。

不过,一些哲学家认为,我们所拥有的如此这般的确信也是有理由的,其理由就是相关的归纳推理（如果我们观察到一类事件总是接着另一类事件发生,那么在将来,如果属于前一类事件中的一个发生了,那么属于后一类事件中的一个也会发生),进而是作为这样的归纳推理基础的自然齐一性信念：诸事物现在和将来的情况总是类似于其过去的情况。但是,实际上,我们根本就不是根据归纳推理和自然齐一性信念来达到我们对于相关的最为基本的信念的确信。相反,我们是未经任何推理直接地拥有这样的确信。

在维特根斯坦看来,人们对于归纳推理的正当性和自然齐一

---

[①] 参见MS 113：43r-43v; MS 115：112; AWL,28; PU, §§ 475,478-479,482-485; Z, §437。"MS 113"、"MS 115" 等均指维特根斯坦手稿,收于 *Wittgenstein's Nachlass*: *The Bergen Electronic Edition*, Oxford: Oxford University Press, 2000。

## 第3章　一种维特根斯坦式的人性观：人是遵守规则的动物

性的确信同样是不需要理由的。归纳推理和自然齐一性原则构成了我们一切认识活动的基础，只有在假定了它们之后，才有所谓提供理由（根据）或辩护的活动，才有所谓怀疑和（通常意义上的）相信。因此，对于归纳推理的正当性和自然齐一性原则的怀疑是没有意义的。

这样的结论显然也适用于我们在日常生活中所持有的大量其他的基本的信念。比如我们对于基本的算术命题的信念、对于他人的心灵状态的信念、对于我们自己的基本情况（包含身体构成情况——比如我们有两只手、每只手有五个手指头等等）的信念等等。我们对于它们的确信也构成了我们能够玩正常的语言游戏和进行正常的生活活动的基础。换言之，在相关的语言游戏和生活形式中，人们就是这样行事的。因此，我们不能再企图追问它们的理由，要求人们为它们提供辩护。不过，它们是可以得到因果解释的，是有原因的，比如如果不坚持这样的信念，那么我们便无法正常地生存下去。在另外的意义上，这样的信念也可以得到因果解释：我们是通过教育和训练而获得它们的。①

### 3.1.2　麦克道尔论两种逻辑空间之区分

理由与原因的区分不仅在维特根斯坦后期哲学中居于核心的位置，而且也在当代哲学特别是道德哲学和行动哲学的讨论中占有着一个非常重要的位置。正是基于维特根斯坦的理由与原因的区分，麦克道尔（John McDowell）提出了其著名的两种逻辑空间之分学说。

---

① 参见PG,110-111; UW,376; VoW,46,48; PU, §§ 320,324-326,466-477, 480-481,486,575,654; ÜG, §§ 128-131,134-135,287,357-359,499,618。

## 人：遵守规则的动物

在其经典论文"经验主义与心灵哲学"（Empiricism and the Philosophy of Mind）中，塞拉斯（Wilfrid Sellars）主张，知识概念属于一种规范性语境。在该文§36他写道："在将一个片断或一个状态刻画成**认识**的片断或状态时，我们不是在给出一个有关那个片断或状态的经验描述；我们是在将其置于理由的逻辑空间（the logical space of reasons），辩护和能够辩护人们所说出的东西的逻辑空间之中。"①在这段话中，塞拉斯明确地区分开了两种不同的刻画事物的方式：一为对相关的事物给以经验描述，一为将其置于理由的逻辑空间。我们先来看一下应该如何理解这里所说到的经验描述。在§5塞拉斯指出，在认识论中人们易于陷入一种"自然主义的谬误"（naturalistic fallacy）："我相信如下观念是一个根本性的错误——一个与伦理学中所谓'自然主义的谬误'同属一类的错误：认识事实（epistemic facts）可以被悉数分析为——甚至于'原则上'——非认识事实，无论后者是现象的还是行为的，是公共的还是私人的，且不管人们慷慨地使用了多少虚拟式和假设句。"②在§17塞拉斯谈到了认识事实与自然事实（natural facts）的对立："看起来是红色的"（looking red）是一个有关对象的认识事实而非自然事实。③麦克道尔断言，塞拉斯的这些表述向人们暗示了这点：对一个事物做出经验描述就意味着将其置于自然的联系之中，进而将其置于自然的逻辑空间（the logical space of nature）之中。换言之，经验描述的题材就是自然的事项（the natural）。

---

① Sellars 1956: 298-299.
② Sellars 1956: 257.
③ 参见 Sellars 1956: 257。

## 第3章  一种维特根斯坦式的人性观：人是遵守规则的动物

那么，塞拉斯会如何理解自然的逻辑空间？麦克道尔断言，如下看法捕捉到了塞拉斯思考的精髓：自然的逻辑空间就是自然科学在其中起作用的逻辑空间。在《心灵与世界》中，麦克道尔进一步断言：从近现代自然科学的角度来看，将事物置于自然的逻辑空间之中就是将其置于规律的领域的逻辑空间（the logical space of the realm of law）。①这也就是说，在此他代表塞拉斯（和其他人）将自然等同于自然规律的领域了。2000年以后，麦克道尔认识到，许多单纯的自然现象——比如单纯的生物学现象——根本无法归属到自然规律之下。②因此，他认为，相关的哲学家最好将自然的逻辑空间仅仅理解为自然科学在其中起作用的逻辑空间或者说自然科学的理解的逻辑空间（the logical space of natural-scientific understanding），即将自然的事项宽泛地理解为能够通过自然科学的方法得到理解或阐明的事项。不过，麦克道尔自己并不支持这样的等同。在他看来，自然的逻辑空间的范围远大于自然科学的理解的逻辑空间，而且其中一部分与理由的逻辑空间甚至是相容的。因此，与理由的逻辑空间形成真正对立的只能是自然科学的理解的逻辑空间。

按照塞拉斯的表述，理由的逻辑空间的结构是由辩护关系构成的，即在于其一些居住者根据其另一些居住者被证明是正当的或者是正确的（being warranted or correct）。提供辩护的居住者构成了被辩护的居住者的正当性或正确性的理由。因此，这种意义上的辩护关系是一种合理的关系（rational relations）或者说

---

① 更准确地说，当作"归属于自然规律之下的逻辑空间"（the logical space of subsumption under natural law）。(参见McDowell 2009a：258。)

② 参见McDowell 2000：99。

## 人：遵守规则的动物

规范性关系（normative relations）。麦克道尔断言，无论构成自然科学的理解的逻辑空间的关系究竟是什么样，它们在种类上都必定不同于那些构成理由的逻辑空间的规范性关系。他写道："按照我们现在的设想，自然科学并不为其题材寻找这样一种组织，在其内一个项目被展示成比如根据另一个项目得到了辩护。（这点是对自然科学不涉及价值判断［value-free］这个口号的一种释义。）"①因此，理由的逻辑空间是十分独特的，可以说是自成一类的（sui generis）。换言之，其结构具有一种自律性："它并非是从有关人类成员的这样的真理——即使那个结构没有进入视野之中它们也是可以捕捉到的——之中派生出来的，或者是其反映。"②

显然，两种逻辑空间的区分实际上就是两种不同的理解事物的方式的区分，因此，也就是两种不同的可理解性（intelligibility）的区分：自然科学的可理解性（the natural-scientific intelligibility）和理由的逻辑空间的可理解性（the logical space-of-reasons intelligibility）。③这两种不同的理解事物的方式涉及两种不同的概念装置（conceptual apparatus），因此，两种不同的逻辑空间的区分也可以这样来表述：当我们将事物置于理由的逻辑空间之中时，我们所使用的概念装置不能还原为，当我们将事物置于自然科学的理解的逻辑空间之中时，我们所使用的概念装置。比如，相信、欲求、意图、希望等命题态度概念便属于前一种概念装置，它们不

---

① McDowell 2009a：258.在此我们要注意：麦克道尔只是要否认在自然科学所描绘的东西中存在着辩护关系，他承认在自然科学本身的组织结构中是存在着这样的关联的。（参见McDowell 1996：70。）

② McDowell 1996：92.

③ 参见McDowell 1996：xix-xx；2006：235-236。

## 第3章　一种维特根斯坦式的人性观：人是遵守规则的动物

可还原为自然科学的概念。[①]

麦克道尔认为，戴维森（Donald Davidson）在如下段落中所谈到的"合理性的构成性理想"（the constitutive ideal of rationality）在其思想中所扮演的角色，相应于塞拉斯所谓的理由的逻辑空间在其思想中所扮演的角色："当我们使用相信、欲求以及其他的概念时，我们必须准备着随着证据的累积，根据总体的说服力的考虑来调整我们的理论；合理性的构成性理想部分说来控制着的，必定是一个演变着的理论在演变过程中的每一个阶段。"[②]麦克道尔认为，戴维森此处所要坚持的是如下观点：我们的有关心灵事项（the mental）的思想和话语，受到某种合理性的构成性理想的支配（或者说，对于有关心灵事项的观念本身来说，一种合理性理想是构成性的），因此有关心灵事项的概念（特别是相信、欲求、意图、希望这样的命题态度概念）不能还原为出现在不受这种构成性理想支配的思维和谈话方式之中的概念。[③]

罗蒂（Richard Rorty）曾经将塞拉斯的两种逻辑空间的区分理解成一种存在于理由的逻辑空间和"与对象的因果关系"的逻辑空间之间的区分。[④]这也就是说，他试图以理由和原因的严格区分来划分两种空间。这也是人们通常会想到的做法。按照一种颇为流行的理解，因果观念扮演着这样的角色：它为自然科学视野中的世界提供了一条基本的组织原则。罗素曾经对这种理解提出异议，他建议我们用某种类似于受规律支配的过程的观念取代

---

[①] 参见McDowell 2009b：4-5。
[②] Davidson 1980：223.
[③] 参见McDowell 1996：xix-xx；2009b：207-208。
[④] 参见Rorty 1979：157。

## 人：遵守规则的动物

这样的因果观念。① 据此，麦克道尔断言：理由的逻辑空间的适当对比物并不是原因的空间（the space of causes），而是规律的领域（更准确地说，是归属于自然规律之下的逻辑空间，进而是自然科学的理解的逻辑空间）。与罗蒂对于两种空间的区分的解释不同，麦克道尔的解释没有预先阻止如下可能性：理由可以是原因。麦克道尔认为这点恰恰是我们应当接受的结论：一个关系之为合理的关系与它之为因果的关系可以是并行不悖的，并非所有的因果关联性都是粗野地因果性的（brutely causal）。因此，我们不应当将因果联系的观念，仅仅局限在不是由理由的逻辑空间所构筑的思维之上，即不应当将其视作自然科学思维的专有属性。②

正常的、成熟的人类成员可以说均"居住在理由的逻辑空间之中"（inhabit the logical space of reasons）③，他们均拥有对理由的逻辑空间的结构——进而理由——做出回应（或给以回响）的能力。麦克道尔认为在此我们有必要区分对理由的回应（responsiveness to reasons）和对理由本身的回应（responsiveness to reasons as such）。对理由本身的回应，意即对作为其实际上所是的理由的理由的回应（responsiveness to reasons as the reasons they are）。一个单纯动物行为也可以被描述为"对理由的回应"：比如一只猫见到一条烈性犬后逃跑了。这时，我们可以说，这只猫因为觉察到一种危险而逃跑了。这条烈性犬的出现可以说构成了这只猫的逃跑行为的"理由"。但是，在做出这样的逃跑行为时，这只猫显然只是在按照其本能而活动。

---

① 参见 Russell 1963: 132-151。
② 参见 McDowell 1996: 71,75; 2009a: 139,258。
③ 参见 McDowell 2009a: 247。

### 第3章　一种维特根斯坦式的人性观：人是遵守规则的动物

它不可能具有这样的能力：从逃跑倾向那里退回来，思考一下它是否真的应当逃跑——此时此刻貌似的危险是否构成了逃跑的充分理由，或者说这个假定的理由是否证明了逃跑行为是正当的，是否构成了真正的理由。显然，这样的能力必定涉及这样一种概念能力（conceptual capacity），它以危险概念为内容。毫无疑问，只有正常的人类成员才可能拥有这样的能力。只有拥有这样能力的主体对理由所做出的回应，才是对理由本身的回应。反言之，只有能够对理由本身做出回应的主体，才可能是拥有概念能力的主体。

按照传统的理解，人是有理性的动物（rational animals）。麦克道尔建议我们，将此处所涉及的有理性（rationality）理解成上述意义上对理由本身做出回应的能力。①因此，在这种特定的意义上，有理性与概念能力密不可分。②

麦克道尔认为，这种意义上的有理性所涉及的理性，当同于康德所理解的知性（Verstand, understanding）。按照康德的理解，知性是概念能力的场所，是一种概念思维的能力。概念能力本质

---

① Rationality在此意为the quality of possessing reason（拥有理性的性质）。就此而言，我将其简译为"有理性"。该词另一个比较常见的意义为基于或合于理性的性质，即合理性。当代许多哲学家都坚持着麦克道尔这种有关有理性的理解。（参见Scanlon 1998：23；Raz 1999 and 2011：85-90，94-101。）按照这样的"有理性"之界定，人便可以被规定为拥有对理由本身做出回应的能力的动物。（参见Raz 2011：98-99。）这个规定不能说是错误的，但是一方面，它做出了过多的预设——预设了理由概念，进而预设了理由与原因的区分等。因此，我们还是建议通过遵守规则的能力来定义人。尽管在进一步澄清遵守规则能力时，我们还是要求助于理由概念进而求助于理由与原因之分，但是无论如何我们不能将理由概念及其与原因概念的区别一开始便包含在人的定义之中。另一方面，这样的规定还是过于宽泛，因为理由概念本身并没有包含规范性涵义，而规范性（进而正确与否性以及应当与否性）才是人的本质规定中的核心成分。

② 参见McDowell 2009b：128-134。

## 人：遵守规则的动物

上是一种能够在做出判断的过程中得到行使的能力。的确，做出判断并不是概念能力的现实化的唯一模式。但是，无论如何，做出判断都构成了概念能力的现实化的范例式模式。正因如此，我们理当根据这种模式来理解概念能力这个观念本身。做出判断，即就事物所处的情况或者说我们要思维或相信的东西做出决定，是我们原则上能够对之负责的事项——我们自由地做出的事情，而非仅仅发生在我们的生活之中的事项。这种在负责任的判断行为中得到例示的自由，本质上就是对人们根据理性上相关的考虑所做出的批评负起责任之事。因此，自由的领域，至少是做出判断的自由的领域，可以被视同于理由的逻辑空间：自由（在一种重要的意义上）就等同于对理由本身的回应。[①]麦克道尔认为，正是在这种意义上，康德将知性看作一种自发性能力（a faculty of spontaneity），即这样的能力，它让我们能够识认并创造那种可理解性，即作为在理由的逻辑空间中的放置之事（the kind of intelligibility that is a matter of placement in the logical space of reasons）。他写道："当康德将知性描述成一种自发性能力时，这反映了他有关理性与自由之间关系的如下观点：理性的必然化（rational necessitation）不仅与自由是相容的，而且对于它来说是构成性的。用一个口号来说，理由的空间就是自由的领域。"[②]

---

① 参见McDowell 1996: xxiii; 2009a: 249-252; 2009b: 5-6,166,186,262。
② McDowell 1996: 5。关于康德有关知性和理性与自发性和自由之关系的观点，请参见前一章的讨论。麦克道尔所给出的相关解释一方面过于简单，另一方面也不无误解。相关的最明显的误解是这样的：理由与原因之分是当代哲学中才做出的一个重要区分，无法适当地将其解释进康德哲学框架之中。因此，基于理由与原因之分而提出的"理由的空间"这样的说法也完全不能简单地等同于康德意义上的自由的领域。康德所谓自由的领域是超感性或超自然的，而麦克道尔所谓"理由的空间"显然不可能是超感性或超自然的。

### 第3章 一种维特根斯坦式的人性观：人是遵守规则的动物

麦克道尔将理由的逻辑空间与意义绑定在一起。他认为，一个事项是有意义的，当且仅当我们可以将其置于辩护关系或规范性关系之中，进而可以将其置于理由的逻辑空间之中。因此，前面所谈到的对理由本身的回应，就等于对意义的回应（responsiveness to meaning），理由的逻辑空间的结构的自律性，进而理性的自律性就等于意义的自律性，理由的逻辑空间的可理解性，就等于意义的可理解性。因此，作为一种自发性能力的知性，就是我们认识并创造那种为意义所特有的可理解性的能力。

按照这样的意义观，自然科学所能处理的事项——尤其是规律领域中单纯自然的事项——就其本身来看就只能是缺乏意义的。用马克斯·韦伯（Max Weber）的话说，它们只能是"被祛魅的"（entzaubert, disenchanted）。如果我们将自然简单地等同于自然科学所能处理的事项，那么在这种意义上，自然只能是缺乏意义的。这种有关自然的构想，是在近代科学革命以后才得以形成的。在古代和中世纪的主流观念中，我们现在看作是自然科学的题材的东西——比如一只麻雀的坠落或行星的运转——被构想成充满了意义，正如在一个文本中存在着意义一样。因此，好像自然的全部对于我们来说均构成了一部教训之书。[①]

在此，麦克道尔将意义理解为规范之事。这种意义观直接受到了维特根斯坦的影响。按照维特根斯坦的观点，语言表达式的意义通常说来在于其使用，进而在于其使用规则，在于用法，因而本质上是规范之事。[②]

那么，古代和中世纪的人们，为什么能够将自然看成是充满了

---

[①] 参见McDowell 1996: 70-72, 77, 92-94。

[②] 参见PU, §43。

## 人：遵守规则的动物

这样的意义，进而将其看成一个文本、一部教训之书呢？对此查尔斯·泰勒（Charles Taylor）给出了这样一种解释：按照古代和中世纪的人们的理解，正如不同语言的表达式能够表达同样的观念秩序（或者说同样的思想）进而具有相同的意义一样，世界中不同领域中的诸要素的特定秩序也能够表达或体现（embody）相同的观念秩序（或者说相同的思想），进而也能够呈现出相同的有意义的秩序（a meaningful order）。此外，有关这样的有意义的秩序的观念必定是与有关终极因或目的因（final causes）的观念绑定在一起的，因为它做出了这样的预设：自然（或宇宙）之内的诸事项的实际状态及其进一步发展，最终均是为了体现构成这个有意义的秩序的诸观念，因而这个秩序构成了其终极的解释。显然，古代和中世纪人们的这种观点是典型的"拟人化"（anthropomorphizing）做法的结果：将人们最想找到的这样一些形式——在其中人们会感到无限的满足和自在——投射进外部事物之中。按照近现代的世界观，自然不过是有待我们去发现的诸种偶然的、事实上的关联的场所，而绝非无尽的意义的场所。①

麦克道尔有关两种逻辑空间的区分的学说，对于他的整个哲学来说具有基础性的地位。上面我们介绍了其主要内容。下面我们对其做出一些必要的质疑和批评。

鉴于这个区分对于其哲学观的基础性地位，麦克道尔在其众多的著述中对它给出了多种多样的表述。在这些众多表述之中，我们不难发现一些不甚清楚甚或矛盾之处。首先，麦克道尔一方面认为，概念的范围（the conceptual sphere）或者说概念事项的

---

① 参见Taylor 1975: 4-10。

## 第3章 一种维特根斯坦式的人性观：人是遵守规则的动物

范围（the sphere of the conceptual）、概念的空间（the space of concepts）同于思想的领域（the realm of thought）或者说能够思维的内容（the thinkable contents）的范围，而能够思维的内容的范围包括现实世界（实在），进而经验世界（此即他所谓的"概念事项的无界性"[the unboundedness of the conceptual]）[①]；另一方面，他又认为概念的范围的"地貌"（topography）是由合理的关系构成的，概念的范围同于理由的逻辑空间[②]。因此，经验世界的所有部分——包括作为规律的领域的自然（单纯自然的世界）——应当都可以置于理由的逻辑空间之中，进而都应当是有意义的。这样，两种逻辑空间的区分便不复存在了。因为，对于这个区分来说，下面这点具有本质性的意义：可以通过被置于理由的逻辑空间之中的方式得到的理解的东西，绝对不能通过被置于自然科学的理解的逻辑空间之中的方式来理解；反之亦然。导致这个内在矛盾的根本原因在于，麦克道尔对概念的范围和理由的逻辑空间的等同处理。在我看来，就麦克道尔的整个体系来说，他完全可以放弃这样的等同处理。这也就是说，我们可以坚持概念的范围或者说能够思维的内容的范围，大于理由的逻辑空间：经验世界的许多部分尽管处于概念的范围之内，是能够思维的，但是却并非因此就具有规范性结构，就处于辩护关系之中。

其次，麦克道尔的两种逻辑空间的区分学说之中，一个让人十分困惑的地方是：这个区分究竟是存在论上的（ontological），还是意识形态上的（ideological）（或者说概念上的）？从其给予这个区分的语言表述上看，它似乎只能是意识形态上的：既然说的

---

① 参见McDowell 1996: Lecture II。
② 参见McDowell 1996: Lecture I, 5, 125。

## 人：遵守规则的动物

是"逻辑"空间的区分或者理解事物方式上的区分,那么相关区分就只能是意识形态上的。麦克道尔在一些地方的论述也给人以这样的印象:"戴维森式的一元论在此提供不了什么帮助。如果我们仍然纠缠于有关我们所谈到的事项中,一部分看起来是超自然的真理之上,那么即使经由深思而认识到它们均出现在自然之中,也不会给我们提供安慰。在一种将自然构想成规律的领域的自然主义语境中,理由的空间和规律的领域之间的对比所设置的那个问题,并不是存在论上的,而是意识形态上的。"①但是,在另一些地方,他又明确地将这个区分看成具有存在论上的意蕴:经验世界(或泛而言之的自然世界)之中的一些事项,只能通过被置于理由的逻辑空间之中的方式得到的理解,而其中的另一些事项,则只能通过被置于自然科学的理解的逻辑空间之中的方式得到理解。请参看如下段落:"我非常乐于做出这样的假定:在自然之中存在着两种发生的事情（happenings）,即那些能够归属于自然规律之下的发生的事情,和那些不能归属于自然规律之下发生的事情,因为自由在它们之中起着作用。"②在许多地方,他直接将理由的逻辑空间与规律的领域对立起来,而规律的领域当然是指受自然规律支配的那部分经验世界。我认为,两种逻辑空间的区分应当既是意识形态上的（概念上的）,又是存在论上的,因为根本就不存在独立于意识形态区分的存在论区分。维特根斯坦的如下评论简明扼要地表达了这种观点:"**本质**表达在语法之中。""语法说出某种东西是哪一种对象。"③

---

① McDowell 1996: 78n..
② McDowell 2006: 238.
③ PU, §§371,373.

第 3 章　一种维特根斯坦式的人性观：人是遵守规则的动物

最后，麦克道尔反对人们通过理由和原因的区分来刻画他的两种逻辑空间的区分，因为在他看来不仅理由可以是原因，而且原因也可以是理由。①同时，他又声称，"这点并没有触动如下事实：一种**单纯**因果的关系（a *merely* causal relation）不能充作一种辩护关系。"②这也就是说，他认为这样的情形是可能的，甚至于是实际存在着的：一个事件作为原因导致了另一个事件，同时又作为理由证明了这另一个事件是正当的，即为其提供了辩护。这种观点十分让人费解，难以成立。尽管一种复杂的关系（比如一条规则与其遵守之间的关系）可能包含着这样两个方面，其一为因果关系，其二为辩护关系，但是一种简单的关系不可能同时既是因果关系又是辩护关系。在我看来，理由和原因的区分是一种严格的区分，而且只有借助于这个区分我们才能令人满意地刻画两种逻辑空间的区分。

因此，理由和原因之分既是一种意识形态上的区分或概念上的区分，同时也是一种存在论上的或形而上学上的区分③。换言之，该区分给出的既是一种概念秩序，也同时是一种事物秩序。事情之所以如此，这当然是因为最终说来事物秩序本来就是由概念秩序给出的。④

### 3.1.3　康德区分开了理由与原因吗？

在我看来，维特根斯坦是哲学史上第一个明确地做出理由

---

① 在此，麦克道尔自认为是在追随戴维森的理由观。（参见Davidson 1980：3-19。）

② McDowell 1996：71。

③ 在1932-1933年讲课时，维特根斯坦说道："它们〔理由和原因〕给出了两种不同的事物序列。"（AWL，4。）

④ 参见韩林合2010：第一章，特别是第一章第四节。

## 人：遵守规则的动物

（或根据）与原因之分的哲学家。不过，这个断言与一些哲学史家的观点相背。比如，著名康德专家艾利森（Henry E. Allison）声称，康德在其著名的理知因致性学说中就已经做出了——至少应该做出了——维特根斯坦意义上的理由与原因之分。那么，事情果真如此吗？为了回答这个问题，我们首先有必要回顾一下前文介绍过的康德的相关观点。

按照康德的理解，自然中的任何事物作为显象均有作为其根据的物本身，均由其物本身决定了。物本身刺激作为感性存在物的人的感性（感觉能力），让人产生了处于时间和空间关系之中的感性直观表象或显象。人的知性借助于范畴特别是原因（和结果）概念将相关的直观表象统一在一起，形成特定的经验对象或认识对象。不过，诸物本身并不处于时间和空间之中，进而也不能经由范畴加以处理。特别说来，诸物本身不处于因果关系之中。但是，人除了拥有感性和知性以外，还拥有理性。作为有理性的动物，人之物本身（作为一种独特的先验对象的先验主体，真正的自我）除了拥有其他物本身均拥有的（让自己对作为感性存在物的人显现出来的）性质以外，他还拥有一种非常独特的性质，即其理性作为原因——即所谓理性原因或理知原因——而拥有一种独特的因致性，即所谓理知因致性。进而，人之物本身在这种意义上也可以说是一种理知原因，拥有一种理知因致性。理知因致性不是显象或任何经验，尽管其结果特别是人之行动在显象或经验中被遇到了。因此，理知因致性是一种无条件的因致性或绝对的自发性，进而是一种真正意义上的自由，即所谓实践自由：理性（或理性法则）进而拥有理性的人（作为物本身），能够不受制于（即独立于）任何感性条件（特别是感性冲动）的影响以及来自于显象的

### 第3章 一种维特根斯坦式的人性观：人是遵守规则的动物

任何决定，而自动地或自发地肇始其在感性世界中的诸结果（特别是人之随意的行动），与此同时并非有什么行动在它本身之内开始了，因为理性及其行动根本不处于时间之中。

理知因致性或理性的因致性在显象中的结果主要表现为人之随意的行动——即人之受意志支配的行动。这样的行动的基本结构是这样的：理性作为原因以独立于任何感性条件（特别是感性冲动）的方式直接地决定了意志，因致意志决定和意志行动；意志决定和意志行动进而因致相应的身体运动；最后，通过这样的身体运动，相应的行动主体的相关的目的或意图得到满足或实现。

在相关文本中，康德一再明确地断定：在人类行动之中，理性作为原因首先决定人之意志或意愿，进而引起人的行动。但是，艾利森却断言，真正说来，理性不能充当原因，因此康德的相关文本均不能按照字面意义加以理解。首先，理性的本质就在于提供理性原理，因而理性是否能够充当原因这个问题，就等于理性原理是否可以充当原因；其次，理性原理本身作为理由不能充当原因，不具有因果效力或驱动力量，只有人们对它们的相信才能充当原因，才真正具有因果效力或驱动力量；再其次，人们对于理性原理或理由的赞成态度构成了随意行动的真正原因即意志（或意愿）的纳入行为（the act of incorporation）的一个成分；最后，理性原理或理由进而理性只有在这样一种十分牵强的意义上才"具有因致性"，即理性原理或理由进而理性为真正具有因果效力的意志的"纳入"行为提供了指导原则。[①]

---

① 参见Allison 1990：38-41，48-52。

## 人：遵守规则的动物

所谓"纳入论题"在艾利森的解读中扮演着十分重要的角色。纳入论题是这样的：就作为有理性的动物的人来说，其感性偏好和欲求并非自动地构成了其行动的理由或动机。为了成为人的行动的理由或动机，感性偏好和欲求必须首先被纳入这样一条行动原则即准则之中，它命令道：根据某某理性原理，我们应当致力于满足某某偏好和欲求。艾利森主要是基于如下段落提出该论题的：

> 意愿之自由具有如下十分独特的特征：意愿不能经由任何动力而被决定做出一个行动，**除非在这样的范围内，即人们将该动力纳入**（aufnehmen；incorporate, admit）**他们的准则之中**（将这点〔即要把该动力纳入他们的准则之中〕变成一条他们自己要据以行事的普遍的规则）。只有以这样的方式一个动力——无论它是哪一种动力——才能与意愿的绝对自发性（自由）和谐共处。不过，在理性的判断中道德法则就其本身来说就是动力，而且那个将它变成他的准则的人就是**道德上**善良的人。现在，如果联系着一个涉及该法则的行动，它还是没有决定某个人的意愿，那么必定有一个与其相反的动力对他的意愿产生了影响。而根据预设，这点只有通过下面的情况才能发生，即人们将该动力（进而还有对于该道德法则的偏离）纳入他的准则之中（在这样的情况下，他便是一个邪恶的人）。因此，联系着道德法则，他的意向（Gesinnung）从来就不是漠不关心的（从来不是这样的：并非善良和邪恶两者中的任何一个——既非善良的，也

## 第3章 一种维特根斯坦式的人性观：人是遵守规则的动物

非邪恶的）。①

在此，康德认为，无论是感性偏好和欲求，还是理性原理，为了作为动力而决定一个人的意愿，让其行动起来，进而因致一个人的行动，它们均应该首先被他纳入他的行动准则之中（或者说，被当成他的行动准则）。由此看来，艾利森从这段话中提取出的纳入论题尽管符合于康德本人思想，但还是有所偏颇，只是涵盖了其所讨论的纳入之事的部分内容。因为康德明确认为，理性原理特别是道德法则本身就可以而且应该作为动力而被纳入或直接被当成行动准则，而并非仅仅认为，感性偏好和欲求要作为动力而被纳入行动准则。而且，此段话重点讨论的恰恰是前者。

显然，艾利森相关解读中最根本的"创新"之处实际上是这点：将维特根斯坦提出的理由与原因之分解读进康德的相关文本之中。按照他的解读，康德似乎已经区分开了——至少他应当区分开了——理由与原因，认为理性原理作为理由不可以充当原因，只有人们对作为理由的理性原理的相信，才可以具有驱动效力或因果效力，才可以是真正意义上的原因。进而，提供这些理性原理或理由的理性，真正说来也不具有驱动效力或因果效力，也不能构成真正意义上的原因。艾利森本人也意识到，他的这种解读与康德的大量相关文本明显不一致，因为在众多相关段落中，康德均明确地断言理性或理性原理本身就可以充当原因（此处指效力因），就直接地拥有因果效力。艾利森声称，这样的文本均不能按照其字面意义加以理解，而只能在比喻的意义上或特别的意义上（所

---

① Reli, AA 6: 23-24.

## 人：遵守规则的动物

谓"Pickwickian"意义上）理解，即理性为真正拥有驱动效力或因果效力的纳入行为提供了指导原则，或者说理性原理作为理由构成了这样的纳入行为的指导原则。①

我认为，艾利森的这种解读是错误的，构成了曲解经典文本的典型案例。在此，有必要回顾一下康德的根据学说。从前文我们看到，按照康德的规定，根据就是据以建立主谓关系进而给出一个断言的东西，或者说根据就是据以将一个性质表述给一个事物或确立一个事实的东西。康德区分开了逻辑根据和实在根据。逻辑根据就是无关乎实际事物或经验对象的根据；实在根据就是有关实际事物或经验对象的根据（或者说在感性直观中得到综合使用的根据）。康德将有关实际事物或经验对象的存在的根据称作"实质的实在根据"，将有关实际事物或经验对象的直观的根据称作"形式的实在根据"。实质的实在根据或者包含着这样的根据的事物，便是亚里士多德意义上的效力因。从前面的介绍我们看到，维特根斯坦意义上的理由（根据）除了包含康德所谓逻辑根据，此外还特别包含康德所谓的实在根据中的一些内容，即康德所谓的理性原因（按照康德的根据定义，理性原因也是一种实在根据，因为它构成了一种特定的事物即随意行动的存在的根据）进而理性法则（包括道德法则）。但是，康德明确地认为，他所说的实在根据（更准确地说，实质的实在根据）就是亚里士多德所谓的效力因，而且他自己是将理性原因进而理性，算作这样的实在根据的。因此，康德并没有做出维特根斯坦意义上的理由与原因之分。

由于原因不过是一种特殊的根据，即实在根据，因此康德常常

---

① 参见Allison 1990：38-41, 48-52。

## 第3章　一种维特根斯坦式的人性观：人是遵守规则的动物

不加区别地使用原因和根据这两个语词或其所表示的概念。[①]不过,在如下段落中,他貌似想明确地区分开原因和根据:

> 知性对于作为感觉能力对象的自然是先天地立法性的,以便在一个可能的经验中达致有关这样的自然的理论知识。理性对于作为主体中超感性事项的自由,及其自身的因致性,是先天地立法性的,以便达致无条件地实践的知识。那条将超感性事项与诸显象分离开来的巨大鸿沟,将隶属于一种立法的自然的领地,与隶属于另一种立法的自由概念的领地,与它们自身(它们中的每一个根据其基本法则)可能对彼此产生的影响完全隔离开了。就有关自然的理论知识来说,自由概念没有决定任何东西;就有关自由的实践法则来说,自然概念同样没有决定任何东西。在这样的范围内,不可能在一个领地与另一个领地之间架起一座桥梁。——不过,虽然根据自由概念(并且根据自由所包含的实践规则)的因致性的决定根据并非出现在自然之内,并且感性事项不能决定主体中的超感性事项,但是这点反过来倒是可能的(尽管并非联系着有关自然的认识,而是联系着自由概念在自然之上所造成的后果),而且这种可能性已经包含在经由自由而来的因致性概念之中(合乎自由的这些形式法则的自由的**结果**应当发生在世界之中)。不过,当"**原因**"这个词被用在超感性事项之上时,它仅仅意指这样的**根据**,它决定自然物的因致性按照自然物自己的自然法则,但同时也与理性法则的形式原理协调一致地导向一

---

[①]　比如在如下地方: B 576/A 548, B 578/A 550, B 698/A 670, B 703/A 675。

## 人：遵守规则的动物

个结果。尽管我们无法洞察这种可能性，但是，声称在此包含着某种矛盾这样的指责，是可以被充分地加以拒斥的。——依据自由概念的结果是终极目的。终极目的（或者其在感性世界中的显象）应当实际存在，为此其在自然中（在作为感性存在物即作为人的主体的自然中）的可能性的条件便被预设了。那个先天地且不考虑实际事项地预设了这个条件的东西，即判断力在有关自然的某种**合目的性**的概念中，提供了自然概念与自由概念之间的居间调停概念。正是这个居间调停概念，使得从纯粹理论的合法则性到纯粹实践的合法则性、从依据自然概念的合法则性到依据自由概念的终极目的之过渡成为可能。因为，正是经由这个有关自然的某种合目的性的概念，我们认识到了这样的终极目的的可能性，它只有在自然之中并且只有以与自然法则协调一致的方式，才能成为现实。①

艾利森（2020：419-421）认为上述段落特别是其中的"当'原因'这个词被用在超感性事项之上时，它仅仅意指这样的根据〔或译作理由〕，它决定自然物的因致性按照自然物自己的自然法则，但同时也与理性法则的形式原理协调一致地导向一个结果"这句话②支持了他的相关解读立场。我认为，事实决非如此。在此，康

---

① KU, AA 5: 195-196.

② 这句话的德文原文如下："obzwar das Wort *Ursache*, von dem Übersinnlichen gebraucht, nur den *Grund* bedeutet, die Kausalität der Naturdinge zu einer Wirkung, gemäß ihren eigenen Naturgesetzen, zugleich aber doch auch mit dem formalen Prinzip der Vernunftgesetze einhellig, zu bestimmen." 也可译作："不过，当'原因'这个词被用在超感性事项之上时，它仅仅意指这样的根据，它决定自然物按照它们自己的自然法则但同时也与理性法则的形式原理协调一致地发挥其因致性以引起一个结果。"

## 第3章 一种维特根斯坦式的人性观：人是遵守规则的动物

德不过是在向读者进一步解释，当他说超感性事项（比如作为物本身的主体或其理性）作为原因因致一个自然事项（比如一个行动）时他要表达的真正意思。在此，"它仅仅意指这样的根据"当为"它仅仅意指这样的实在根据"之缩写。

当然，康德也不否认理性原因或理知原因作为效力因或实在根据，与属于感性世界的效力因或实在根据即感知原因的不同之处。感知原因概念具有理论的客观实在性，存在着与其相应的感性直观；而理知原因概念则不具有理论的客观实在性，不存在与其相应的感性直观，而仅仅具有实践的客观实在性。①维特根斯坦则在康德所做出的理知原因与感知原因区分的基础之上，明确地区分开了理由与原因：首先，他将充斥于康德的理知原因概念中的神秘色彩或超自然的因素一扫而光，使之成为一种于人而言自然而然的事项，即人之行动的自然而然的即并非超自然的理由或根据；其次，他从概念上将这样的去神秘化后的理知原因即理由，与通常所谓原因截然区分开来，并以这样的独特的理由结构（辩护结构）来刻画遵守规则现象、语言现象甚至于人之本性。②

从当代的观点看，康德的确应当做出维特根斯坦意义上的理由与原因区分。这样，为了解释人类行动的特殊性进而人之本性（包括人之自由），他就不必求助于超感性的或超自然的原因及其

---

① 参见KpV, AA 5: 48-50, 55-57。
② 在1932-1933年讲课时，维特根斯坦说道："有两种不同意义上的'理由'（reason）：对……的理由（reason for），以及原因。它们给出了两种不同的事物序列。"（AWL, 4.）在此"理由"这个词相应的德语词为"Grund"。由此可以判断，维特根斯坦应该对康德的根据学说有所了解。

因致性了。但是,为了做出维特根斯坦意义上的理由与原因的区分,康德需要首先放弃其显象与物本身的截然区分——更准确地说,需要首先放弃作为一种形而上学或本体论区分的显象与物本身的区分。或许正是部分出于此种考虑,艾利森将康德的显象与物本身的区分解读为单纯认识论上的或概念上的区分:显象与物本身不是两种不同的对象的区分,更非属于两种不同的世界中的对象的区分,而是人们看待同一个经验对象的两种不同的视角的区分。但是,这种解读同样面临着难以克服的文本一致性的困难,因为在大量的文本中,康德恰恰十分明确地将显象与物本身看成两种不同的对象,甚至于断言它们分属于两个完全不同的尽管不无内在关联的世界,一为感性世界或自然的领域(现象界),一为理知世界或超自然的领域(本体界)。

如果不考虑忠实文本与否的问题,那么艾利森有关康德理性因致性观点的解读还是不无优点的。这种解读很好地解释了维特根斯坦意义上的理由秩序与原因秩序之间的内在联系:通过对于作为理由的规则或原则持有某种特定的命题态度,作为理由的规则系统与因果秩序便联系在一起了。

### 3.1.4 理由之分类

在讨论行动的结构时,除了理由和原因外,人们还常常提及行动的动机(Motiv, Bewegsgrund, Bewegungsgrund)。那么,动机属于原因还是属于理由?抑或,动机是理由和原因之外的另一种行动要件?

动机通常被定义为:促使一个人行动起来以达到某种目的的内在的动力或冲动。这样,动机就成为原因之一种,即所谓"动因"

## 第3章 一种维特根斯坦式的人性观：人是遵守规则的动物

（Bewegursache, die bewegende Ursache）。维特根斯坦认为这种理解是一种概念混淆的结果。实际上，一个行动的动机就是一个人作为其行动的直接的理由而给出的东西。①这样，动机与原因的区别就构成了理由与原因的区别的一种特殊情况。在1933-1934年的授课笔记中，维特根斯坦说道："你的行动具有一个如此这般的原因这个命题是一个假设。如果人们拥有许多这样的经验，粗略地说，它们一致地表明你的行动是某些条件的规则性的后续事件，那么这个假设便是有着良好的基础的（well-founded）。于是，我们便将这些条件称作这个行动的原因。为了知道你之所以做出某个陈述、以一种特殊的方式行动等等的理由，人们并不必拥有任何数目的一致的经验，有关你的理由的陈述并不是一个假设。'理由'和'原因'的语法之间的区别，完全类似于'动机'和'原因'的语法之间的那种区别。关于原因，人们可以说人们不能知道它而只能猜测它。另一方面，在谈到动机时人们经常说：'我当然必定知道我为什么做它。'当我这样说时：'我们只能猜测那个原因，但是我们知道那个动机'，稍后我们会看到，这个陈述是一个语法陈述。'能'指涉一种逻辑可能性。'为什么'这些词的双重使用——既用来追问原因，也用来追问动机——和我们能够知道而并非仅仅能够猜测我们的动机这种想法合在一起，引起了这样的混淆：一个动机是我们直接地察觉到的原因，一个'从内部来看的'原因（a cause 'seen from the inside'），或者一个经验到的原因。——给出一个理由像是给出一个你借以达到某个结果的演算。"②请进一步参见维特根斯坦相关笔记中的如下评论："动机并

---

① 参见VoW, 46, 48, 424, 426。
② BB, 15.

## 人：遵守规则的动物

不是一种'从内部来看的'原因！（'内部的和外部的'这个比喻在这里——正如在许多情况下一样——是完全误导人的。——它与关于脑袋中的心灵、一种生物的观念具有亲缘关系。但是，我们将这个观念与其他不相容的观念混杂在一起了〔这个观念与其他不相容的观念混杂在一起了〕——正如'治愈所有伤口等等的岁月侵蚀'这个命题中的隐喻那样。）人们假定，一个人知道他的行动的动机；——这点告诉了我们有关'动机'这个词的意义的一些事情。〔这点向我们表明了，我们是如何使用'动机'这个词的。〕"①

按照上述分析，动机构成了一种理由。不过，它是一种非常特别的理由。与其它的理由相比，其特别之处体现在如下方面：其一，通常我们只是针对与人类生活息息相关的事项才谈论动机。比如，如果一个人给出了他据以写出一系列数的数学定理，那么我们会将相关的说明称为他写下该列数中的特定的数的理由，而不会将该说明称为其原因。不过，针对他为何从事这种数学活动这样的问题，我们却可以谈论动机。其二，通常情况下给出一个理由，就意味着为相关的行动提供了辩护。与此形成鲜明对照的是，给出一个动机则并非就意味着为相关的行动提供了辩护。正因如此，我们有时可以谈论"邪恶的动机"（das böse Motiv）。②

在许多情况下，行动的理由（包括动机）或者说实践理由，是以规则或原则的形式出现的。这样的理由完全不同于原因（当然，其他形式的行动的理由也不同于原因），因此我们不能说它们（直

---

① MS 115: 111-112.
② 参见 VoW, 426, 428。

## 第3章 一种维特根斯坦式的人性观:人是遵守规则的动物

接地或间接地)因致了相关的行动。那么,相关的行动是如何被因致的?在此,理由与行动之间的实际关联要经由如下中间环节才能建立起来:在相关的特定情形中,相关主体接受了相关的理由,并进而产生了根据相关理由而行动的心愿(Willigkeit)甚至于欲求(Begierde; desire)。有了这样的心愿或欲求(再加上相关的进一步的信念和欲求),相关的主体便会被(因果地)决定根据相关的理由而行动。①

在此我们可以比较一下维特根斯坦的观点与康德的观点:在康德看来,理性或理性法则作为理性原因或理知原因,尽管不同于自然原因,但是它们仍然是一种真正的原因(效力因),因而它们可以通过直接地且因果地决定意志或意愿的方式,而间接地因致相关的行动。但是,在维特根斯坦看来,作为理由的行动规则完全不同于原因,不过,当一个主体(或其意愿即欲求能力)将其接受下来进而将其当成自己的行动准则或行动的动机时,这样的纳入行为或相应的相信状态、心愿或欲求作为原因直接地因致了相关的行动。这时,这些行动规则作为理由便为相关的行动提供了辩护,由此我们可以说该主体的相关的行动是正当的或有理由的(有根据的)。

因此,维特根斯坦所说的动机相当于康德所说的行动准则,而他所讨论的其他意义上的理由部分说来相当于康德所说的理性或理性法则(特别是道德法则)。在做出一个行动时,一个主体或者说其欲求能力(意愿)接受了相关的理由,并使之成为自己的行动准则或动机。该主体之具体的"纳入行为"或其相应的相信

---

① 参见VoW,106,108,110,112; MS 157a: 33v。

## 人：遵守规则的动物

状态、心愿或欲求则构成了与行动理由相应的行动的直接的原因。此即各种行动理由之间及其与行动原因的内在关联。

维特根斯坦所讨论的除动机以外的行动理由，和康德所谓理性原因或理知原因（即理性或理性法则，特别是道德法则）属于当代哲学家们所说的"规范理由"（normative reason）或"辩护理由"（justifying reason）。维特根斯坦所说的动机（某个主体的直接的行动理由）或康德所谓行动准则则相应于当代哲学家们所说的"驱动理由"（motivating reason）。按照相关哲学家们的解释，规范理由或辩护理由就是那种支持人们做出某种行动的理由，或者说那种使得以某种方式行动这点成为正当的理由。所谓驱动理由就是那种人们事实上据以行动的理由。[①]

最后，我们要注意，不仅规则或原则可以充当行动的理由或动机，事实、真理、命题、思想等等也可以充当行动理由或动机。[②]但是，在一些哲学家看来，只有相信和欲求这样的心理状态才能充当驱动理由或动机。[③]在我看来，这样的观点是错误的，混淆了理由与原因，因为相信和欲求等等心理状态只可能是行动的原因而非理由或动机。

---

[①] 参见 Smith 1994：94-98；Dancy 2000：1-25；Alvarez 2010：7-31。史密斯是这样定义规范理由和驱动理由的："说某个人拥有一个做φ的规范理由，就是说存在着这样一种规范要求，即他要做φ，因此这就是说他之做φ这点从产生这种要求的那个规范系统来看是得到了辩护了。""在t时R构成了施动者A做φ的驱动理由，当且仅当存在着这样一个ψ，在t时R是由适当地关联在一起的他的如下欲求和信念构成的：他想要做ψ并且相信如果他做了φ，那么他就做了ψ。"（参见 Smith 1994：92，95。）

[②] 参见 VoW，426；Smith 1994：94-98；Scanlon 1998：55-64；Searle 2001：97-134；Alvarez 2010：32-52。

[③] 参见 Smith 1994：92-129。

第3章 一种维特根斯坦式的人性观:人是遵守规则的动物

## 3.2 规则与规范

### 3.2.1 维特根斯坦论规则之"界定"及其分类

在第2章我们看到,康德对规则做出了如下一般性规定:"我们将有关这样的一般条件的表象称作**规则**,即人们**能够**按照它来设定某种杂多。"他还将规则区分为理论规则和实践规则,而后者又进一步被区分为技艺上说的实践规则和道德上说的实践规则。

与康德不同,维特根斯坦从来没有对规则做出明确的界定,而且他认为,给出这样的界定也是不可能的。因为,与我们日常生活中所使用的其他重要的一般概念一样,规则概念本来就不是一个边界清楚、用法固定而单一的概念,进而表示它们的语词也并非有着界线分明的用法。这也是就说,规则没有本质。不过,在人们称为规则的东西之间,的确存在着这样或那样的交叉重叠的相似性,或者说亲缘关系。正是因为它们在这些东西中的存在,人们才把它们都称为"规则"。维特根斯坦将这种意义上的相似性称作"家族相似性"(Familienähnlichkeiten)。

按照维特根斯坦的理解,存在于家族成员之间的亲缘性或亲缘关系,不是在于家族成员之间的某些性质的共同性(即他们之间的贯通的相似性),更不是在于他们的某些构成成分的共同性,而是在于他们之间的这样一种关系,它将诸成员以这样的方式结合在一起(这种方式有如一个链条将其诸环节联结在一起的方式):两个邻近的成员(近亲)之间可以具有许多共同的特征(相同的身材、面部特征、眼睛的颜色、步态、气质等等),即彼此相似

## 人：遵守规则的动物

（而且不同的成员之间的相似的方面不必是相同的，而是交叉重叠的），但是相距较远的成员（远亲）之间则不再具有任何共同之处，然而经由诸多中间环节还是属于一个家族，即具有亲缘关系。在此请注意如下三点：其一，维特根斯坦是通过（局部的）相似性来"定义"亲缘关系的。其二，构成一个家族的亲缘关系本身又包含着众多或近或远的亲缘关系，或者说是由这些亲缘关系构成的。其三，维特根斯坦也是在通常的意义上理解相似性的：两个事物相似意味着它们之间存在着某些共同的特征。因此，维特根斯坦所谓家族相似性是指：一个家族的诸成员之间的那些彼此以复杂的方式交叉重叠的局部相似性。一个一般概念与其所适用的事项之间的关系有如一个家族与其成员之间的关系。一个成员之属于这个家族不在于他拥有为这个家族的所有成员所共同具有的某个或某些刻画性特征，而是在于他与其中的某个或某些成员具有直接的亲缘关系，即具有足够多的相似性或共同的性质。[①]同样，一个事项之属于某个一般概念，不在于它拥有为属于这个概念的所有事项所共同具有的某个或某些刻画性特征，而是在于它与其中的某个或某些事项具有这样或那样的相似性或共同的性质。因

---

① 维特根斯坦关于构成一个家族的诸成员之间的亲缘关系的这种理解在现代生物学背景之下似乎不无问题。因为按照现代生物学，正常情况下，在一个家族的诸成员之间是存在着一种共同的基因结构的。不过，在此我们要注意，首先，维特根斯坦在此所想到的主要是家族成员的身体特征和性格等等，而这样的事项上的共同性的确很难在一个家族的所有成员之间找到。（或者说，他所想到的是人们日常谈论的家族概念，而非生物学家们谈论的家族概念。）其次，即使维特根斯坦关于家族的理解有问题，这也不意味着他关于一般概念的相应理解就是不成立的。毕竟，一个一般概念与其所适用的诸事项的关系真正说来并非同于一个家族与其诸成员的关系，而且一个一般概念所适用的诸事项之间的关系更非同于一个家族诸成员之间的亲缘关系。

## 第3章 一种维特根斯坦式的人性观:人是遵守规则的动物

此,我们可以说,一般概念通常都是家族相似性概念。相应地,表示它们的词项即一般词项均是家族相似性词项。

维特根斯坦认为,日常生活中使用的几乎所有重要的一般概念,诸如数、植物、树叶、知识、希望、期待、思维、理解、意指、能力、善、美、颜色概念等等,均是家族相似性概念。规则概念当然更不例外。既然如此,我们不能指望通过给出相关的本质特征(即属于它们的事项所共同具有的刻画性特征)的方式(换言之,通过给出揭示了这种本质特征的定义的方式)来教人学习和掌握这些概念。在此,我们所能做的就是指给一个人看一些人们通常会倾向于归属在相关概念之下的事项,接着说明诸如此类的事项均可以看作属于该概念之下的。这样的方法可以称为"例示"(das Exemplifizieren)。维特根斯坦指出,例示法并不是在缺少更直接的、更好的方法的情况下,我们不得不采用的一种教与学一般概念的间接方法;相反,在此它是我们所不得不采用的唯一的方法。因此,我们不能给出日常生活中使用的一般概念的定义,即有关其所适用事物的本质规定,这点并不是我们无知(Unwissenheit)的结果,也不是我们虽然知道却不能(准确地)将其说出的结果。事实上,我们关于一般概念的知识,或者说关于它们究竟适用于哪些事物的知识,完全表达在我们所做出的相应的例示之中。关于上述观点在规则情况下的应用,请看如下段落:

> 当我们比如谈论游戏时,我们究竟是如何使用"规则"这个词的? 与什么相对地使用它?——我们说,比如"这个得自于这条规则",但是接着,我们可以援引相关的规则,而避免使用"规则"这个词。或者,我们谈论"这种游戏的所

## 人：遵守规则的动物

有规则"，并且接着或者列举出它们（于是又出现了第一种情形），或者我们将诸规则说成一组这样的表达式，它们按照确定的方式从给定的基本规则中被生产出来，这时"规则"这个词便代表**这些**基本规则和运算的表达式。或者我们说："**这个**是一条规则，**那个**不是"，——当第二个仅仅是比如一个单个的词或者一个不完全的命题（在德语语法的意义上）时，或者是棋子的一个位置的示图时。（或者："不，按照新的约定，这个也是一条规则。"）——当我们已经列举出这种游戏的规则清单时，人们就可以说出这样的某种东西，这时它便意味着：**这个**属于这里，**那个**不属于这里。但是，这点并不是出于一种特定的性质的缘故，即作为一条规则这种性质；正如当人们只是想将苹果包装进一个箱子并且这样说时一样："不，这个不属于这里，这个是一个梨。"

是的，但是我们可是将一些东西称为"游戏"，却不这样称呼另一些东西，而且将一些东西称为"规则"，却不这样称呼另外一些东西！——但是，事情并不取决于我们称为游戏的所有东西与所有其它的东西的划界。对于我们来说，游戏就是我们听说过的**那些**游戏，我们能够列举出的那些游戏，而且或许还有一些按照类似性新构造出的游戏；当某个人比如写一本有关游戏的书时，真正说来在这本书的书名中他也不需要使用"游戏"这个词，相反，对个别游戏名称的一种列举却可以作为书名出现。

如果人们问：可是，究竟什么是所有这些东西的这样的**共同之处**，正是因为它，你将它们都联合起来？——那么他可以说：我不能立即给出它，——但是你可是看到了许多类似

## 第3章 一种维特根斯坦式的人性观:人是遵守规则的动物

之处。此外,这个问题在我看来是无益的,因为我也可以按照类似性再次不断地经由注意不到的阶段到达这样的构造物,日常生活中任何人都不会再将它们称为"游戏"了。因此,我将出现在这个清单上的东西称为"游戏",也这样称呼直到某种程度上(至于这种程度是多少,我并没有进一步地加以确定)类似于这些游戏的东西。此外,我保留在每一种新的情形下就如下事情做出决定的权利:我是否愿意将某种东西算作游戏。

"规则"、"命题"、"语言"等概念的情况就是这样的。仅仅在特殊的情况下(也即,并非是在我们使用"规则"这个词的所有情况下)才涉及如下事情:划出规则与不是规则的东西的界线,而且在所有这些情况下,给出那个区别性的标志特征都是容易的事情。我们需要与"语词"、"图像"和一些其他东西相对的"规则"这个词,而且这些界线可以清晰地划出。与此相反,在我们不需要这样的界线的地方,我们多数情况下不划出任何界线。(正如当人们针对某些游戏只是在游戏场地中间划出一条线以便分开诸方一样,而在其它地方则不划分开这个场地,因为这不是必要的。)

我们能够以不可能令人误解的方式使用"植物"这个词,但是人们却可以设计出无数这样的极限情形,对于它们来说,需要首先就某种东西是否还属于"植物"这个概念来做出决定。但是,因为这样,"植物"这个词的意义在所有其他情形中就带有一种不可靠性吗,以至于人们可以说,我们虽然使用了这个词,但是却没有理解它?是的,一个从许多方面划出了这个概念的界线的定义会使得这个词在所有命题中的意

## 人：遵守规则的动物

义对于我们来说变得更为清晰吗？因此，我们就会更好地理解包含着它的所有命题吗？①

除了通过例示的方式把握规则的一般特点之外，我们还可以通过规则与其他相关事项的区别和联系来理解规则的特点。

首先，我们看一下规则与事实陈述（或经验命题，包括普遍的经验命题，比如自然法则）之间的关系。一般说来，规则是规定性的（prescriptive），无所谓真或假，无所谓与事实符合与否的问题，而只有适当与否的问题；而事实陈述则是描述性的（descriptive），均或者是真的或者是假的。②不同类型的规则与事实陈述的关系显然是不尽相同的。康德所谓技艺上说的实践规则，虽然与单纯的事实陈述不同，但是由于它们源自自然概念或者说是建立在自然概念基础之上的，因而依赖于自然理论进而自然法则，因此它们与事实陈述有着密切的联系；而他所谓道德上说的实践规则，源自自由概念或者说是建立在自由概念基础之上的，根本说来独立于自然理论进而自然法则，因而不同于通常意义上的事实陈述，是先验的。当然，声称存在着道德事实的哲学家会认为，道德规则是描述道德事实的，因而也是事实陈述之一种。通常意义上的游戏规则作为约定是任意的，完全不同于事实陈述，但是也并非与事实陈述完全无关，因为它们最终还是假定了某些相关的经验事实，如果相关的经验情形发生了根本的改变，那么通常意义上的游戏也就无法进行下去了。语言规则是人们约定的结果，可以说是任意的，因而与通常意义上的事实陈述完全不同。不过，语

---

① PG,116-117.
② 参见 Waismann 1965：135,142；von Wright 1963：3。

## 第3章 一种维特根斯坦式的人性观：人是遵守规则的动物

言规则也并非与事实陈述完全无关。事实上，我们所制定的语言规则往往是相关的自然事实向我们强烈地建议的规则。一些哲学家甚至断言，道德规则也是人们约定的结果，因而也是相对的，而并非像康德所说的那样是绝对的、普遍有效的。请看维特根斯坦的如下评论：

> 假定这间房子里的物体的长度事实上是胳膊的长度的倍数。如果我们想为我们的测量事务确立一个单位，那么选择胳膊作为单位会是自然而然的事情。但是，这样做仅仅是出于方便而已；我们没有被**强迫**这样来做。一个哲学家会混淆物体都是一个胳膊的长度的倍数这个自然事实，与胳膊之被当作测量单位这个事实。后者是一种约定。它们是完全不同的，尽管密切地联系在一起。其一是一个经验事实，另一个是符号系统的一条规则。我们所制定的那条规则是自然事实最为强烈地建议的那条规则。几何和算术完全是由这样的符号系统的规则构成的，它们可比之于确立了长度单位的规则。它们与实在的关系是这样的：某些事实使得某些几何和算术具有实用的价值。如果每次在计算40加20时我们总是得到61，那么我们的算术将是使用不便的。我们可以制作这样一个算术，在其中这点是真的，而这并不是说61同于60。一条规则之所以被选择了，这点是因为人们总是观察到事情是以某种方式进行的。①

---

① AWL,84.

## 人：遵守规则的动物

其次，我们还可以通过规则与命令之间的关系来把握规则的特点。一方面，规则和命令均无所谓真假，均是让人来服从或遵守的，在这种意义上，给出一条命令就相当于确立一条规则。但是另一方面，一个命令总是联系着特定的场合针对特定的人而给出的，因此一个命令的给出和服从总是一次性的事件，而规则则并非是针对特定的场合和特定的人而确立的，因此规则的遵守总是一再重复的事件。不过，在特定的情况下，我们可将一个命令转变成一条规则，或者将一条规则转变成一个命令。①

我们看到，康德将规则区分为理论规则和实践规则，实践规则又被区分为技艺上说的实践规则和道德上说的实践规则。除了所谓明智规则以外，社交规则（包括礼貌规则）、交通规则和法律规则等也应当属于康德所谓技艺上说的实践规则。遵守规则问题所涉及的规则，包括但不限于康德意义上的实践规则。在讨论遵守规则问题时，维特根斯坦所特别关注的是游戏规则，而康德恰恰没有提到这类规则。当然，维特根斯坦所谓的游戏规则并非简单地等同于通常所谓的游戏规则，因为在他那里游戏概念本身就是一个非常宽泛的概念，而且是一个没有明确的边界或使用范围的概念。比如，他将语言规则看成一类重要的游戏规则。而且，他之所以讨论游戏规则，主要也是为了借此探究语言的本性。②

就规则与其所指导的实践活动之间的关系而言，至少存在着四种可能的情形。其一，规则定义了相关的实践活动。比如，国际象棋就是由一系列规则所定义的。其二，规则构成了相关实践活

---

① 参见EPB，139-140，143；PU，§206。进一步参见Waismann 1956：141；Black 1958：143。

② 参见Waismann 1965：132。

## 第3章 一种维特根斯坦式的人性观：人是遵守规则的动物

动中的一个要素。其三，规则没有出现在相关的实践活动之中，而仅仅是在人们学习相关的实践活动过程中被使用了。其四，规则虽然没有出现在相关的实践活动之中，但是在相关的人发生争执时他们援引它们，或者人们用它们来为自己所做的某个行动进行辩护。请看维特根斯坦的如下评论：

> 现在，对于我们的语言游戏（48）[①]来说，存在着这样的**不同的**可能情况，不同的情形，在其中我们会说，一个符号在这个游戏中命名一个具有某某颜色的方块。比如在如下情况下我们便这样说：我们知道了这些符号的用法是以某某方式教给使用这个语言的人们的。或者，在如下情况下：人们以书面的形式，比如以一个表格的形式，写出：这个元素对应于这个符号，而且在这个语言的教学的过程中人们利用了这个表格，在某些有争议的场合，人们援引它来做出决断。
>
> 但是，我们也可以设想，一个这样的表格是语言使用中的一个工具。这时，一个复合物的描述是这样进行的：描述这个复合物的人随身带着一个表格，在其上寻找该复合物的每一个元素，并且在表格上从它转移到这个符号。（事情也可能是这样的：被给予这个描述的那个人借助于一个表格而将这个描述的诸语词翻译成有色方块这样的直观形象。）人们可以说：在此这些表格接受了在其它情况下记忆和联想所扮演的角色。（通常情况下，我们不会按照如下方式来执行命令"请给我拿一朵红色的花来！"：我们在一个颜色表格中寻

---

[①] 《哲学研究》第48节所讨论的语言游戏是有关如何表现一个平面上的颜色方格的组合的。

## 人：遵守规则的动物

找红色,然后拿来一朵具有我们在表格中发现的那种颜色的花；但是,如果所要处理的事情是：选出或者混合出红色的一个特定的色调,那么如下事情便发生了：我们使用一个样品或者一个表格。)

如果我们将这样一个表格称为这个语言游戏的一条规则的表达,那么人们便可以说：可以将一个语言游戏中的非常不同的角色适当地分配给我们称为这个游戏的规则的东西。①

还是请来思考一下：在什么样的情况下我们说一个游戏是按照一条确定的规则玩的!

这条规则可以是这种游戏课程中的一种辅助手段。学习者得知了它,并且练习着应用它。——或者,它本身就是这个游戏的一个工具。——或者：一条规则既没有在这种课程中,也没有在这种游戏本身中得到使用；它也没有被写进一个规则清单。人们通过观看其他人玩这个游戏的方式来学习它。但是,我们说,它是按照某些规则来玩的,因为一个观察者可以从这个游戏的实践中读出这些规则,——像游戏行动所遵循的一条自然律一样。——但是,这个观察者在这种情形中如何区分开这个游戏者的一个错误和一个正确的游戏行动？——在游戏者的行为中存在着关乎此的标志特征。请想一想纠正一个口误的人的那种刻画性行为。即使我们不理解一个人的语言,认出下面这点也是可能的：他在做这样的事情。②

我将什么称为"那条他据以行事的规则"？——是那个

---

① PU, §53.
② PU, §54.

### 第3章 一种维特根斯坦式的人性观：人是遵守规则的动物

令人满意地描述了我们所观察到的他对这些词所做的使用的假说？或者是那条在使用这些符号时他加以查询的规则？抑或是当我们追问他的规则时他作为答案提供给我们的那条规则？——但是，如果这种观察没有让我们清楚地认出任何规则，而且这个问题没有揭露出任何规则，情况如何？——因为尽管他对于我的问题——他如何理解"N"——给予了一种解释，但是他准备收回和改动这种解释。——因此，我应该如何来确定那条他据以玩游戏的规则？他自己也不知道它。或者，更为正确地说："他据以行事的规则"这个表达式在此还能断言什么？①

#### 3.2.2 当代哲学家论规则及其分类

当代哲学家罗尔斯（John Rawls）对规则问题也极为重视，他在1955年发表的"两种规则概念"（Two Concepts of Rules）一文中所做出的两种规则观的区分构成了其名著《正义论》的理论基础之一。

罗尔斯是在讨论功利主义伦理观时做出两种规则观的区分的。按照他的分析，无论是在维护还是在批评功利主义伦理观的哲学家的论述中，我们均可以发现相关哲学家们犯了一个严重的错误，即没有清楚地区分开如下两种形式的辩护：其一为对于一种实践或一种制度的辩护；其二为对于属于这种实践或制度的一个具体的行动的辩护。进而，哲学家们之所以未能做出这种区分，

---

① PU, §82.

## 人：遵守规则的动物

则又是因为他们持有一种不适当的规则观——所谓总结规则观（the summary conception），而完全没有注意到另一种更加适当的规则观——所谓实践规则观（the practice conception）。（所谓实践，在此特指一种由这样一个诸规则的系统明确规定好了的活动形式，它规定了诸不同的职位、不同的角色、步骤、处罚、辩解等等，并且给予这种活动以结构。比如，游戏、仪式、审判和议会均是这种意义上的实践。）

根据总结规则观，相关的规则不过是人们过去在将某个一般原则——比如功利原则——应用于特定的情形时所做的诸决定的总结，或者说相关的规则不过是这样的有关过去的决定的报告——基于某个一般原则，某类情形被发现以某种方式被适当地决定了。在如此理解之下，规则就是经验概括的结果，旨在为人们在将来根据相关的一般原则做出相关的行动决定时提供指导或帮助。我们不妨从以下三个方面来进一步了解总结规则观。

首先，按照总结规则观，针对特定的情形所做出的决定不仅逻辑上说先于相关的规则，而且存在上说也可先于相关的规则。这也就是说，就一个特定的情形来说，无论是否存在涵盖着它的规则，它均可以存在。而且，无论是否存在着有关它那种类型的情形的规则，我们均能将它描述为那种类型的情形，换言之：假定有这样一条规则，即"无论什么时候有了A，便做B"，那么显然，无论存在还是不存在这样一条规则（或者说无论存在还是不存在构成了这样一种实践的规则总体，那条规则构成了其一部分），其中涉及的诸A和诸B均可被描述为A和B。假定我们根据经验确立了如下规则：如果一个生了严重疾病的人问我们他生了什么病，那么我们不应当如实告诉他真实的病情。显然，无论有没有这样一条规

### 第3章 一种维特根斯坦式的人性观：人是遵守规则的动物

则，如下事项均可像现在这样来加以描述：某个人生了严重疾病，他问我们他生了什么病，我们将他的病情告诉他。该规则所指涉的行动的做出，并没有要求这样一种实践作为背景，该规则构成了其一部分。

其次，按照总结规则观，相关的每个人均有资格重新考虑相关的规则的正确性，并且有资格质疑在一个特定的情形中遵守它是否是适当的。既然一个规则的作用仅仅在于，为人们在将来根据相关的一般原则做出相关的行动决定时，提供指导或帮助，那么人们自然可以提出如下疑问：在作为该规则基础的过去的决定中是否存在着什么错误，在当下的情形中按照该规则行动是否是最好的选择。

因此，最后，按照总结规则观，一个人可以随时放弃相关的规则，任何规则均可有例外。

按照实践规则观，规则定义了或确立了一种实践，明确地规定了一种崭新形式的活动方式，而并非简单地描述了那些从事于该种实践的人事实是如何做事的。因此，规则并不是相关的过去的决定的简单的总结或概括。显然，如此地理解的实践的一个标志是这样的：当我们教导人如何从事于这种实践时，我们就必须教给他们那些定义了它的规则，而且为了改正从事于这种实践的人的行为，我们必须求助于那些规则。不妨对照着上面提到的总结规则观的三个特点来进一步了解实践规则观。

首先，与总结规则观所理解的规则形成鲜明对照的是，实践或实践的规则不仅逻辑上而且存在上，均先于相关特定情形中的特定行动，因为后者本来就是由前者所定义的，而且是根据前者而做出的。这也就是说，就由一个实践所规定的诸行动来说，人们

## 人：遵守规则的动物

不可能在该实践所提供的背景之外做出这些行动，因为如果不存在这个实践，那么人们所做出的貌似相同的行动，均不可能是这些行动。此时，那些用来描述该实践行动的表达式甚至于根本就没有意义了。比如，盗垒（stealing a base）、三击不中出局（striking out）、佯投犯规（balking）等等均是棒球运动中的特殊行动。除非一个人在打棒球，否则，他所做出的任何貌似相同的行动均不能被描述为盗垒、三击不中出局、佯投犯规等等。

其次，按照实践规则观，从事一个特定的实践的人，通常没有资格质疑定义该实践的那些规则。从事该实践，做该实践所规定的那些行动，就意味着要遵守该实践的规则。这点与总结规则观的情况也形成了鲜明的对照。

最后，按照实践规则观的理解，相关的规则不容许有例外，从事一个实践的人不能随便放弃相关的规则。

罗尔斯认为，如果我们仅仅按照总结规则观来理解规则，那么我们就不能不忽略对一个实践的辩护，与对属于该实践的一个行动的辩护之间的区别，进而就会对功利主义产生错误的理解，认为可以利用功利主义原则来辩护一个实践中的任何一个特定的行动，由此便会让功利主义陷于各种各样的困难之中。只有坚持实践规则观，我们才能认清两种辩护之间的区别，才能正确地理解功利主义，才能认识到功利主义原则只能用来辩护一个实践，而不能用来辩护一个实践中的具体的行动。这样，我们便不会让功利主义陷入相关的困难处境。

按照罗尔斯的理解，对于不同情形中的规则，我们可以根据不同的规则观来加以理解：一些规则适合于用总结规则观来处理，而另一些规则则适合于用实践规则观来处理。因此，规则至少可

## 第3章 一种维特根斯坦式的人性观：人是遵守规则的动物

以分成两大类，即适合于用总结规则观来处理的规则，和适合于用实践规则观来处理的规则。

罗尔斯承认，这种规则分类既不是穷尽性的，也不是绝对分明的。这也就是说，或许存在着其他类型的规则，而且肯定存在许多难以归类的规则。

罗尔斯认为，只有适合于用实践规则观处理的规则，才是严格意义上的规则，而适合于用总结规则观处理的规则，只是"大致的规则"（rules of thumb）。

在发表于1964年的论文"规则与功利主义"（Rules and Utilitarianism）一文中，帝格斯（B. J. Diggs）对罗尔斯规则观进行了批评，他指出：从一方面来看，罗尔斯所谓总结规则观这样的说法将规则错误地等同于概括性命题了[①]；从另一方面来看，人们通常所说的许多实践恰恰是经由这样一些规则所定义的，它们完全不同于罗尔斯所谓实践规则观论及的那些规则，因为属于通常意义上的实践中的行动，恰恰是逻辑上独立于定义这些实践的诸规则的，而根据罗尔斯所谓的实践规则观，相应的行动则是由诸规则所定义的，因而逻辑上不能独立于诸规则。（另外，通过比较罗尔斯所谓实践规则观所理解的规则与康德意义上的实践规则，我们也可以看到罗尔斯相关说法的误导性。）在《正义论》中罗尔斯接受了帝格斯的批评，放弃了其总结规则观和实践规则观的说法。

在对罗尔斯的规则分类做了令人信服的批评之后，帝格斯

---

① 实际上，罗尔斯自己对总结规则观就持怀疑态度，请看他的如下评论："值得怀疑的是，总结观的确应用于其上的任何东西会被叫作规则。在此争辩说人们似乎是如此看待规则的，这点是人们做哲学时所犯的一种错误。"（Rawls 1955: 23.）

## 人：遵守规则的动物

也提出了自己的规则分类。他首先将规则区分为工具性规则（instrumental rules）和非工具性的游戏规则。所谓工具性规则是指这样的规则，人们之所以采用或服从它们，是为了达到某个目的，或者说是为了完成某个工作，因此它们构成了通向一个目的的手段。帝格斯将工具性规则又区分成两类，一为简单的工具性规则，即实践准则（practical maxims），一为复杂的工具性规则。简单的工具性规则是指诸如"确保要刷漆的表面干透了"或者"直到最后一次霜冻以后才种植番茄"这样的规则。人们通常可以根据自己的意愿决定是否遵守这样的规则。复杂的工具性规则是人们为了让其他人帮助自己完成某项工作而制定的规则。人们不能简单地通过确定，什么样的一般步骤能够最有效地促进相关目标的方式，来学习复杂的工具性规则，而简单的工具性规则恰恰能够以这样的方式学到。不过，无论是就简单的工具性规则来说，还是就复杂的工具性规则而言，它们均有如下显著的特征：遵守它们的行动和相关的行动目标从逻辑上说是独立于它们本身的。

帝格斯所谓的游戏规则大致同于罗尔斯所谓实践规则观所理解的规则。游戏规则定义了游戏，告诉了人们一种游戏的玩法。由于一个游戏内的诸行动（或者诸步骤）均是被设计用来达到诸规则所定义的目标的，因此无论是游戏的目标还是其内的诸行动，从逻辑上说均依赖于这些规则。这点构成了游戏规则与工具性规则之间的最大的不同点。

布莱克（M. Black）在其发表于1958年的"有关'规则'的意义的评注"（Notes on the Meaning of "Rule"）一文中对"规则"一语的意义进行了系统的分析，并且对其所意指的事项做了颇为

## 第3章 一种维特根斯坦式的人性观：人是遵守规则的动物

系统的分类。[①]

首先，布莱克明确地指出，规则通常都是通过一组语词陈述出来的，该组语词构成了该规则的表述（formulation）。规则的表述并不是其指示语（designation），即既不是其名称，也不是其描述语。规则与其表述之间的关系不是外在的、偶然的，从某种意义上说，规则是由其表述构成的：每当你将一条规则的表述告诉一个人时，你便将这条规则告诉他了。尽管如此，我们还是不能将任何一条规则简单地等同于它的任何表述，也不能将其等同于它的诸表述的类。

布莱克认为，规则表述具有如下一般的形式：在某某情形中由某某人做出的某某行动是被要求做的，或被禁止做的，或被允许做的。

布莱克断言，人们通常是在四种不同的意义上使用"规则"一语的，或者说可以区分出四种不意义的规则：条例（regulation）意义上的规则；使用说明或操作指南（instruction, direction）意义上的规则；范则（precept）意义上的规则；原理（principle）意义上的规则。

游戏规则、交通规则、考试规则等等均是条例意义上的规则。这种意义上的规则均拥有历史——在某个时间生效，在某个时间段内继续保持不变，或者被改动了，最后无效了。而且，它们均有制定者，即针对这种规则，人们可以问如下问题：谁制定了这个规则？谁有权利取消这个规则？谁处罚对这个规则的违反行为？最后，针对这种意义上的规则，如下说法均是允许的：公布了，生效

---

[①] 该文1962年以"规则之分析"（The Analysis of Rules）的名称重印于布莱克的论文集《模型与隐喻》（*Models and Metaphors*）之中。

## 人：遵守规则的动物

了,实施了,被违反了,被废除了,被改变了,被撤回了,被恢复了等等。

用法说明或操作指南意义上的规则,主要特征是它们告诉了人们达到某种目的的手段。因此,针对这种意义上的规则,如下问题总是适当的:通过遵守这条规则,我能达到什么目的?它能帮助我完成什么事情?而且,针对它们,如下说法均是允许的:有效或者无效,从经验那里得到了确证还是没有得到任何支持,得到了验证还是没有得到验证,实用的,难以遵守的,等等。这种意义上的规则的另一个重要特征是没有明确的制定者,也没有历史。如下规则均是这种意义上的规则:"直到最后一次霜冻后才种植番茄","在解四次方程时,先去掉三次项"。

范则意义上的规则包括明智规则(比如"要尽快还债")和道德规则。这种意义上的规则显然不同于条例意义上的规则,针对它们生效、实施、废除、恢复等等说法均是不适当的,它们也没有历史。明智规则与用法说明意义上的规则比较接近,因为它们也可以说表达了达到某种目的(比如成功、幸福等)的手段,不过此处涉及的目的,与用法说明意义上的规则所涉及的目的,相比更为一般、更不具体。但是,道德规则则完全不同于用法说明意义的规则,它们并没有表达达到某种目的的手段。如果一个人对用法说明意义上的规则所涉及的目的不感兴趣的话,他便可以无视这样的规则;但是,无论一个人对伦理品格感不感兴趣,他都应该遵守道德规则。

原理意义上的规则是指下面这样的规则:"气旋顺时针旋转,反气旋逆时针旋转","能够被4除尽的年份是闰年"。这种规则与前三种规则均有明显的区别,它们不涉及或没有识别一类人类行

### 第3章 一种维特根斯坦式的人性观：人是遵守规则的动物

动,也没有告诉人们要做什么,不能做什么,或可以做什么。它们表达的是某种齐一性。因此,真或假可以归属给它们,而在其他三种规则的情况下情况则完全不同。这种意义上的规则可以说是"退化"意义上的规则。

如果不考虑游戏规则,那么布莱克和帝格斯所做出的规则分类大致同于康德的规则分类。布莱克所谓条例意义上的规则、用法说明意义上的规则和明智规则同于康德所谓技艺上说的实践规则。帝格斯所谓工具性规则也同于康德的技艺上说的实践规则。

在出版于1969年的《言语行为》(Speech Acts)一书中,塞尔(John Searle)也对规则进行了分类。他认为,有两类不同的规则,即调控性规则(regulative rules)与构成性规则(constitutive rules)。调控性规则调控的是先行存在的活动(或行为形式),这些被调控的活动甚至于从逻辑上说也独立于相关的调控性规则;而构成性规则则创造了——更准确地说,定义或构成了——新的活动,进而也调控着它们,因而相关的活动从逻辑上说依赖于这些规则。比如,许多与礼节有关的规则调控着先行存在的、逻辑上独立于它们的人际关系;而足球和国际象棋之类的游戏的规则则不仅调控着这些游戏的玩法,而且它们似乎创造了玩这些游戏的可能性本身,或者说玩这些游戏的活动,恰好是由遵守相关的游戏规则的活动构成的。由于调控性规则所调控的活动逻辑上独立于这些规则,因此它们的详细说明(specifications)或描述不求助于这些规则即可给出;与此相反,由于构成性规则所制约的活动逻辑上依赖于这些规则,因此它们的详细说明或描述必须求助于这些规则。比如,无论是否存在着要求吃饭时系领带或右手拿叉的礼节,我们都可以对相关的活动做出这样的说明或描述:"他在吃饭时系着领带"、"他右手拿着叉子"。相反,如果不存在有关投票和棒球的构成性规则,那么如下说明或描述是无法给出的:"他把票投给了特朗普"、"他打了一个本垒"。

此外,塞尔认为,调控性规则和构成性规则在其表述形式上也有所不同。调控性规则通常都具有命令的形式,或者至少可以改写成这样的形式:"做某事!""如果情况是如此这般的,那么就这样做!"而构成性规则通常都具有如下形式,或者至少可以自然而然地改写成如下形式:"甲算作(counts as)乙"或"在情形丙中,甲算作乙"(在此乙是相关活动的说明或描述)。

塞尔之所以区分开调控性规则和构成性规则并给予后者以特别的关注,是为了探究语言使用或言语行为的本性。他认为,说一种语言就意味着按照规则实施行为。进一步说来,一个语言的语义结构可以被看成是这样的,诸多作为基础的构成性规则的类的序列的一种约定性实现(a conventional realization of a series of sets of underlying constitutive rules),而言语行为就是通过按照这些构成性规则,说出诸表达式的方式而实施的行为。[1]

显然,塞尔所做出的两种规则的区分应该就是罗尔斯打算做出的那种区分。不过,塞尔的相关表述更为清晰,避免了帝格斯所指出的罗尔斯相关表述中的那些混乱或不适当之处。事实上,在《正义论》中罗尔斯接受了塞尔有关构成性规则的说法。[2]

### 3.2.3 规则与规范

在哲学讨论特别是当代哲学讨论中,规范(norm)和规范性

---

[1] 参见Searle 1969: 33—42。
[2] 参见Rawls 1999: 47—52。

## 第3章 一种维特根斯坦式的人性观：人是遵守规则的动物

（normativity）概念扮演着十分重要的角色。就哲学家们的实际使用来看，规范与规则概念具有十分密切的关系，许多哲学家甚至于根本就不加区分地使用这两个概念。在维特根斯坦所写下的大量相关评论中，很少使用规范概念，而在他使用了这个概念的少数场合，他总是将它视同于规则概念。请看他的如下评论：

> 现在某个人说，在服从"+1"这条规则的基数数列中450跟着449（该规则的技术是以如此这般的方式教给我们的）。好的，这个说法并不是下面这个经验命题：当我们觉得我们将运算+1应用于449之上时，我们便从449得到450。相反，它是这样的规定（die Bestimmung）：只有当结果是450时，我们才应用了这个运算。
>
> 我们好像是将这个经验命题（可以说）硬化成了一条规则（zur Regel verhärtet）。现在我们拥有的不是一个由经验来检验的假设，而是这样一个范型，经验被与之进行比较并且由其来判断。因此，我们拥有的是一种新类型的判断，一种新的语言游戏。[1]
>
> 人们可以针对数学命题说它们是**规范**命题。而这刻画了其用法。[2]
>
> 数学构造了一张规范之网（ein Netz von Normen）。[3]

魏斯曼（F. Waismann）在试图系统地阐述维特根斯坦的相

---

[1] BGM, 324.
[2] MS 123: 49v.
[3] BGM, 431.

## 人：遵守规则的动物

关思想时,也将规范视同于规则。他进而引入了所谓"规范视角"(der normative Aspekt, the normative aspect),即这样的看待一个事项特别是行为的视角：将其看成是在规则或规范的指导下进行的。①

不过,与多数哲学家们的做法不同,赖特不是将规则与规范看作相同的概念,而是将规则仅仅看作规范的一个类别。他认为,存在着三种主要类型的规范：规则、规定（prescriptions）或条例、指示（directives）。

游戏规则和语法规则均是第一种意义上的规范。游戏规则决定了一种行动模式,即决定了什么样的走法是正确的或不正确,或者说是允许的或禁止的。语法规则类似于游戏规则,正确言说的固定的形式对应于游戏的走法,语句的说出或写下对应于玩游戏的活动。逻辑法则和数学法则也应当归于此类。命令、许可和禁止属于第二类规范即规定,它们均是由某个人或某个机构向某个人或某些人颁布的。颁布者为了让人执行相关的规范,他们为违反它们的行为规定好了相应的处罚措施。国家的法律显然属于这类规范。第三类规范即用法说明,也称技术规范,它们预设了行动的目的以及行动与这些目的的关系。

赖特认为,除了这三类主要类型的规范以外,还有三类难以归类的规范,即习俗（customs）、道德原则和理想规则（ideal rules）。它们似乎均是介于其他三个类型之间的"跨界"规范。

习俗一方面类似于规则,因为它们可以说定义了某些行为模式,另一方面它们又类似于规定或条例,因为它们给相关的共同体

---

① 参见Waismann 1965：131-135；1976：196-200。

第 3 章　一种维特根斯坦式的人性观：人是遵守规则的动物

的成员施加了某种"规范压力"，即要按照这些模式做事。至于道德原则，一些哲学家将其看作某种形式的规定或条例（特别是法律），另一些哲学家则将其看作某种形式的技术规范，因为它们似乎也涉及目的（比如幸福），还有的哲学家将其看作自成一类的规范。

前面所讨论的规范均是有关行动的规范：什么样的行动是应当做出的，可以做出的，或者一定不要做出的。所谓理想规则则是有关存在的规范：什么样的事物应当存在，或可以存在，或一定不要存在。比如，当我们说人应当是慷慨的、诚实的、正直的等等时，我们所想到的便是理想规则。理想规则一方面类似于技术规范，因为它们涉及目的，另一方面类似于规则意义的规范，因为它们也决定了一种行动模式。①

显然，赖特所给出的规范分类基本同于布莱克所做出的规则分类。

## 3.3　规则之遵守：一种规范性的辩护关系

### 3.3.1　辩护关系

在遵守规则活动中，所涉及的规则构成了遵守它的行动的理由，因此规则与其遵守之间的关系是一种内在的辩护关系。这种内在的辩护关系甚至可以说构成了一种语法关系，也即，一条规则的意义就在于告诉人们应当以如此这般的方式行动，或者说以如

---

① 以上请参见von Wright 1963：1-16。

## 人：遵守规则的动物

此这般的方式行动构成了其遵守这点构成了其意义。因此，规则本身而非任何其他的东西设立了这样的正确性标准，依照它我们能够判定某个行为是正确的还是错误的。比如，在我们的语言游戏和生活形式中，就作为一条规则的运算"＋1"来说，如果你在449后写下450，那么你便遵守了它；否则，你便没有遵守它。这点并不是一个经验事实，而是构成了这条规则的意义，可以说是我们用以表现和判断相关的经验的范型。请看维特根斯坦的如下评论：

> 你从规则自身所理解到的东西并不多于你能够解释出来的东西。
>
> "我对这条规则具有一个确定的概念。当人们在这种意义上遵守它时，人们只能从这个数获得这个数。"这是一种自发的决断（eine spontane Entscheidung）。
>
> ............
>
> 我们说："首先必须正确地进行计算；然后，便可以就自然事实做出判断了。"①
>
> ……一个判断是"他计算了25×25，这期间他非常专心和认真，得出615"，另一个判断是"他在计算25×25……但是算错了，得出的不是625，而是615"。
>
> 但是，两个判断最终说来不是一样的吗？
>
> 这个算术命题并不是这个经验命题："如果我做**这个**，那么我便得到**这个**"——在那里关于我做**这个**的标准不应当是在此所得出的东西。

---

① BGM, 326.

## 第 3 章　一种维特根斯坦式的人性观：人是遵守规则的动物

难道我们不是可以这样设想吗：在做乘法时，主要的方面取决于如下事实，即以特定的方式集中精神，然后，尽管对于相同的开始并非总是得出相同的结果，但是对于我们所要解决的某些实际问题来说恰恰是结果的这些不同之处是有好处的？

难道最重要的事情不是这样的吗：**在做计算**时重点被放在了计算是否是正确的这点上，而不考虑比如计算者的心理状态？

命题 $25 \times 25 = 625$ 的辩护自然是这样的：被以如此这般的方式训练的人在正常的情况下在做乘法 $25 \times 25$ 时得出 625。但是，这个算术命题说的并不是**这点**。它可以说是一个硬化成规则的经验命题。它规定了：只有在这个是这个乘法的结果时，这条规则才被遵守了。因此，它避开了经验的核实，相反，现在被用作为判断经验的范型。

如果我们要在实践中利用一个计算，那么我们便深信如下之点：这个"得到了正确的计算"，人们得到了**正确的**结果。比如这个乘法的正确的结果只能是**一个**，而且它不依赖于这个计算的**应用**所产生的结果。因此，当我们借助于这个计算来判断事实时，我们所做的事情完全不同于在如下情况下我们所做的事情：我们不将这个计算的结果看作一劳永逸地确定下来的东西。①

当我给你写出一个序列的一段时，你在其中看出了**这种**规律性（Gesetzmäßigkeit）这点可以称为一个经验事实，一

---

① BGM, 324-325.

人：遵守规则的动物

个心理学事实。但是，**如果**你已经从其中看出了这条规律，你接着**如此地**将这个序列继续下去这点不再是任何经验事实。

但是，为什么它不是任何经验事实：因为"在它之中看出**这个**"可**不同**于：如此地将它继续下去！

只有经由如下方式，人们才能够说这点不是任何经验事实：人们**宣布**这个阶段上的这个步骤为符合这个规律的表达式的步骤。

因此，你说："按照**我**在这个序列中所看到的这条规则，它是**这样**继续下去的。"并非是：经验地！而是：这点恰恰是这条规则的意义。①

人们训练一个小孩遵守一条规则：但是，人们也向他这样说吗："如果你在遵守这条规则，那么你**必须**写出这个？"

"如果你写下了另外的东西，那么你便没有理解这条规则或者误解了它。"这个命题是一个经验命题吗？②

### 3.3.2 规范性的辩护关系

有规则的地方便有其是否得到了正确地遵守的问题，进而便有人们应当如何按照其行动的问题。正确与否性和应当与否性即所谓"规范性"（Normativität, normativity）。因此，规则与其遵守之间的关系不仅仅是一种简单的辩护关系（理由与理由所辩护的事项之间的关系），而且是一种规范性的辩护关系。③请看维特根

---

① BGM, 327-328.
② MS 165: 83-84.
③ 因此，不能将规范理由简单地等同于辩护理由，规范理由只是辩护理由之一种，即其中的实践理由。

## 第 3 章　一种维特根斯坦式的人性观：人是遵守规则的动物

斯坦的评论：

> 我说的话归结为：数学是**规范性的**。①
>
> 难道最重要的事情不是这样的吗：在**做计算**时重点被放在了计算是否是正确的这点上，而不考虑比如计算者的心理状态？
>
> 命题 $25 \times 25 = 625$ 的辩护自然是这样的：25 与 25 相乘得出 625。但是，$25 \times 25 = 625$ 并不是这个陈述，而是这个陈述：$25 \times 25$ 应当得出 625。②
>
> "在每一步我肯定绝对地知道我要做什么；这条规则要求我做的事情。"像我所理解的那条规则。我不进行推理（I don't reason）。这条规则的图像清楚地表明这个序列的图像应当如何继续下去。③
>
> "无论你如何教他将这个装饰图案的序列继续下去，——他如何能够**知道**他应当如何独立地将其继续下去？"④

显然，规范性不同于描述性。规范性涉及的是正确与否性，应当与否性，而描述性通常涉及的则是真或假性。有鉴于此，维特根斯坦区别开了规范性的游戏（das normative Spiel）与描述性的游戏（das beschreibende Spiel）。在一则笔记中，他写道：

---

① MS 124: 169.
② MS 164: 64.
③ BGM, 350.
④ PU, §211.

## 人：遵守规则的动物

有人会**想**到要将借助于密码表对一个密码进行翻译这样的活动称作实验吗？

规范性的游戏——与比如描述性的游戏相对。

如果我怀疑这点：n和m相乘是否得到1，那么我**对下面这点**并不怀疑：在我们计算时是否会突然发生混乱，比如一部分人将一个结果而另一部分人则将另一个结果看成正确的。

"实验"是一个仅仅从某个视角看待的行动。**显然**，一个计算行动也可以是一个实验。

比如，我可能要检验一下这个人在这些情形中按照这个任务设置计算出了什么。①

作为一种辩护性，规范性自然不同于因果性。同样，规范性也不同于理想性，因为规范本来就不同于理想。关于这点，请看维特根斯坦的如下评论：

> **这样的说法**如何：这样的人没有进行计算，即他一会儿得到这个结果，一会儿得到那个结果，而且他不能发现一个错误，满足于此，并且说：这点恰恰表明某些还不知道的情形影响了这个结果。
>
> 人们可以这样来表达这点：如果计算向一个人说明了一种因果关联，那么他便没有进行计算。
>
> 我们的小孩不仅练习进行计算，而且也练习对**一种计算**

---

① MS 124: 76—77.

## 第3章　一种维特根斯坦式的人性观：人是遵守规则的动物

> **错误**（对**规范的一种偏离**）采取一种完全确定的态度。
> 我说的话归结为：数学是**规范性的**。但是，"规范"并非与"理想"意指同一种东西。①

在如下意义上，我们可以说"数学（和逻辑）是一门规范科学"：数学语言（初始符号和形成规则）得到了清楚、严格的界定，数学公理、变形规则（包括推理规则、代入规则、定义置换规则等）均得到了清楚、严格的规定，数学就是以这样的语言和规则为基础而进行的精确的演算；数学演算的结果是必然的；数学不是描述性的，更不是解释性的——它的任务不是描述事实并进而对事实进行因果解释。但是，如果你按照如下意义来理解这种说法，那么它显然是不可接受的：精确的数学演算构成了我们的日常语言或日常的语言游戏须努力接近的一种理想。在此，"规范"便被错误地等同于"理想"了。②

从前面我们看到，魏斯曼将规则视同为规范，而且还引入了所谓"规范视角"，即这样的看待一个事项特别是行为的视角：将其看成是在规则或规范的指导下进行的。他进而解释说，从规范视角看待一个事项特别是行为，就意味着将其看成是遵守了或没有遵守相关的规则或规范，进而就意味着将其看成是正确的或错误的，最后就意味着将符合相关的规则或规范的事项看成是人们应当做出的，而将不符合相关的规则或规范的事项看成是不应当做出的。

魏斯曼将从规范的视角对一个现象所做的描述称作"规范描

---

① MS 124: 168-169.
② 进一步参见：MS 113: 13v-14r; TS 213: 68v, 252v, 260, 262; PU, §81.

## 人：遵守规则的动物

述"（normative Beschreibung），而将从自然科学的视角或者说根据因果律或自然律对一个现象所做的描述称作"自然科学描述"（naturwissenschaftliche Beschreibung）。①

在解释维特根斯坦的遵守规则观时，克里普克（S. Kripke）颇为准确地表述了维特根斯坦的规范性理解，认为遵守规则活动中重要的事情不是相关主体的行为倾向，而是根据相关规则他应当做出什么样的行动。克里普克因此区分开了对于规则与遵守其行动之间的关系的规范的说明（normative account）与描述的说明（descriptive account）。这种区分显然对应于维特根斯坦本人做出的规范性的游戏与描述性的游戏的区分以及魏斯曼提到的规范性描述与自然科学描述的区分。克里普克的相关说法集中表达在下述段落中：

> 假定我用"+"确实意指通常的加法。那么，这个假定与"我将如何回应'65+57'这个问题"这样的问题具有什么关系？倾向论者对这种关系做出了一种**描述性的**说明：如果"+"那时意指的是通常的加法，那么我将回答说"125"。但是，这点并非是对于这种关系的适当的说明，适当的说明是**规范性的**，而非描述性的。要点并**不**是这样的：如果我那时用"+"意指通常的加法，那么我**将**回答说"125"，而是这样的：如果我意图符合我过去有关"+"的意指，那么我**应当**回答说"125"。②

---

① 参见 Waismann 1965：131-135, 138-139；1976：196-200, 204-205。
② Kripke 1982：37.

## 第3章 一种维特根斯坦式的人性观：人是遵守规则的动物

贝克（G. P. Baker）和哈克（P. M. S. Hacker）持有相同的规范性理解。他们断言,遵守规则活动预设了如下意义上的规范实践或活动：改正错误、根据一个标准来核查所做的事情是否是正确的、解释所做的事情（如果有人问起的话）、援引这条规则来辩护所做的事情、向其他人教授这条规则并且告诉他们什么算作合乎它的行动等等。①

我们看到,维特根斯坦和克里普克等均是联系着规则及其遵守来理解规范性的。与他们的做法形成鲜明对照的是,众多当代哲学家对规范性概念做了十分泛化的理解和使用。比如,麦克道尔首先将判断或命题的真假性等同于其正确与否性,进而将其等同于可否得到辩护性,最后将其等同于规范性。因此,规范的领域就等于辩护关系或规范关系构成的逻辑空间,即理由的逻辑空间。他写道：

> 为了理解这种想法,即一个心灵状态或片断是以像比如一个信念或者判断指向世界的方式指向世界的,我们需要将这个状态或片断放在一个规范性语境（a normative context）之中。一个大意为事物是如此这般的信念或者判断——一个内容（像我们现在所说的那样）为事物是如此这般的信念或者判断——必定是这样一种姿态或立场,即根据事物是否真的是如此这般的,它是被**正确地**还是被**不正确地**采取的。（如果我们可以将判断或者信念理解为以这样的方式指向世界的,那么其他种类包含内容的姿态或立场的情况就易于变得

---

① 参见Baker and Hacker 1990：176。

## 人：遵守规则的动物

明朗起来。）于是，心灵与世界之间的这种关系在这种意义上是规范性的：旨在做出判断或者固定信念的思维，在其是否得到了正确的实施这点上，要对世界即对事物所处的状态负责。①

塞拉斯主张，知识概念属于一种规范性语境。他写道："在将一个片断或一个状态刻画成**认识**的片断或状态时，我们不是在给出一个有关那个片断或状态的经验描述；我们是在将其置于理由的逻辑空间、辩护和能够辩护人们所说出的东西的逻辑空间之中。"……我在此要说：尽管塞拉斯在此特别地谈到了知识，但是这点仅仅是在强调如下思想的一种应用：对于与世界发生接触这个观念本身来说，一种规范性语境无论如何都是必要的——不管这种接触是否能够带来知识。

如下说法是表达塞拉斯所要说的意思的方式之一：认识论易于陷入一种自然主义的谬误。在我所主张的那种更为一般的版本中，这个思想是这样的：一种自然主义的谬误的危险困扰着有关指向世界之事本身（world-directedness as such）的反思，而不管其是否能够带来知识。如果我们以这样的方式来表达塞拉斯的论点，那么我们便是在将自然的事项等同于"经验描述"的题材——像塞拉斯有时事实上所做的那样；也即，将其等同于这样一种话语模式的题材，我们应当将它与这样的做法对比起来看：将某个事物置于由理由的逻辑空间所构成的规范性框架之中。塞拉斯将下面这样的概念与能够被运用到"经验描述"中的概念分别开来：只有从

---

① McDowell 1996: xi-xii.

## 第3章 一种维特根斯坦式的人性观：人是遵守规则的动物

其如何起到将事物置于理由的逻辑空间的作用这方面来看它们才是可以理解的。比如，知识概念便属于这类概念。如果我们将这个评论解读为一个要人们提防某种自然主义的谬误的警告，那么我们便是将"经验描述"理解成这样的事情了：将事物置于自然的逻辑空间之中（我们创造的这个短语至少从精神上说是塞拉斯式的）。

那么，自然的逻辑空间会是什么东西呢？我认为，如下看法捕捉到了塞拉斯思考的精髓：自然的逻辑空间就是自然科学在其中起作用的逻辑空间——像一个记述得良好的而且就其自身来看令人称赞的近现代思想的发展使得我们能够构想它们那样。我们可以这样说：按照相关的构想，将某种事物置于自然之中——与将其置于理由的逻辑空间之中形成了鲜明的对比——就是使其处于规律的领域。不过，对于塞拉斯的论点来说重要的不是这个或者任何其他的正面的刻画，而是如下负面的断言：无论构成自然的逻辑空间的关系究竟是什么样，它们**在种类上都不同于**那些构成理由的逻辑空间的规范性关系。按照相关的构想，那些构成自然的逻辑空间的关系不包含比如这样的关系：一个事物之根据另一个事物被证明是正当的，或者就一般的情形来说，是正确的。这点就是当塞拉斯坚持如下说法时他所说出的东西："经验描述"不可能意味着将某种事物置于理由的逻辑空间之中。①

与麦克道尔一样，拉兹（J. Raz）也对规范性做了过分泛化的

---

① McDowell 1996: xv.

## 人：遵守规则的动物

理解,将其简单地等同于与理由的相关性:"世界的一些方面是规范性的,因为它们或它们的存在对于人们来说构成了理由,也即构成了这样的根据,它们使得某些信念、情绪、情感、意图或行动成为适当的或不适当的。""一切规范性事项之规范性均在于它们之为理由的方式,或者它们之提供理由的方式,或者在于它们以其他的方式关联到理由的方式。"[①]

考斯加德(C. Korsgaard)也持有这样的过分泛化的规范性理解。在其著作《规范性的来源》(*The Sources of Normativity*)中,她写道:

> 但是,人类的心灵在如下意义上**是**拥有自我意识的,即它本质上是反思性的。……一个低等动物的注意力固定在世界之上。其知觉就是其信念并且其欲求就是其意志。虽然它从事着有意识的活动,但是它并没有意识**到**它们。也即,它们并不是它的注意的对象。但是,我们人类动物则将我们的注意力转向了我们的知觉和欲求本身,将其转向了我们自己的心理活动,我们意识**到**了它们。这点就是我们能够**对**它们进行思考的原因。
> 
> 这点向我们设置了一个问题,而任何其他动物都不会面对这样的问题。这个问题就是有关规范事项的问题。因为,我们将我们的注意力转向我们自己的心理活动的能力也是一种将我们自己与它们拉开距离的能力,并且是一种质疑它们的能力。我知觉到了什么,并且发现自己拥有一种相信什么

---

① Raz 1999: 354.

## 第3章 一种维特根斯坦式的人性观：人是遵守规则的动物

的强烈的冲动。不过,我后退了,将这种冲动置于视野之中,于是我拥有了一定的距离。现在,这种冲动没有支配我,同时我面对着一个问题。我要相信我知觉到的东西吗？这种知觉真的构成了相信的一个**理由**吗？我有所欲求并且发现我自己拥有一种行动起来的强烈的冲动。不过,我后退了,将这种冲动置于视野之中,于是我拥有了一定的距离。现在,这种冲动没有支配我,同时我面对着一个问题。我要行动起来吗？这个欲求真的是行动的一个**理由**吗？反思的心灵不能满足于知觉和欲求,不能满足于仅仅知觉和欲求本身。它需要一个**理由**。否则,至少在其进行反思时,它不能表示意见或有所前进。

如果这个问题源自反思,那么解决办法也必定源自反思。如果这个问题是我们的知觉和欲求或许经受不住反思的审查,那么解决办法就是它们或许经受得住这样的审查。我们之所以需要理由,是因为我们的冲动必须能经受住反思的审查。如果我们的冲动经受住了这样的审查,那么我们便有了理由。"理由"这个规范性词项指称一种反思的成功（reflective success）。如果"善"和"正确"也被看作内在地规范性的词项,即被看作表示自动地为我们提供理由的事物的名称,那么它们也必定指称反思的成功。事实上,它们的确指称反思的成功。请想一下当我们将它们用作感叹语时它们所意指的东西。"善哉！""正确！"在此它们的意义是这样的：我满意了,我很幸福,我承诺了,你说服了我,出发吧。它们意指的是这点：反思的工作已经完成。[①]

---

[①] Korsgaard 1996: 92—94.

对麦克道尔等人对于规范性所做的过分泛化的理解,我们可以做出如下批评:其一,真假性不等于正确与否性;其二,规范性不等于真假性;其三,规范性也不等于辩护性,规范关系不等于辩护关系,规范关系的空间不等于理由的空间。事实上,规范关系或规范性只涉及一种特殊的理由关系或辩护关系,即遵守规则活动中涉及的辩护关系。最后,麦克道尔还将概念的领域等同于理由的空间,进而将规范的领域等同于概念的领域。显然,这种等同处理也是不适当的。

### 3.3.3 遵守规则活动中的规范性与因果性

遵守规则活动除了包含有构成了其本质的辩护关系,此外还包含有一些非常重要的因果关系:首先是一条规则(的表达)的知觉(看到或听到)与它所引起的那个特定的行动之间的因果关系;其次是一个人为了能够遵守一条规则所接受的特定的教学和训练与后者所导致的他的相关行动之间的因果关系;再其次是相关的习惯形成过程中所涉及的因果关系;最后还有作为前三种因果关系之基础的相关的神经生理过程。

我们不妨通过一个例子来更好地理解这个复杂的遵守规则过程。假定当一个火车司机看到红灯时将火车停下来。作为对"你为何停下来了"这个问题的回答,他可以说:"因为那里有一个信号'停车'。"在此,司机为我们提供的是他行动的理由。他行动的原因可以是这样的:长期以来他习惯于在特定的场合下以如此这般的方式对红色信号做出反应;或者在他的神经系统之中固定的联结通路以这样的方式建立起来了,以至于这个行动反射式地跟随着这个刺激发生了。这个司机以前所接受的相关训练当然也

## 第3章 一种维特根斯坦式的人性观:人是遵守规则的动物

可能是相关的原因之一种。显然,他不必知道所有这些原因。与之形成鲜明对照的是,他必定知道他的行动的理由。这个理由就是他提供给我们的那条规则。而且,在他还没有按照这条规则行动之前,他也可以将它作为相关行动的理由而提供给我们。[1]

根据维特根斯坦的原因和理由(根据)的区分学说,寻找一个遵守规则的行动之原因的活动,因果解释活动,是没有终点的,可以无限地进行下去——如果我们愿意的话;相反,寻找其理由的活动,做辩护的活动,必定是有终点的,不可能无限地进行下去。而且,在通常的情况下,或者说在特定的生活形式之中,人们根本不会追问一个人之所以如此这般地按照一条规则行动的理由,要求他为其提供辩护。因为在这样的情况下,在他有什么理由以如此这般的方式遵守它这个问题上,人们不会有任何疑问,而这点则又是因为以如此这般的方式行动之为遵守这条规则这点就构成了这条规则的意义。这时,如果还是有人向他提出这样的问题,那么他只能回答说:"你误解了理由的本性,混淆了理由和原因;实际上,在我所处的习惯、习俗、制度下,或者在我所处的生活形式之中,人们就是这样做的!我的行动是没有任何理由的!"在这种意义上,他也可以回答说:"我是**盲目地**遵守规则的!"(Ich folge der Regel *blind*!)[2]请进一步参见维特根斯坦的如下评论:

> 如果现在人们问我:"你为什么听到这个命令后选择**这种**颜色;你如何为这种选择提供辩护?"——那么,在一种情

---

[1] 参见BB,12-15;VoW,93,105-113,217-225;PU,§198。进一步参见:Waismann 1965:111-128;1976:166-191。

[2] PU,§219.

## 人：遵守规则的动物

形中我可以回答说:"因为**这种**颜色在我的表格中正对着'红色'这个词。"在另一种情形中对于这个问题没有任何答案,这个问题没有任何意义。不过,在第一种游戏中**这样的**问题没有任何意义:"你为什么称那个表格中正对着'**红色**'这个词的那种颜色为'红色'。"一个**理由**只有**在**一个游戏**内部**才能够给出。理由的链条走到了尽头,也就是说,走到了这个游戏的边界。(理由和原因。)[①]

在此和在一千个类似的情形中我们倾向于犯下的那个错误由我们在下面这个句子中所使用的"使得"(to make)这个词标记出来了:"决不是洞见、直觉行为使得我们像我们所做的那样来使用这条规则〔指'加上1'〕的",因为人们有这样的想法:"某种东西必定使得我们"做我们所做的事情。而这点又与原因和理由的混淆联在一起。**为了像我们那样遵守规则我们根本不需要任何理由**。理由的链条是有尽头的(The chain of reasons has an end)。[②]

我如何能够遵守一条规则?这个问题可以是一个有关原因的问题,一个有关我之所以以这样的方式遵守这条规则的原因的问题,一个有关训练的问题,或者是一个有关我可以为如此地按照这条规则行动这件事所提供的理由的问题。[③]

"无论你如何教他将这个装饰图案的序列继续下去,——他如何能够**知道**他应当如何独立地将其继续下去?"——那么,**我**如何知道这点?——如果这意味着"我有根据吗?",

---

① PG,96-97.
② BB,143.
③ MS 165:90.

### 第3章 一种维特根斯坦式的人性观：人是遵守规则的动物

那么回答是：根据在我这里将很快用尽。那时，我将没有根据地行动。①

"我如何能够遵守一条规则？"——如果这不是一个有关原因的问题，那么便是一个有关如下事情的辩护的问题：我**如此地**按照这条规则行动。

如果我耗尽了根据，那么现在我便达到了坚硬的岩石，我的铲子变弯了。我这时便倾向于说："我恰恰是这样行动的。"②

在此困难是不挖掘到基础，而是将我们面前的那个基础认作基础。③

遵守规则活动虽然包含或涉及因果关联，但是，它本质上不是一种因果机制，而是一种基于内在的规范性的辩护关系建立起来的技术、习惯或习俗、实践、制度。这些概念之间的关联是这样的：有了特定的规则，便会有如何遵守它们的技术，进而便会有保证其遵守的制度；遵守规则的活动是一种一再地进行的有规则的活动，是一种实践；因此，它们必定构成了其所属的语言游戏和生活形式中的重要的习惯和习俗。请看维特根斯坦的如下评论："一个游戏，一个语言，一条规则，是一个制度。"④ "遵守一条规则，做一个报告，下达一个命令，玩一局棋，是习惯（习俗，制度）。"⑤ "人们如何使用一条——或者这条——命令？我所做的事情如何与这些语词结合在一起？（但是，我意指的并不是因果地结合在一起。）

---

① PU,§211.
② PU,§217.
③ BGM,333.
④ MS 164:95.
⑤ PU,§199.

## 人：遵守规则的动物

好了，当然只能是经由一种普遍的实践（eine allgemeine Praxis）。什么时候我们说：这个是那条命令，而这个行动则是那条命令的服从？或者：'现在他在按照那条命令行动'？这些断言当然只有在某一种实践之内才具有意义。"①

与维特根斯坦的观点相反，一些哲学家常常将一条规则与其遵守之间的关系看成一种外在的关系，甚至于将其看成一种经验的、因果的关系，进而将遵守规则活动看成一种单纯的因果机制，有如一部机器的不同的部件之间的联动机制一样。但是，如果遵守规则活动就是这样一种因果机制的话，那么我们便根本没有办法区分开貌似遵守规则的活动与真正的遵守规则的活动，因为毕竟同样一个相关的行动可以是由完全不同的原因所引起的。比如，在特定的场合之下一个人完全可能因为吃了某种特制的药丸而做出一个符合某条相关的道德法则的行动，但是此时他的行动当然不是遵守该法则的行动。②

如果我们将一条规则与其遵守之间的关系看成一种外在的关系，那么我们就会认为，在遵守规则问题上，我们总是不得不面临着这样的悖论：一方面一条规则应当能够决定一种特定的行动方式，既决定了什么样的行动是其遵守，什么样的行动是其违反，否则它就不成其为规则了；另一方面，它似乎又不能决定任何行动方式（我们该如何做，该做什么），因为每一种行动方式（做法）均可以被弄成这样：符合于这条规则。维特根斯坦认为这样的悖

---

① MS 165：79-80. 进一步参见PU, §§7,21,54,125,197,202,262,337,380,540,557,584,692。

② 参见MS 109：77,89-90；MS 110：94；TS 213：40r,41r；LPP 22；PU, §§232-237。

### 第3章 一种维特根斯坦式的人性观：人是遵守规则的动物

论是假的，因为在特定的语言游戏和生活形式中，一条规则已经规定（注意：并非是通常意义上的"[因果地]决定"）好了何种行为方式与其相符合，或者说我们该如何做，该做什么（只要其表达是没有歧义的）。假定情况相反，那么我们同样可以说，每一种行为方式都可以被解释成与该规则相悖。这样，也就无所谓符合或相悖的问题了。进而，也就无所谓遵守规则问题了。

认为这里存在着悖论的人显然坚持着这样的观点：对于任意一条规则而言，总是存在着多种不同的释义或解释；正是借助于它们，每一种相关的行动都可以被看成是与这条规则相符合的。如果不考虑一条规则所处的语言游戏和生活形式，不考虑作为其基础的技术、习惯、制度和实践，那么我们的确可以以多种方式来释义或解释它。但是，在特定的语言游戏和生活形式之中，相对于特定的技术、习惯、制度和实践，根本不存在对于一条规则的多种释义或解释的可能性。

当然，如果这里的"释义"指的是用另一个表达式替换现有的规则表达式的符号替换过程，那么我们的确可以说即使在特定的语言游戏和生活形式中对于任意一条规则都存在着许多不同的释义。另外，在如下意义上，我们也可以这样说：每一次按照一条规则而进行的行动（即每一次遵守规则的行动）都是对该规则所做的一次释义。但是，这两种意义上的释义均不具有这样的功效：借助于它们，我们可以将每一种相关的行动都看成是与一条特定的规则相符合的行动。请参见维特根斯坦的如下评论：

> 如果我所做的一切都是一种遵守，那么我应该如何遵守那个路标？

## 人：遵守规则的动物

但是，(即使)一切均可以被**释义**成一种遵守，这点可是并非意味着：一切均是一种遵守。

不过，一个教师究竟如何向一个学生释义那条规则？(因为他肯定应当给予它一个确定的释义。)——好的，如果不是经由语词和训练，还能经由什么方式？

如果这个学生以如此这般的方式对这条规则做出反应，那么他便占有了它(**如此地**释义了它)。

但是，**这点**是重要的，即：向我们确保了这种理解的这种反应假定了作为环境的特定的周围的情况，特定的生活形式和语言形式。(正如没有面部便没有面部表情一样。)①

"但是，一条规则如何能够教导我在**这个**位置我必须做什么？无论我做了什么，经由某一种释义，它可是都可以与这条规则一致起来。"——不，人们不应当这样说，而是应当说：每一种释义均与被释义的东西一起悬于空中；它不能用作后者的支撑物。孤立地看，诸释义并没有决定意义。

"因此，无论我做了什么，它们与规则都可以一致起来吗？"——让我这样来问一下：一条规则的表达——比如说那个路标——与我的行动具有什么样的关系？在此存在着一种什么样的结合？——好的，或许是这样的结合：我被训练着对这个符号做出一种特定的反应，而且现在我这样进行反应。

但是，借此你仅仅是给出了一种因果的关联，仅仅解释了，事情如何到达了这样的地步：我们现在按照这个路标行走；而并没有解释这种遵从-这个-符号的活动(dieses Dem-

---

① BGM, 414.

### 第3章 一种维特根斯坦式的人性观：人是遵守规则的动物

Zeichen-Folgen）真正说来在于什么。不是；我也还暗示了：一个人只有在这样的范围内才按照一个路标行走，即存在着一种惯常的用法（einen ständigen Gebrauch），一种习惯。①

我们的悖论是这样的：一条规则不能决定任何一种行动方式，因为我们可以使每一种行动方式均与这条规则协调一致。回答是：如果可以使每一种行动方式均与这条规则协调一致，那么也可以使二者互相矛盾。因此，在此既不存在一致也不存在矛盾。

在此存在着误解这点已经显示在如下事实之中：在这样的思路中，我们将一个释义放在另一个释义之后；好像每一种释义都至少让我们平静了一小会儿，直到我们想到这样的另一种释义，它又处于这种释义之后。因为借此我们便表明了，存在着这样一种对于规则的把握（Auffassung），它**不**是一种**释义**；相反，在一个又一个的应用情形中，它表露在我们称为"遵守这条规则"的事情中和我们称为"违反它而行动"的事情中。

因此，存在着一种给出这样一种说法的倾向：每一次遵守规则的行动都是一种释义。但是，人们只应当将这样的东西称为"释义"：用规则的一种表达来代替其另一种表达。②

## 3.4 遵守规则与齐一性、规则性、一致性

作为一种实践，遵守规则活动是建立在规则的知觉所引起的

---

① PU，§198.
② PU，§201.

## 人：遵守规则的动物

诸行动的齐一性（Gleichförmigkeit）基础之上的,也即是建立在这样的知觉与诸相关的行动之间的规则性联系基础之上的,最终说来是建立在相关的规则的多次的应用基础之上的。实际上,"要在不定数目的实例中被重复地应用"这点恰恰构成了规则概念的定义性特征。既然如此,遵守特定规则的活动就决不可能是一次性的过程,更不可能是仅仅一个人在其一生中仅仅做一次的事情。这也就是说,就任何一条特定的规则来说,只有在它（或某条相关的其他规则）不止一次地被人遵守了的情况下,它才能被遵守（即谈论其遵守才是有意义的）。麦吉（Colin McGinn）将这样的断言称作"多重应用论题"（the multiple application thesis）。① 请看维特根斯坦的如下评论：

> 大致说来,要在不限定数目的实例中被重复地应用这点刻画了我们叫作规则的东西的独特特征。②
> 
> 人们也可以这样问："在**没有**重复的情况下规则性（Regelmäßigkeit）可能吗？"③
> 
> "规则"这个词的运用与"相同的"这个词的运用交织在一起。④
> 
> 我们称为"遵守一条规则"的东西是仅仅**一个**人在一生中仅仅做**一次**的事情吗？——这点自然是一个有关"遵守规则"这个表达式的**语法**的评论。

---

① 参见McGinn 1984: 37,125,133。
② BB,96.
③ MS 164: 94.
④ PU,§225.

### 第3章　一种维特根斯坦式的人性观：人是遵守规则的动物

一条规则不可能被仅仅一个人遵守了仅仅一次。仅仅一个报告不可能被做出了仅仅一次，仅仅一个命令不可能被下达了仅仅一次，或者仅仅一个命令不可能被理解了仅仅一次，等等。①

当然，单纯的齐一性或规则性对于遵守规则活动来说还是远远不够的。遵守规则活动进一步是建立在人们之间的一致（Übereinstimmung）基础之上的，或者更为准确地说，它将这样的一致作为框架条件或者说"独特的环境"（die charakeristische Umgebung）加以预设了。维特根斯坦写道：

> 一条规则如何决定我不得不做的事情？
> 遵守一条规则假定了一致。②
> 如下事实是极为重要的：在人们之间几乎从来没有就如下问题发生过争论，即这个对象的颜色是否同于那个对象的颜色，这根棍子的长度是否同于那根棍子的长度等等。这种和平的一致是"相同的"这个词的使用的独特的环境。
> 针对按照一条规则行事这样的事情人们也必须说类似的话。③

维特根斯坦提醒我们注意，此处涉及的一致性所意指的并非

---

① PU, §199.
② MS 165: 30.
③ BGM, 323.

## 人：遵守规则的动物

是（有关何为真何为假方面的）意见上的一致，而是（有关语词的意义的）定义上的一致或者语言上的一致，最终说来是生活形式也即行动上的一致。事实上，这种行动上的一致，正如以其为基础的遵守规则活动一样，对于我们的本性来说是构成性的。维特根斯坦写道："在如下事情上没有爆发任何争论（比如在数学家们之间）：人们是否是按照一条规则行事的。在这样的事情上人们比如不会动手打起来。这点属于这样的脚手架，我们的语言正是以此为起点而进行工作的（比如给出一个描述）。""'因此，你说，人们的一致决定了什么是正确的和什么是错误的？'——人们所**说出**的东西是正确的和错误的；而在**语言**中人们是一致的。这绝非意见上的一致，而是生活形式上的一致。"[①]

在此需要特别注意的是，按照维特根斯坦的理解，一致性只是构成了遵守规则活动的框架条件或者说环境，因此它并没有也不能提供相关的规则是否得到了遵守的正确性的标准，也即，它并没有决定什么样的行动是遵守了相关的规则的正确的行动。遗憾的是，克里普克恰恰混淆了遵守规则活动中的框架条件和正确性标准，即将一致性看成遵守规则的标准。根据他的解释，维特根斯坦的观点是这样的：面对着一条规则，孤立地看，每个人最终说来都是按照他自己的自然的倾向盲目地采取行动的：他之采取某种行动没有任何进一步的理由。[②]只有另一个人加入进来以后，这个人在听到或看到这条规则之后采取了某种行动一事才有了辩护的可能性：如果他的行动与另一个人在类似的情况下通常会做出的行动保持一致，那么他的行动就是正确的，就是有理由的。克里普克

---

① PU, §§240, 241.
② 参见 Kripke 1982: 87—88。

## 第3章 一种维特根斯坦式的人性观：人是遵守规则的动物

写道：

如果我们到目前为止的思考是正确的,那么答案是这样的:如果孤立地考虑一个人,那么有关这样一条规则的概念将**不**可能具有**任何**实质内容,即它引导着采用了它的那个人。我们看到,不存在任何这样的真值条件或事实,经由它们事情可以是这样的:他是否符合他的过去的意图。只要我们认为他是在"私人地"遵守一条规则,以至于我们仅仅注意到**他的**辩护条件(justification conditions),那么我们能够说出的一切就是:他被许可按照这条规则给予他的那个印象来遵守它。这点也就是维特根斯坦之所以说出下面的话的原因:"**相信**自己在遵守规则并不是:遵守规则。因此,人们不可能'私人地'遵守规则,因为否则,相信遵守规则便同于遵守规则了。"(§202)

如果我们将我们的凝视的目光从仅仅考虑这个规则遵守者这里拓展开来,允许我们将他看成是在与一个更广大的共同体进行互动,那么情形就变得非常不同了。其他人这时就拥有了有关将正确的或不正确的规则之遵守归属给这个主体的辩护条件,而这些条件将**并非**简单地就是这点:这个主体自己的权威要被无条件地接受。①

……如果某个这样的人——我判定他一直在计算一个通常的加法函数(也即,这样的某个人,我判定他在做加法时会给出像我会给出的同样的答案)——突然按照古怪地不同于

---

① Kripke 1982:89.

## 人：遵守规则的动物

我的步骤的步骤给出答案,那么我将判定,必定有某种事情发生在他身上了,他不再遵守他此前所遵守的那条规则了。如果这样的事情常规地发生在他的身上,而且他的反应在我看来展示了几乎不能分辨出来的型式,那么我将判定,他很有可能疯了。

由此我们可以辨别出诸如"琼斯用'plus'意指加法"这样的句子的大致的可断定性条件(assertability conditions)。无论什么时候,当琼斯拥有了这样的自信感受时:"现在我能够继续下去了!"——即他能够在新的情形中给出"正确的"反应,**他**便有资格暂时地说"我用'plus'意指加法"——有待他人的更正;而且,**他**之所以有资格——又是暂时地且有待他人的更正地——判定一个新的反应是"正确的",这只是因为它是他倾向于做出的反应。这些倾向(不仅琼斯有关他已经"得到它了"的一般的倾向,而且还有他在特定的加法问题中给出特定的答案的特定的倾向)应当被看作原始的。它们不能经由琼斯释义他自己的意图的能力或其他任何东西来加以辩护。不过,史密斯**不**必接受琼斯在这些事情上的权威:只有在史密斯判定琼斯为特定的加法问题所作的答案与**他**倾向于给出的那些答案一致的情况下,**他**才会判定琼斯用"plus"意指加法,或者,如果他们偶尔不一致,那么他可以将琼斯释作在至少遵循适当的步骤。……如果琼斯始终未能给出与史密斯的反应一致的(在这种宽泛的意义上)反应,那么史密斯将判定,他没有用"plus"意指加法。即使琼斯过去确实意指了它,当前的偏离也足以让史密斯有根据地判定

## 第3章 一种维特根斯坦式的人性观：人是遵守规则的动物

他出错了。[①]

从前文的分析不难看出，克里普克的这种解释完全是错误的。当维特根斯坦说我们是盲目地遵守规则的时候，他的意思是：在特定的生活形式和语言游戏中，最终说来，其中的任何一个人都是没有理由地或者说未加辩护地遵守相关的规则的。在此，与其他人的一致并非构成了一个人遵守规则的行动的最终辩护。毋宁说，这种一致性构成了遵守规则现象的最终基础：只有在这样的一致性的基础之上，才会有所谓遵守规则现象。请进一步参见如下段落：

> 你说"**这个**是红色的"，但是，如何决定你是否是对的？难道不是人们之间的一致决定了这点吗？——但是，在我的颜色判断中我竟然依据了这种一致性了吗？事情竟然是**这样**进行的吗：我让一些人看一个对象；在此过程中他们中的每个人都想到了某一组语词（所谓颜色语词）；如果这些察看者中的多数人都想到了比如"红色"这个词（我自己不必是这些多数人之一），那么这个对象便应当得到"红色"这个谓词？这样一种技术肯定可以获得其重要性。
>
> **颜色语词**是**这样**被教给人的：比如"这是红色的"。自然只有在存在着某种一致性的时候我们的语言游戏才得以完成，但是一致性概念并不进入语言游戏之中。
>
> 人们的一致**决定了**什么是红色的吗？这点是经由求

---

① Kripke 1982: 90-91.

## 人：遵守规则的动物

助于多数人来决定的吗？我们是被教育着**这样**来确定颜色的吗？①

上引段落清楚地表明：维特根斯坦认为，与他人对于特定的规则所做出的行为反应的一致性并不构成一个人相应的行为反应的理由。也即，这种一致性并不构成对于这个人以如此这般的方式遵守这条规则这件事的真正辩护。

在此，有必要澄清一下规则、规则性、一致性与规范性的关系。首先，能谈论正确与否或应当与否的地方就有规范性。但是，只有在最终预设了人们之间的一致性的地方才能谈论正确与否或应当与否。因此，规范性预设了一致性。其次，规则性不一定涉及规则，而可以是单纯的因果的规则性（causal regularity）。涉及规则的规则性进而预设了一致性的规则性就是规范性。因此，规范性可以说就是规范的规则性（normative regularity）。

由于涉及规则的规则性不同于单纯的规则性，因此受规则支配的行为（rule-governed behavior）不同于单纯规则性的行为（merely regular behavior）：前者预设了一致性，是一种规范性事项；后者独立于一致性，是单纯因果性事项。②

很少有哲学家质疑规则性或者说规则的多次应用对于遵守规则活动的必要性。但是，麦吉却做出了这样的质疑。他认为，遵守规则完全可以是一次性的过程或事件，甚至于规则及其理解完全可以与规则的实际遵守或应用分离开来考虑。③在我看来，麦吉的

---

① Z, §§429-431.

② 参见Searle 1969: 41-42。

③ 参见McGinn 1984: 125-138。

## 第3章 一种维特根斯坦式的人性观：人是遵守规则的动物

这种极端观点完全是不可接受的。

按照麦吉的解读，维特根斯坦只是错误地将规则性或规则的多次应用看成遵守规则活动的必要条件了，而并没有像克里普克等解释者所认为的那样，将一致性也看成遵守规则活动的必要条件。而且，麦吉自己认为，一致性对于遵守规则活动来说完全是不必要的。① 基于前文的讨论，我们对麦吉的观点提出如下几点评论：其一，在很多评论中维特根斯坦明确地断言，遵守规则活动预设了人们之间的（现实的）一致性；其二，克里普克正确地指出并强调了一致性在维特根斯坦遵守规则讨论中的重要性，他只是错误地理解了一致性在维特根斯坦遵守规则讨论中所扮演的真正角色；其三，即使不考虑维特根斯坦本人有关一致性与遵守规则活动之间的关系所持的观点，我们无论如何也不能否认一致性对于遵守规则活动的必要性。

贝克和哈克声称，按照维特根斯坦的理解，一般而言，遵守规则并没有预设一致性的现实性，而仅仅预设了一致性的（逻辑）可能性。只是针对共享的规则或公共的规则来说，其遵守才预设了现实的一致性。②

我不赞成贝克和哈克等人的观点，而且我认为维特根斯坦也不会接受他们对他的相关观点的解读。我认为，一致性的单纯可能性对于遵守规则本身来说是远远不够的。毫无疑问，在一个特定的情形中，一个正常的人类成员所做的事情之为遵守某条规则的行动，这点仅仅预设了我们与其达成一致的可能性。不过，遵守

---

① 参见McGinn 1984：80-92,190-200。

② 参见Baker and Hacker 1990：171,176-177；Baker and Hacker 2009：223-224；Hacker 2019b：14。

规则本身,从概念上说,或者说最终说来,的确预设了一致性的现实性：如果人们之间从来未曾达成过任何一致,那么就不会有遵守规则之事。事实上,在这样的情况下根本不可能有人的存在了。我认为,维特根斯坦也应当坚持这种观点。

## 3.5 遵守规则之社会性及人之社会性

人们之间生活形式上的一致是共同体的一致,概念上说预设了共同体或社会的存在。因此,遵守规则之事本质上说来是共同体之事或社会之事。在此,我们并非是要否认如下可能性甚或事实：有一个像鲁滨逊一样的人,他曾经一度生活在一个（遵守规则的）共同体之中,有一天遇到了海难,但幸运地登上了一座无人的孤岛,此后不得不独自生活在其上。经过一些时日的磨难,他发明了一些全新的规则并屡次地遵守它们。不过,我们的断言与如下说法的确是不相容的：可能存在着这样一个像鲁滨逊一样的人,他从来未曾生活在一个（遵守规则的）共同体之中,然而有一天却独自"发明了"一些规则并且在其日常的活动中不断地"遵守"它们。这也就是说,一个终生独居者不可能——逻辑上说——发明和遵守任何规则。

一个正常的、成熟的人类成员之所以能够遵守一条规则是因为他出生在一个特定的人类共同体之中并且生活于其内,而且在其正常的成熟过程中他接受到了该共同体给予他的不断的教化,特别是有关基本的概念框架（即理性结构）或遵守规则方面的教化。与此形成对照的是,一个所谓的终生独居者——假定他的存在不仅从逻辑上说而且从物理上说是可能的——根本不是真正意

## 第3章 一种维特根斯坦式的人性观：人是遵守规则的动物

义上的人，因为他不可能拥有任何理性结构，并非生活在概念空间之中，而仅仅作为无穷无尽的因果链条中的一个环节而生活在因果关系的空间之中。因此，他所做的任何事情都仅仅是因果过程中的一个事件，而非规范性事项。于是，追问他的所作所为是正确的还是错误的、是得到了辩护还是没有得到辩护根本就没有任何意义。最后，追问我们正常的人类成员在遵守规则之事上是否能够与其达成一致也就根本没有任何意义了。

因此，正如亚里士多德和康德以及众多其他思想家所言，本质上说来，人是社会动物。

贝克和哈克既然坚称遵守规则一般而言根本就没有预设现实的一致性，而仅仅预设了达成一致的逻辑可能性，他们自然就会认为，本质上说来或最终说来，遵守规则活动不是共同体之事或社会之事，一个终生独居者也是能够遵守规则的。因为，从逻辑上说（或者从概念上说），一个终生独居者毕竟也能够与我们在他所做的事情是否是遵守某条规则的活动这点上达成一致。①

按照贝克和哈克的理解，遵守规则活动事实上预设的东西除了与人达成一致的逻辑可能性以外，还有如下更为重要的事项：被知觉为一种齐一性并且被构想成一种规范的规则性。他们认为，这里所涉及的规范性并没有预设现实的一致性，进而也没有预设任何共同体的现实存在，而完全可以为纯粹个体性的事项所拥有，甚至于一个终生独居者也可以进行真正意义上的规范性的活动。他们写道：

---

① 参见Baker and Hacker 1984: 20-21n.; 1990: 172-176; 2009: 149-150, 160-168; 2019a: 12。

## 人：遵守规则的动物

我们曾经争辩说……遵守规则一般说来预设了某种规则性。我们进一步认为规则性是不够的——遵守规则显现在这样一种规则性之中，它预设了**对某种齐一性的识别**（*recognition of a uniformity*）①……这点也是不够的，因为在此所需要的东西是一系列周边的规范实践或活动，比如如下规范实践或活动：改正错误、根据一个标准来核查所做的事情是否是正确的、解释所做的事情（**如果有人问起的话**）、援引这条规则来辩护所做的事情、向其他人教授这条规则并且告诉他们什么算作合乎它的行动等等。②

〔维特根斯坦〕关注的焦点毫无疑问不是放在对于施动者的复多性的要求之上，而是放在对于这样一种规则性的要求之上的，即它被知觉为一种齐一性并且被构想成一种规范。这点不应该让人惊奇，因为他坚持着这样的观点：存在于一条规则与符合于它的东西之间的那种内在关系是在相关的施动者的实践之内被铸造出来的。③

---

① 关于他们所谓的齐一性的识别，贝克和哈克写道："就这样的规则性来说，即它例示了遵守某条规则这样的事情，至关重要的事情是这点：相关的施动者不仅以一种有规则的方式行动（一只蜜蜂或小鸟做到了**这点**），而且将某种样式（pattern）看作一种规则性并且意图他的行动符合于这个样式。一只蜜蜂的行为是某种规则性或齐一性的自然而然的表达，但是遵守一条规则则显现在这样一种规则性之中，它预设了**对某种齐一性的识别**……事情或许是这样的，即每当某个人看到符号⌘时他便想到一个数字，接着他写下它；而当他看到这个符号和这个数字时，他又想到另一个数字，接着他又写下它。因此，每当人们看到⌘时，他们便自然而然地给出序列123123123……但是，符号⌘并不是一条规则的表达式，而这个行为也不是遵守一条规则的实例，而仅仅是某种齐一性的一种自然而然的表达……"（Baker and Hacker 2009：143-144。）

② Baker and Hacker 1990：176。

③ Baker and Hacker 2009：167。

## 第3章 一种维特根斯坦式的人性观：人是遵守规则的动物

但是，在没有一致性进而没有共同体的存在的情况下，规范性还可能存在吗？也即，在没有共同体的任何现实的一致性的情况下，我们还能谈论正确与否或应当与否吗？依照贝克和哈克的相关表述，我们不禁要提出这样的质疑：一个终生独居者能够将某个样式看作一种规则性并且意图其行动符合于该样式吗？他能够从事诸如改正错误、根据一个标准来核查所做的事情是否是正确的、向人解释所做的事情、援引这条规则来辩护所做的事情、向其他人教授这条规则并且告诉他们什么算作合乎它的行动这样的复杂至极的规范实践或活动吗？我认为，对这些问题的回答显然只能是否定性的。一个终生独居者不可能做出如此复杂的活动，其行为最多只能例示因果的规则性，而非规范的规则性。

贝克和哈克将遵守规则活动的非社会性的观点归属给维特根斯坦，并坚信他们的解释是有着充分的文本根据的。我不认为这样的归属是正确的。正如马尔考姆（Norman Malcolm）所指出的那样，他们所提到的所有相关文本均可以做出不同的解读。[①]

不仅贝克和哈克认为支持他们的解读的维特根斯坦的相关评论事实上并没有为他们的解读提供文本根据，而且我们还能够找到一些恰恰支持相反的解释的文本。请看维特根斯坦的如下评论："如果有一天授课不再产生一致了，情况如何？在没有计算者之间的一致的情况下可能有算术吗？仅仅一个人（ein Mensch allein）能够进行计算吗？仅仅一个人（einer allein）能够遵守一条规则吗？这些问题类似于比如如下问题吗：'仅仅一个人能够做生意吗？'……两个人之间能够彼此做生意吗？"[②]在

---

① 参见Malcolm 1989。
② BGM,349-350.

## 人：遵守规则的动物

此维特根斯坦自己没有回答他所提出的饶有兴趣的问题："这些问题类似于比如如下问题吗：'仅仅一个人能够做生意吗？'"贝克和哈克认定维特根斯坦的回答将是否定性的：这些问题完全不一样。①他们断定维特根斯坦的相关思想是这样的：正如人们不能独自结婚，不能独自决斗一样，人们也不能在孤岛上独自做生意。但是，人们肯定能够独自遵守规则，玩单人纸牌，写日记。他们认为，"仅仅一个人能够做生意吗？"更类似于如下问题："一个人能够在人类历史上仅仅一次性玩纸牌吗？""两个人能够在人类历史上一次性地做生意吗？"对这些问题，回答只能是否定性的。

我认为贝克和哈克对这些关键段落的解读当是错误的。我同意马尔考姆的如下评论："维特根斯坦自己对他所提出的这个问题的回答会是肯定性的。认为一个终生独居者能够拥有一个语言，或者一种算术，或者能够遵守规则，这样的假定将类似于如下滑稽的假定：一个处于这样的处境的人能够'做生意'。"②事实上，如果相关的环境被悉数去掉的话，甚至于两个人之间都无法彼此做生意。

麦吉也声称，维特根斯坦并不坚持有关遵守规则的"共同体观点"或"社会观点"(the community or social conception of rule-following)。他本人也坚定地认为这种观点是不能成立的。在其著作《维特根斯坦论意义》(*Wittgenstein on Meaning*)第192-200页，麦吉对共同体观点做了细致的分类和批评。

麦吉首先澄清了共同体观点的意义。他声称，真正的共同体

---
① 参见Baker and Hacker 2009：122。
② 参见Malcolm 1989：22。

## 第3章 一种维特根斯坦式的人性观：人是遵守规则的动物

观点是这样一种观念，即认为遵守规则活动就像是步调一致地前进那样，内在地涉及那个特定的规则遵守者之外的其他人。按照这样的理解，如下两种观点均不是真正的共同体观点：其一，规则本质上是公开性的（public），即其他人必定可以根据公开的标准即行为及其环境来确定一个人遵守着什么规则，因此不可能存在他人必定不可能知道的遵守规则的行为；其二，不可能存在这样的规则，它们必然地仅仅由一个人所掌握或者说是不可共享的（unshareable），即如果某个人掌握了一条规则，那么另一个人掌握它必定至少是逻辑上可能的（规则之遵守不可能本质上说就是私人性的）。这两种观点均没有蕴涵这样的结论：一个人不能独自地——在没有与任何共同体处于密切关系的情况下——遵守规则，即它们与其他人的现实的非存在性（the actual non-existence）是相容的。因此，它们均不是真正的共同体观点。

麦吉认为，真正的共同体观点可以采取如下六种不同的可能形式。

最强形式的共同体观点是这样的观点：就任何一个人和某个特定的规则R来说，除非他是这样一个遵守规则的共同体成员，在其中其他人均遵守着规则R，否则他不可能遵守R。按照这样的观点，遵守规则就在于某种集体的一致。显然，这种观点排除了如下情形的可能性：某个人引入了一条只有他自己遵守的规则。也即，它使得遵守规则的共同体中任何与规则有关的创新行为均成为不可能的了。因此，这种观点明显是荒谬的。事实上，也没有人持有这种观点。

这种形式的共同体观点的稍微弱化的版本是这样的：就任何一个人和某个特定的规则R来说，只有在他是这样一个共同体的成

## 人：遵守规则的动物

员的情况下他才能遵守R，它的其他成员均遵守着某些规则（它们不必包括R）。这个版本的共同体观点允许规则的创新以及新的规则的遵守，但是它排除了这样的可能性：一个曾经属于某个共同体但后来过起了与世隔绝的生活的人（比如鲁滨逊）为自己制定一些规则并遵守这些规则。克里普克似乎认为瑞斯（Rush Rhees）坚持着这种观点[①]，麦吉则认为事实并非如此，而且他认为应该不会有人坚持这种观点。

因此，第二种形式的共同体观点需要进一步弱化成如下形式：一个人为了有资格成为规则遵守者，他必须至少曾经属于某个遵守规则的共同体，特别说来，他在这样的共同体中接受过相关的教育。这也就是说，为了掌握遵守规则这门"技术"，一个人必须曾经是某个相关的共同体的成员，但是一旦他习得了该"技术"，那么他便可以在任何共同体之外应用它了。麦吉认为瑞斯坚持这种观点，但他不认为维特根斯坦本人坚持这种观点。温奇（Peter Winch）也持有这种观点。[②]我认为这种观点是唯一可以接受的共同体观点，而且我认为维特根斯坦本人实际上就坚持着这种观点。

这种形式的共同体观点承认像鲁滨逊那样的人遵守规则的可能性，但是它还是排除了如下可能性：一个婴儿在任何遵守规则的共同体之外幸运地顺利长大成人，并且最终拥有了遵守规则的

---

[①] 参见Kripke 1982: 110。

[②] 在《社会科学的观念》(*The Idea of a Social Science*) 中，温奇写道："对于任何一个人来说，**如果**他未曾拥有过任何有关包含着社会地建立起来的规则的人类社会的经验，那么假定他能够建立起一种纯粹个人性的行为标准是没有任何意义的。"（Winch 1958: 33）

## 第 3 章　一种维特根斯坦式的人性观：人是遵守规则的动物

能力（像在Romulus和Remus的情形中那样）[①]；一个从来不属于任何遵守规则的共同体的终生独居者为自己引入一些规则以便在接下来的行动中遵守它们。麦吉认为即使这种形式的共同体观点也是不能成立的，他写道：

> 在此，重要的问题不是一个人类婴儿是否最后能够在没有成人的指导的情况下遵守起规则了（作为有关生物学和心理学规律的事情）——因为这个问题是一个单纯的经验问题；相反，问题是这样的：是否存在着任何对于这样的创造性的**概念**障碍（conceptual obstacle），即为了完全从头开始引入规则，它是必需的。也即，我们并不关心这样的可能性：某些规则或许在人类婴儿那里是天生的并且在成熟过程中开始起作用（像乔姆斯基［N. Chomsky］就一些语法规则所主张的那样）。我们所要追问的是这点：掌握一条规则这个**观念**本身是否就要求属于某个规则遵守者的共同体的曾经的成员身份（sometime membership of a community of rule-followers）。在我看来它并不要求这点，我觉得我们完全可以想象这样的事情：Romulus在成长到拥有理性的年龄时偶然产生了这样的想法，即在他所居住的岛屿周围布置上一些路标，用作辅助记忆的手段（aide-memoire）。他想避开沼泽，因此便在沙地上写上一个箭头，当他将来遇到这个箭头时他就沿着箭头的头部的方向走路。如果他以后的行动符合他有关箭头的原来的意图，那么他便正确地遵守了他的规则；他或许偶尔发现

---

[①]　参见Ayer 1954: 70。Romulus和Remus为双胞胎兄弟，据传是罗马帝国的缔造者。他们年幼时被人扔进河里，但后来被母狼救出并被其养大成人。

## 人：遵守规则的动物

他**没有**正确地遵守他的规则——当他记错了他原来的意图、发现自己在沼泽里打滚时（他错误地认为他原来的意图是沿着箭头的**尾部**行走）。我也看不出他的如下做法会遇到任何概念障碍：他为了自己的使用而适当地引入了语言符号，比如为了记录天气情况。为此，他所需要的一切就是引入这些符号的好理由和使用它们所需要的智力。在我看来，他从来没有接触其他规则遵守者这点并没有在他和遵守规则活动之间树立起一个逻辑壁垒（a logical wall）。坚持认为为了掌握某些规则，我们必然地必须找人将他们**教给**我们，这样的立场看起来是没有道理的，因为又是谁将它们教给老师的？当然，我只是在报告我在此有关逻辑可能性的直觉，而不是在提供任何有关这点的真正的**证明**：终生独居者遵守规则这样的事情是可能的。不过，在我看来，坚守这些直觉是合理的，除非人们能够给出推翻了它们的某种论证——我没有听说有任何看起来成功地做到了这点的论证。①

因此，麦吉认为，上述形式的共同体观点还需要进一步弱化，即它根本不应该要求属于某个共同体的成员身份，甚至也不应该要求曾经的成员身份。相反，它应该要求的只是这样一个遵守规则的共同体的单纯的存在，候选的规则遵守者与之处于各种各样的关系之中——特别是反应的一致。克里普克实际上就持有这种共同体观点。②按照这种形式的共同体观点，某个特定的个体之遵守规则就在于，他的行为与某个实际存在的共同体成员的相关行

---

① McGinn 1984: 196-197.
② 参见Kripke 1982: 110。

## 第3章 一种维特根斯坦式的人性观：人是遵守规则的动物

为在相关方面是类似的或同构的，而不在于他实际上与该共同体的其他成员进行相关的互动。麦吉认为，这样的观点仍然违反直观，还是不可接受的，因为我们完全可以设想任何形式的共同体均被某种巨大的灾害毁灭了，而该个体却奇迹般地存活下来。这时，我们当然还是应该承认他还保留着遵守规则的能力。在此共同体观点的坚持者自然会想到这样来进一步弱化其立场，即认为相关的共同体或其他人只需要曾经存在过就可以了。在麦吉看来，即使如此弱化了的共同体观点仍然没有道理，因为如下情形至少逻辑上说是完全可能的：上帝本来可以在宇宙中整个时间内只创造出单独一个规则遵守者。

最后，共同体观点的坚持者只能进一步弱化其观点，认为遵守规则活动根本不需要预设共同体的实际存在或曾经的实际存在，而只需要预设某种意义上的观念共同体（notional community），即只要一个人的实践与一个可能的或假定的或可以设想的遵守规则的共同体的实践一致，那么他就可以是规则遵守者。麦吉认为皮考克（C. Peacocke）坚持着这种观点。[①]不过，他断言，即使这种最弱形式的共同体观点仍然不可接受。因为，一方面，这种形式的共同体观点实际上根本没有任何实质内容；另一方面，将人际关系从概念上就嵌入规则及遵守规则之归属的内容之中这种做法本身无论如何都是没有道理的。

麦吉坚持所谓"个体主义的观点"（the individualistic conception）或"自然的观点"（the natural view），认为终生独居的规则遵守者或语言使用者是完全可能的。他写道："我们能够在

---

① 参见Peacocke 1981: 93-94。

## 人：遵守规则的动物

没有将**其他**人引入我们思想之中的情况下形成有关某个拥有概念并且遵守规则的人的构想，""从逻辑上说，其他人的存在对于概念、语言和规则的拥有来说是不必要的。"[①]基于前文的分析，我们认为，麦吉自己所想象的那个终生独居的"规则遵守者"或者他认为上帝本来可以创造出的那个唯一的"规则遵守者"根本就不是一个真正的规则遵守者，而仅仅是一个冒牌货。因为，它只能是一个单纯的因果机制，而决非真正有理性的存在物。

我们看到，哈克、贝克和麦吉等在论证终生独居者也能够遵守规则这个论题时，均不约而同地强调了这点，即涉及的可能性仅仅是**逻辑**可能性。但是，即使做出了这样的限制，这个论题也是不能成立的。在此我们要注意如下两种说法之间的区别：从逻辑上说，其他人的存在对于规则及其遵守这样的事情来说是不必要的；就规则及其遵守这样的事情来说，从逻辑上说其他人的存在是不必要的。前一种说法无疑可以成立，但是在此我们要讨论的恰恰不是这种说法，而是后一种说法；而后一种说法恰恰是不成立的，甚至于是自相矛盾的，除非我们已经先行排除了规则及其遵守的社会性，但这样的话，这种说法或者犯了"丐辞"（question-begging）这样的论证错误，或者不过只是没有任何实质意义的同语反复式。请看麦吉下面这段话：

> ……想象一下（以类似于某个上帝的方式）创造规则遵守者或概念拥有者会需要什么。按照共同体观点，**在**你创造出其他个体**之前**，你在构造一个个体过程中所能做的任何事

---

[①] McGinn 1984: 191, 198.

# 第3章 一种维特根斯坦式的人性观：人是遵守规则的动物

情均不能辩护这样的断言，即他拥有概念或意指了什么。在亚当能够遵守规则（特别说来，能够拥有思想）之前，他可以说必须等待着夏娃的出现。但是，其他人的创造如何能够在第一个被创造出的个体那里造成如此重大的变化？或者他已经拥有了概念，或者其他人的创造将不会弥补他的这个缺陷。①

这段话清楚地表明，麦吉的确犯了丐辞错误。

---

① McGinn 1984：191n..

# 第4章 人性与教化

## 4.1 维特根斯坦论遵守规则能力及教化

从前文我们看到,按照亚里士多德和康德的观点,人之理性虽然某种意义上可以说是天生的,但是其充分实现或者说成熟有待后天的教化。相应地,真正说来完全意义上的人性并非是天生的,其充分实现也需要教化。由于我们可以将泛而言之的理性理解成遵守规则的能力,因此,亚里士多德和康德有关理性进而人性之充分实现有待教化的观点,在维特根斯坦这里就变成这样的形式:就正常的、成熟的人类成员来说,其制定并遵守规则的能力根本说来不可能是天生的,而是通过教学和训练从其他人那里学习而来的;进而,人之本性也需要通过教化才能够充分地实现出来。维特根斯坦的确坚持着这种观点,因为如果遵守规则之事本质上是社会性的,那么相应的能力不可能是生来就有的,而是必须通过教学和训练从其他人那里学习而来。

> 在描述规则的作用的时候,人们可以进行到多远? 对于还没有掌握任何规则的人来说,我只能训练他。[①]

---

① BGM,333.

## 第 4 章 人性与教化

但是,难道我们不能设想这样的情形吗:某个人,在没有任何训练的情况下,一瞥见一个计算题便处于这样的心灵状态,即它通常仅仅是训练和练习的结果?结果,**他**知道他能够计算,尽管他从来没有计算过。(因此,人们似乎可以说:这种训练仅仅是历史,仅仅从经验上说对于这种知识的产生来说才是必要的。)但是,假定他现在处于那种确信状态,并且接着做错了乘法。现在,他应当向自己说什么?而且,假定他接下来一会儿乘对了,一会儿又完全乘错了。——如果他现在**始终**乘对了,那么这种训练自然可以作为单纯的历史而被忽略。但是,**能够**进行计算意味着:不仅对于他自己来说,而且对于其他人来说:正确地计算。

但是,他不仅向他人而且也向自己经由如下方式来显示他**能够**进行计算:他正确地**进行计算**。

如果我们在一个复杂的环境中称为"遵守一条规则"的东西孤零零地站在那里,那么我们肯定不会如此称呼它。[①]

## 4.2 贝克和哈克对维特根斯坦相关观点的错误解读

一些哲学家(比如贝克、哈克和麦吉)认为,遵守规则的能力可以是天生的,坚称本质上说教学和训练与遵守规则的能力本身没有任何关系。他们甚至于进而声称,一般说来,一种能力的发生过程(genesis)与该能力的拥有是不相关的。这些哲学家常常将

---

[①] MS 164: 96-98.

## 人：遵守规则的动物

这种观点归给维特根斯坦。请看哈克的如下评论：

> 一个语言是从其他说话者那里学来的，这点是一个有关一种语言能力的发生过程的重要事实，但是它不进入这种能力的语法的（逻辑的）刻画之中（参见PG, 188; BB, 12, 97; PU, §495）。因为一种能力是由它是做什么的能力这点来刻画的。讲一个语言的标准不要求一个学校的产品，甚至于也不需要一张父母证书。我们会以完全独立于决定如下事情的方式来决定一个独居的山洞人或者荒岛人（a solitary caveman or desert islander）能否讲话或能否使用符号：他是如何学会这样做的。①
>
> **一种能力的习得模式并不是有关该能力之当下拥有的标准的一个部分。**②
>
> 关于拥有这样的能力〔比如"会说英语"，"理解英语"等〕的标准，我们决定一个陌生人是否在说和理解英语的方式，在于他**现在**所做的事情，而并非在于习得这些能力的已经过去的历史。③

我认为，这种观点本身和这种归属均是完全错误的。

首先，一种纯然天生的能力（亚里士多德所说的人的营养能力、位置运动能力等）不可能涉及规范性，而只能与因果性相关，其运用既不能说是正确的，也不能说是错误的，而只能说是正常的

---

① Hacker 1993a: 4; 2019a: 12.
② Baker and Hacker 2009: 162.
③ Hacker 2000b: 168.

## 第4章 人性与教化

或不正常的。因此,作为一种规范能力的遵守规则的能力不可能是天生的。在此"不可能"意指的是语法的或逻辑的不可能性。

其次,诚然,一种能力的来源对于其本性和拥有来说并不是构成性的。但是,由此并不能得出这样的结论:一种能力的来源对于其认同和拥有来说无关。就一种能力来说,假定我们认为相关的教学和训练为其运用提供了一个理由,这时如果一个人此前没有经历过相关教学和训练,那么他相关的行动就不可能是这种能力的运用。只有当我们将相关教学和训练看成是相关运用的单纯的原因时,它们才是不必要的。

最后,与哈克等哲学家所声称的相反,维特根斯坦从来没有承认存在着这样的逻辑可能性:某种创造物生下来就拥有遵守规则的能力,他从来没有声称一个人习得遵守规则的能力的方式或过程与对他所习得的东西的说明不相关。[①]贝克和哈克对维特根斯坦相关文本的解读全然是误解。[②]

贝克和哈克用以支持他们的立场的关键文本之一引自《哲学

---

[①] 麦吉正确地指出,维特根斯坦对于规则以及理解或遵守规则的能力的天生性的观点是持批评态度的。在他看来,维特根斯坦之所以不认同这种观点,是因为维特根斯坦坚持着这样的观点:只有在诸规则事实上被人重复地或不止一次地遵守了的情况下它们才能被人理解或被人掌握。由于麦吉认为这样的观点不可接受,因此,他本人认为遵守规则的能力完全可以是天生的。麦吉写道:"请考虑如下断言:我们可能生来就掌握了某些规则(正如乔姆斯基针对一些语法规则所建议的那样)。在新生婴儿那里的确不存在遵守规则的现实的场合,因为这点我们就真的有道理宣称诸如此类的断言是先天不可能的吗? 对于某些规则或许是天生的这样的建议来说,这样的做法似乎过于简单化了。""坚持认为为了掌握某些规则,我们必然地必须找人将它们**教给**我们,这样的立场看起来是没有道理的,因为又是谁将它们教给老师的?"(McGinn 1984:131,197.)

[②] 关于贝克和哈克的相关解读,请参见Baker and Hacker 1984:20-21n.;1990:172-174;2009:157-168;Hacker 2019b:14-20。

## 人：遵守规则的动物

研究》第495节：

> 显然，我可以经由经验确定，一个人（或者动物）对于一个符号像我所意欲的那样做出反应，对于另一个符号则不这样做出反应。比如，一个人按照符号"→"向右走，按照符号"←"向左走；但是，对于符号"o—l"则不像对于"←"那样做出反应，等等。
>
> 我甚至于根本不用虚构任何情形，而只需要考察实际的情形，即我只能用德语来引导一个只学会了德语的人。（因为我现在将德语的学习看作这样的事情：调节一个机制来对某种影响做出反应；而且，对于我们来说，如下事情可以是无所谓的：另一个人是否是学会这个语言的，还是或许在出生时便已经以如此的方式被构造起来了，以至于对于德语的命题，他像学会了德语的通常的人那样来做出反应。）

这个评论取自于《哲学语法》，后者提供了十分必要的语境：

> 人们自然可以将语言视为一种心理学机制的一个部分。最简单的情形是：人们这样来限定语言概念，即语言是由命令构成的。
>
> 于是，人们可以设想，一个工头如何经由喊叫来指挥一群人的工作。
>
> 人们可以设想，一个人发明了一个语言；他做出了这样的发明，即他经由如下方式让其他人样存在物（menschliches Wesen）替他工作：他通过惩罚和奖赏训练它们在听到喊叫

# 第4章 人性与教化

时执行某些活动。这种发明类似于一部机器的发明。

人们可以这样说吗：语法描述了语言；即作为一个心理-物理机制的这样的部分的语言，借助于它我们经由诸语词的说出，可以说正如经由对于一个键盘上的按钮的按压一样，使得一部人样机器（menschliche Maschine）来为我们工作？现在，语法便描述了整部机器的那个部分。于是，那个会引起所愿望的活动的语言将是那个正确的语言。

显然，我可以经由经验确定，一个人（或者动物）对于一个符号像我所意欲的那样做出反应，对于另一个符号则不这样做出反应。比如，一个人按照符号"→"向右走，按照符号"←"向左走；但是，对于符号"o—|"则不像对于"→"那样做出反应，等等。

我甚至于根本不用虚构任何情形，而只需要考察实际的情形，即我只能用德语来引导一个只学会了德语的人。（因为我现在将德语的学习看作这样的事情：调节一个机制来对某种影响做出反应，而且如下事情不会造成任何原则性的差别：他是否是学会这个语言的，还是或许在出生时便已经以如此的方式被构造起来了，以至对于德语的命题，他像学会了德语的通常的人那样来做出反应。）

假定我现在发现：一个人比如在得到一个与"Zu"这声喊叫相连的暗示后拿来Zucker（糖），在得到"Mi"的暗示和听到这声喊叫后拿来Milch（牛奶），而且他在听到其他的词时则不这样做。在这种情况下，我就能够这样说吗：事实表明，"Zu"是Zucker的正确的（唯一正确的）符号，"Mi"是Milch的正确的符号？

人：遵守规则的动物

好的,如果我这样说,那么我便是以不同于人们通常使用"Zucker的符号"这个表达式的方式使用它的,而且也是以不同于我意图使用它的那种方式使用它的。

我并非是比照着命题"当我按压这个按钮时,我便得到一块Zucker"来运用"这个是Zucker的符号"这种说法的。①

在此,所谓"语言学习者"进而"规则遵守者"仅仅是某种机器——可以说是"人样机器"或"人样存在物",而它所学习的所谓"语言"或者"规则"仅仅是某种心理机制或物理机制(比如某种刺激和反应过程)中的一个部分。对于这样的"语言学习者"或"规则遵守者"来说,其使用某种"语言"或"遵守某条规则"的能力不必是学习而来的,而完全可以是天生的。但是,由此我们不能得出这样的结论:在维特根斯坦看来,一个正常的人类成员的使用语言的能力或者遵守规则的能力与它是否是学习而来的这点没有任何关系。

贝克和哈克用来支持他们的解释的另一段文本来自于《蓝皮书》：

在这种教学引起了这种联想、这种认出感受等等这样的范围内,它是理解、服从等等现象的**原因**；说为了引起这些结果,这种教学过程是必要的,这种说法是一个假设。在这种意义上,可以设想：人们从来没有将语言教给这个人,但是**所有**理解、服从等等过程均发生了。②

---

① PG,187-188.
② BB,12.

## 第4章　人性与教化

作为关于我们的后续的行动（理解、服从、估计一个长度等等）的假设的历史的教学从我们的考虑中脱离出来了。被教给我们的、事后被应用的那条规则只有在其在应用中被涉及这样的范围内才令我们感兴趣。一条规则，在其令我们感兴趣的范围内，并非远距离地起作用。①

在《棕皮书》中，维特根斯坦考虑了这样一种情形（他名之为"情形40"），在其中一个想象的部落中的居民生下来便倾向于遵守如下游戏规则：看到"a"、"b"、"c"和"d"便分别向右、向左、向上和向下移动一步（这些规则是在稍早讨论的"情形33"中给出的）。关于这种情形，他写道：

> 这种情形初看起来显得令人困惑。我们似乎假设了某种极为不同寻常的心灵机制。或者，我们可以问"当人们给他看字母'a'时，他到底如何能够知道他应该怎样移动自己？"或者，我们或许问："如果人们给他看'a'，他究竟应当如何知道怎么走？"但是，B在这种情形中的反应不恰好就是我们在（37）和（38）中所描述的那种反应吗？而且，它不就是当我们比如听到一条命令并且服从它时所做出的通常的反应吗？因为在（38）和（39）中训练**先于**该命令的执行而发生了这个事实肯定没有改变这个执行过程中的任何东西。或者，更为正确地说：现在我们可是想要仅仅关注这条命令的服从过程，而不是在这个过程之前所发生的事情。换言之：

---
① BB,14.

## 人：遵守规则的动物

我们在（40）中所假定的那种"奇特的心灵机制"就同于这样的机制，关于它，在（37）和（38）中我们假定：它是经由训练造成的。"但是，你**有可能**一生下来就拥有了这样一种机制吗？"但是，你在如下假定中发现了一个困难吗：B生下来就有了**这样的**机制，它使得他能够像他事实上所做的那样对这种训练做出反应？别忘了，(33)中的表格给予符号"a"、"b"、"c"、"d"的那条规则或者解释并非必然地就是最后的规则或者解释，我们本来可以提供这样一张表格，它告诉人们如何使用诸如此类的表格。①

贝克和哈克认为上面的评论清楚地表明：维特根斯坦并不认为，在一个人生下来便拥有说某一种语言的能力或者遵守某一条规则的能力这样的观念之中包含有任何悖谬之处。这也就是说，我们完全可以设想：一个人生下来便拥有说一种语言的能力或者遵守某一条规则的能力。我认为这样的断言完全是错误的。因为贝克和哈克在此完全忽略了维特根斯坦的相关评论之中的某些非常重要的限制。在引自于《蓝皮书》的评论中，维特根斯坦写道："**在这种意义上**，可以设想：人们从来没有将语言教给这个人，但是所有理解、服从等等过程均发生了。"在此，"在这种意义上"意指的是如下条件：假定相关的教学被看作后续的遵守规则的行动的原因。如此理解的教学对于后续的遵守规则的行动来说的确是不必要的，学习者的相应的行动甚至于本来可以是天生的。但是，如果人们这样来看待相关的教学：它为学习者的后续的行动提供

---

① BB, 97.

## 第4章 人性与教化

了一个理由,那么对于这个行动来说它就是必要的了。在上引《蓝皮书》第14页中的段落之后的第二段话中,维特根斯坦写道:

> 现在,如果人们认为,在没有一种先行的教学的情况下便不可能有对于这个命令的理解和服从,那么,人们便将教学看作提供了一个人们之所以做他们所做过的事情的**理由**,提供了人们所走的那条道路。①

在其对上面引述的《棕皮书》中的段落所做的解释中,贝克和哈克还忽略了如下重要之点:维特根斯坦假定被训练者生下来便拥有的东西,并不是遵守某一条规则的能力,而是一种"奇特的心理机制"。这样的机制显然只能是后续的行动的原因而非理由。

贝克和哈克声称,MS 179中的一些评论表明,维特根斯坦并不认为如下假定之中有什么不融贯之处或者说有什么逻辑上看不可能的地方:某个人从来没有接受过相关的训练,但是有一天突然能说话了——能够使用某种语言或者遵守某条规则(比如作为吃了某种药物或者被掉落的石头砸了一下等等偶然事件的结果)。

> "但是,一条规则如何能够教导我在**这个**位置必须做什么?——无论我做了什么,经由某一种释义,它可是都可以与这条规则一致起来。"不,人们不应当这样说,而是应当说:

---

① BB,14.

## 人：遵守规则的动物

每一种释义均与被释义的东西一起悬于空中,因此并不能为后者确定一个位置。

我如何能够遵守一条规则？它如何能够向我表明它应当如何指引我？——如果我这样或那样地理解它,我如何能够坚守这种理解,我如何能够确信它没有从我这里不知不觉地溜走？

"我如何能够遵守一条规则？"如果这不是一个有关这样的原因的问题,它们导致我遵守一条规则,那么它便是一个有关提供根据之事（die Begründung）的问题,是一个有关我能够为如下事情所提供的辩护的问题：我**如此地**按照这条规则行动。

如果我耗尽了根据,那么现在我便达到了坚硬的岩石,我的铲子变弯了。我这时便倾向于说："我恰恰是这样行动的。"

一条规则只能像比如某个说明或者命令那样引导我做出一个行动。

一个人如何知道他应该按照一个命令做什么？——当他学习"说话"时,他也被训练着遵守命令并且下达命令。的确,这样的事情是他事后的行为的原因。不过,当成年人下达命令或者服从命令时,他们并没有想起那种训练的日子。或许,他从来就没有接受过训练,不知怎么地就突然会说话了（使用语言了）。**我**是如何知道比如当某个人向我说"给我拿这朵红色的花来"时我应当做什么的？如何知道的？在此没有如何知道的问题。如果我要给出回答,那么我便不知所措了。

但是,当你教他将序列—…—…—进行下去的时候,他如

## 第4章 人性与教化

何能够**知道**他应该如何继续下去？好的,我是如何知道这点的？如果这意味着我有哪些根据,那么,我或许能够给出这些根据。但是,它们很快就会被耗尽。①

显然,贝克和哈克在此犯下了上文已经提到过的同样的错误:忽略了维特根斯坦所附加的重要的条件,即如果你将相关的训练和教学看成后续的行动的一个原因的话。

贝克和哈克还充分利用了《哲学研究》第243节,特别是其在MS 124中的早期版本:

> 但是,难道我们不可以这样设想吗:每个人只为自己进行思维,只与自己说话？（这时,在这种情形中每个人也可以具有他自己的语言。）
>
> 存在着这样的情形,在其中我们说,某个人警告自己;命令自己,服从自己,惩罚自己,责怪自己,向自己提出问题并回答自己。于是,也可能存在着这样的人,他们只知道这样的语言游戏,即每个人与自己玩它们。甚至于可以设想,这样的人拥有丰富的词汇。我们可以设想,一个研究者来到了他们的国度,并且观察他们中的每个人如何用发音清晰的声音来伴随他们的活动,但是与此同时他们并非求助于其他人。这个研究者以某种方式产生了这样的想法:这些人在进行自言自语,在他们进行活动时他偷听他们说话,并且成功地找到了他们的话语到我们的语言的一种极有可能的翻译。经由对于他

---
① MS 179: 1r-2v.

## 人:遵守规则的动物

们的语言的学习,他有时也能够预言这些人以后完成的行动,因为有时他们说的话是打算和决心的表达式。(在此这些人如何能够学会他们的语言这点是无所谓的。)[①]

贝克和哈克从这些评论中抽引出了如下结论:

(1)一种语言能力的生成过程与其认同无关。一个人能够做的事情显现在他所做的事情之中。有关一种技巧的掌握的标准在于其在适当的情形中的运用。(2)所想象的这些人并没有被设想成这样:他们**此前**已经讲着一门共同的语言。相反:(a)他们仅仅**熟悉**一个人独自玩的语言游戏,并且(b)人们甚至于可以设想他们中的每个人均讲着一种**不同的**语言。[②]

我认为贝克和哈克对于上述文本的这种解读是错误的,我们完全可以找到一种更为合理的解读。比如这种解读:维特根斯坦所想象的独白者生活在一个(遵守规则的)共同体之中,必定已经能够遵守大量其他的规则。在这种能力的基础之上,他们便能够通过观察和模仿其他人的言语行为来学习他们的语言,甚至于能够独自发明他们自己的语言。[③]

---

① MS 124:213-214.
② Baker and Hacker 1990:174.
③ 这也就是说,我们应当区别开遵守规则本身和遵守语言规则(使用语言)。遵守规则的能力本身要比遵守语言规则的能力更为根本,而且或许其获得要早于后者的获得。(关于这个困难的文本的其他方式的解读请参见:Mounce 1986:197-198;Malcolm 1989:18-19。)

第4章 人性与教化

## 4.3 麦克道尔论人性：第二自然的自然主义

有关人之本性或者说人之自然与教化的关系，麦克道尔通过其著名的两种自然之区分的学说做出了深入的探讨。他是以其两种逻辑空间的区分学说为基础而进一步做出两种自然之区分的。

在前文我们介绍了麦克道尔的两种空间学说。在其著作中，麦克道尔一再地强调了理由的逻辑空间结构（规范性结构）的自律性或者说理性的自律性、意义的自律性。看起来这种立场必定导致这样一种疯长的柏拉图主义（rampant platonism）：理由的逻辑空间的结构——我们借以给事物赋予意义的结构——干脆就是处于自然之外的，即是超自然的（supernatural），它"是以独立于任何从类别上说属于人的东西的方式（independently of anything specifically human）而被构成的，因为从类别上说属于人的东西（what is specifically human）肯定是自然的（关于人类事项的观念［the idea of the human］就是关于与某类动物相关的东西的观念），而我们正在拒绝对理性的要求给以自然化的处理。"① 这样，我们之能够进入并生活于理由的逻辑空间的结构之中，这个事实就不能不是神秘莫测的，或者说我们对这种结构给以回响的能力就不得不是一种玄妙的能力（an occult power），一种外加于我们之为我们实际上所是的那种动物这点之上的东西；好像我们在动物王国之外——"在一个极其非人类性的理念性的领域"（in a splendidly nonhuman realm of ideality）——还有一个立足

---

① McDowell 1996: 77.

## 人：遵守规则的动物

处。显然,这样的柏拉图主义根本无法回答如下问题:我们所拥有的对理由本身或意义做出回应的能力——或者说作为我们的本质特点的一个部分的有理性或理性进而规范、自由、意义等——如何能够融入自然世界?对于这样的指责,麦克道尔的回应是这样的:相关的柏拉图主义绝非只能是"疯长的",即只能采取一种超自然主义(supernaturalism)的形式,因为我们所生活于其中的理由的逻辑空间的结构必定是在与某种单纯人类性的,进而单纯自然的事项的关联中而被构成的。首先,作为拥有理性或概念能力动物的人类的出现,肯定是自然中起作用的诸种力量所导致的结果。因而,我们所生活于其中的理由的逻辑空间最初必定是诸种自然力量的产品。这点确定无疑地防止了一种形式的疯长的柏拉图主义:"即这样的观念,我们这个物类在一个来自于自然之外的礼品中获得了使它成为特别的东西,即对意义给以回响的能力。"[①] 其次,个别的人类成员生下来时是单纯的动物,是其随后所接受的教化或教养(upbringing)将其逐步引领进了(initiates into)理由的逻辑空间,使得其最终拥有了对理由或意义做出回应的能力或者说概念能力,进而使其最终成为真正意义上的人——一个有理性的动物,一个有文化的动物。显然,这样的引领过程构成了一个人类成员之走向成熟这件事情的一个本质性的部分。最后,人类婴儿之所以能够接受这样的教化,之所以能够最终被教养成为真正意义上的人,这是因为他们具有一种相应的独特的潜能,而其他的动物的幼仔则不具备这种潜能。

人类婴儿所具有的这种被教化的潜能当然是一种单纯自然的

---

① McDowell 1996:123.

## 第4章 人性与教化

能力（merely natural capacity）。单纯自然的能力是指相关的动物生下来就具有的或者经过单纯动物的成熟过程便可习得的能力。这里所谓的"单纯的自然"（mere nature）即麦克道尔所谓的"第一自然"（first nature）。一般意义上的第一自然包括：自然律的领域和单纯的生物学现象。动物的第一自然是指动物的这样的存在方式：相关的动物生下来就已经具备了，或者经过单纯生物的成熟过程就可以获得了。

与动物的这种意义上的第一自然形成鲜明对照的是所谓的"第二自然"（second nature），即动物的这样的存在方式：它不是相关的动物生下来就已经具备的，或者经过单纯生物的成熟过程就可以获得的，而是要通过训练才能形成的。比如，受过训练的狗便具有这种意义上的第二自然。就人类成员来说，他们通过适当的教化或教养而习得的那些概念能力（它们之间的互相关联属于理由的逻辑空间，甚至可以说构成了理由的逻辑空间的布局本身），进而对理由或意义做出回应的能力，最后作为结果而出现的他们的思想和行为习惯，简言之，他们以这样的途径获得的那种存在方式，构成了他们的第二自然的最核心的部分。①

综上所述，一般意义上的自然包括一般意义上的第一自然和一般意义上的第二自然。相应地，动物（包括有理性的动物）的自然包括其第一自然和其第二自然。麦克道尔断言，作为有理性的动物，人类成员的自然大部分说来是其第二自然。②

按照麦克道尔的上述理解，我们的自然进而我们的第二自然之所以处于它所处的那种状态，这点不仅仅是因为我们生下来就

---

① 参见McDowell 1996: xx, 84; 2000: 98; 2008: 220。

② 参见McDowell 1996: xx, 87, 88, 91, 95, 123。

## 人：遵守规则的动物

拥有的那些潜能，而且是因为我们的教养，我们的教化。给定了这种意义上的第二自然进而自然的观念，我们便能够说我们的生活被理性塑造的方式是自然的，即使与此同时我们否认理由的逻辑空间的结构能够被整合进自然科学的理解的逻辑空间的布局之中。①

因此，一般意义上的自然并非全部都是缺乏意义的，其中的一些部分即构成了我们的第二自然的部分还是充满着意义的。麦克道尔将其对于自然的如是理解称为"对于自然的部分的重新施魅"，进而将以这样的自然构想为基础的自然主义称为"第二自然的自然主义"（naturalism of second nature）"宽松的自然主义""开明的自然主义""希腊自然主义""亚里士多德式的自然主义"。这种自然主义与在当代哲学中大行其道的自然主义——麦克道尔称其为"露骨的自然主义""规律的领域的自然主义""自然科学的自然主义""唯科学主义的自然主义""祛魅的自然的自然主义""限制性的自然主义"——形成了鲜明的对照。露骨的自然主义拒绝逻辑空间的二分，即拒绝承认理由的逻辑空间的自成一类的特征，而是声称我们完全可以通过使用属于自然科学理解的逻辑空间的术语将理由的逻辑空间的结构重构出来——那些构成理由的逻辑空间的规范性关系可以从这样的概念材料重构出来，其家园是自然科学的理解的逻辑空间。麦克道尔断言，欲以这样的方式弥补甚或消除规范和自然之间的鸿沟的企图是不可能成功的。实际上，只要我们拥有了第二自然的观念，进而考虑到了教化在人类成员正常的成熟过程中的重要性，那么我们根本就不需要从事露骨的

---

① 参见McDowell 1996：78。

## 第4章 人性与教化

自然主义的坚持者所努力从事的那种构建性工作。根本说来，正常的人类生活，"我们的自然的存在方式"，已然受到了理由的逻辑空间的结构——或者说理性、规范、意义等等——的塑造。

第二自然的自然主义显然是一种柏拉图主义，因为它承认理由的逻辑空间的结构进而我们的理性具有自律性；但是，这种柏拉图主义不是"疯长的"，因为它不承认理由的逻辑空间的结构进而我们的理性是在与任何单纯人类性的东西进而自然的事项极其隔绝的状态下而被构成的。麦克道尔将这种意义上的柏拉图主义称为"自然化的柏拉图主义""宽松的柏拉图主义"。

我们看到，按照麦克道尔的观点，人类成员的第二自然是其第一自然的一个重要部分的适当的现实化。在《心灵与世界》中，他写道："第二自然不能游离于那些属于一个正常的人类有机体的潜能之外。这点在规律的领域中给人类理性提供了足够的立足处（enough of a foothold），以便满足要对近现代科学给以适当的尊重的需要。"[1]诸如"立足处"这样的措辞自然会给人造成这样的印象：在人类成员的第一自然和第二自然之间存在着一种实质性的统一（a substantial unification），或者说在能够以自然科学的方式得到阐明的现象的自然性（naturalness）与人类成员所具有的对理由本身的回应能力的自然性之间存在着一种实质性的连续性。因此，在有关第一自然和第二自然如何统一起来进而如何结合在一起这个"问题"上我们需要做一些实质性的理论工作。

2000年以后，麦克道尔放弃了这样的措辞，认为就他所要实现的目标来说，他只需要做出如下适度的断言就足够了：第二自

---

[1] McDowell 1996: 84.

## 人：遵守规则的动物

然事项（the second-natural）并不比第一自然事项（the first-natural）更少自然性，因为它们均不是超自然的，或者说均不是怪异的、玄妙的（spooky, occult）。他写道："我认为在这样的自然事项观念——它一方面适用于物理的和单纯生物学现象……的可理解性，另一方面适用于理性活动的可理解性——之中所需要存在的唯一的统一性被与超自然事项观念（怪异事项观念或者玄妙事项观念）的某种对照捕捉到了。为了表明对理由的回应的习得与比如第二性征的习得之间的某种类似性，我只需要援引**教化**就行了（而无需……一个有关如下事情的详尽的故事：在**教化**中所发生的事项如何与可以通过符合自然律的性质得到刻画的诸现象结合在一起）。这两种发展均是……'人类成员正常的成熟过程'之一部分。这点应当足以打消我们的疑虑，使得我们相信：尽管对理由的回应具有自成一类的特征，但是它并没有任何让人感到怪异之处。而这就是我需要从第二自然观念得到的一切。"[①]

显然，对于人类成员来说，第一自然是至关重要的：没有第一自然，第二自然便无从谈起。麦克道尔认为，第一自然的重要性远非到此为止，它还体现在如下方面：作为人类成员的第二自然的核心的那些概念能力（准确地说，其现实化或行使）之间的合理的关联的资质并非是神圣不可侵犯的，而是要时时经受反思性的审查。但是，这样的反思所能采取的路径并非是没有界限的，而相关的第一自然便为其设置了不可逾越的界限。而且，事情还非到此而已，相关的第一自然的事实本身很有可能就出现在相关的反思之中。换言之，第一自然的事实构成了有关第二自然的特定塑

---

① McDowell 2000: 99。进一步参见 McDowell 2008: 217-218, 220。

## 第4章 人性与教化

造的反思背景。在此,麦克道尔提醒我们注意:我们断不可过分夸大第一自然对于人类成员的重要性,特别是不要认为我们可以通过第一自然现象完全地解释第二自然现象,好像后者可以还原为前者一样。如果我们没有注意到这点,我们便有可能重新陷入露骨的自然主义的泥潭。[①]

我们看到,麦克道尔的两种自然的区分是在其两种逻辑空间的区分基础之上做出的。这两种区分并非是重合在一起的,因此不是一回事儿。事实上,第二自然横跨着两种空间:一些第二自然现象可以通过被置于理由的逻辑空间的方式得到理解,而另一些第二自然现象则不能如此地得到理解,而只能通过被置于自然科学的理解的逻辑空间的方式得到理解。这也就是说,自然科学所能处理的自然不仅包括第一自然(自然律的领域和单纯生物学现象),而且包括非理性动物的第二自然和有理性的动物的单纯动物性的第二自然。

在《心灵与世界》中,麦克道尔对第二自然观念所做的唯一的使用是断言对理由本身的回应也是自然的。就这样的使用来说,有关第二自然事项的观念与有关能够通过被置于理由的逻辑空间的方式得到理解的事项的观念是完全一致的。因此,在这本书中,他没有明确地提到第二自然观念的更为宽泛的用法:它也适用于非理性的动物。比如,受过相应的训练的狗听到"打滚!"这个命令后便打滚。这样的行为习惯便构成了狗的第二自然。显然,与听到响声便竖起耳朵这样的行为的可理解性相比,听到相应的命令便打滚这样的行为的可理解性并不显得有什么特别之处。除了

---

[①] 参见McDowell 1998:190-191,193。

## 人:遵守规则的动物

来源上有所不同之外,狗的诸如此类的第二自然与其第一自然大可等量齐观,也完全可以通过自然科学的方法得到适当的处理,而无法通过置于理由的逻辑空间的方式加以处理。①

麦克道尔自己认为他有关第二自然的构想是在亚里士多德的伦理学说的影响下形成的。他断言,这个构想几乎明确地包含在亚里士多德有关伦理品格(ethical character)或者说品格美德(virtue of character)形成的方式的说明之中。②按照亚里士多德的观点,每一个正常的人类成员均拥有实践理智(practical intellect)或实践理性(practical reason)。在其走向成熟的过程之中,经由其他人的教化,他们逐渐地了解了现存的伦理学的合理的需求,并且努力在自己的行为中对其做出适当的回应。他们的实践理智或实践理性最终会经由这样的方式获得一个确定的形态,此即所谓实践智慧(practical wisdom)。对于其拥有者来说,实践智慧就是第二自然。如果我们对亚里士多德构想伦理品格的塑造的方式加以推广,那么我们便到达了有关如下事项的观念:通过获得一种第二自然的方式让自己的眼睛向一般而言的理性的需求进而理由张开。③

麦克道尔有关第二自然的构想的另一个重要的思想来源是后期维特根斯坦。在《哲学研究》第25节,维特根斯坦写道:"下命令、提问、讲述什么、闲聊属于我们的自然史(unsere Naturgeschichte),正如走路、吃饭、喝水、玩游戏一样。"关于这段话,麦克道尔评论道:"维特根斯坦在此用'我们的自然史'所意

---

① 参见McDowell 2000:99;2006:236;2008:220。
② 参见Aristotle, NE, Book 2。
③ 参见McDowell 1996:78-84;1998:184-185。

## 第 4 章 人性与教化

指的东西必定是这样的生物的自然史,其自然大部分来说是第二自然。人类的生活,我们的自然的存在方式(our natural way of being),已然受到了意义的塑造。我们只需要通过简单地确认我们对于第二自然的观念的权利的方式将这种自然史与作为规律的领域的自然联系起来,而不必将两者以比这种方式更为紧密的方式联系起来。"①

麦克道尔之所以提出第二自然的构想并进而坚持两种自然的区分,是为了消解充斥于近现代哲学中的诸多深刻的忧虑。在他看来,这些忧虑均属于一个类型——最终说来均源于正常的、成熟的人类成员是有理性的动物这个亚里士多德式的观念所遭受的一种可以理解的曲解。一方面,作为动物即活的事物,人类成员就其本身来说首先是一种自然的存在物;另一方面,一种大家熟悉的近现代的自然构想(按照这样的构想,自然甚至于就等同于规律的领域进而缺乏有意义的秩序的领域)趋向于将有理性——即对理由本身做出回应的能力——从自然中驱逐出去。结果,理性(进而自由、规范、意义等)被与我们的动物自然(our animal nature)分离开来,好像"是有理性的"(being rational)将我们部分地置于动物王国之外了。这就是通常所见的一些哲学死胡同的根源。为了逃出这样的死胡同,我们需要将理性(进而自由、规范、意义等)与自然重新带回到一起来。我们看到,麦克道尔的观点是这样的:即使我们坚持认为与自然科学方法能够处理的领域的组织相比,理由的逻辑空间的结构进而理性是自成一类的,自律的,我们仍然能够认为我们对理由的逻辑空间的结构给予回应的能力,

---

① 参见 McDowell 1996:95。

## 人：遵守规则的动物

进而我们对理由本身做出回应的能力，是一种自然的能力——我们的第二自然的能力。因此，我们的有理性构成了我们的动物自然的一个本质性的要素：我们的自然的存在本身便弥漫着有理性。以这样的方式，理性（进而自由、规范、意义等）与自然便被调和起来了。①

在此所谈到的近现代哲学的忧虑有许多具体的表达形式。麦克道尔所关心的忧虑主要是涉及经验思维（进而知觉经验）的忧虑。

顾名思义，经验思维是有关经验世界进而有关事物所处的情况的思维。按照麦克道尔的理解，经验思维在其是否得到了正确的实施这点上要对世界——对事物所处的情况——负责。进而，经验思维必定是通过对经验负责的方式来完成其对世界负责的任务的。在这种意义上，我们可以说经验必须构成了一个法庭，居间促成了（mediating）经验思维对事物所处的情况负责的方式。那么，经验果真能够充当这样的法庭吗？为了回答这个问题，我们首先需要弄清楚在此谈到的对经验负责究竟是一种什么样的关系。麦克道尔认为，它是这样一种关系：经验思维的结果即信念或判断根据经验而被证明是正当的或者是正确的。也即经验构成了相关的信念或判断的理由或根据。因此，对经验负责是构成了理由的逻辑空间的结构的那种规范性关系或辩护关系。但是，按照通常的理解，经验是由印象构成的，而印象不过是世界对我们的感性或感官的冲击。这样的印象进而经验似乎只能是单纯自然的事件，只能通过被置于自然科学的可理解性的逻辑

---

① 参见McDowell 1996: xxiii, 108-109。

## 第4章 人性与教化

空间的之中的方式得到理解,而绝对不能通过被置于理由的逻辑空间之中的方式得到理解。因而,它们绝对无法为经验信念或判断提供辩护。由此,我们便陷入了一个典型的近现代哲学的忧虑之中:经验思维如何可能?换言之,经验思维如何可能具有经验内容?麦克道尔认为,这样的"问题"进而相关的忧虑之所以产生,是因为人们错误地理解了经验,认为它必然与我们的概念能力全然无关,只能是单纯自然的事件。但是,我们完全可以不这样理解经验,而是认为它是这样的感性的运作,在其中概念能力已然被启用了,或者说已然被现实化了。而这样的感性的运作仍然可被看作是自然的事件,不过,这时它是第二自然的事件,而非第一自然的事件(即单纯自然的事件)。这样,我们便既可以承认经验的观念就是某种自然的事项的观念,而又没有因此就将经验的观念从理由的逻辑空间中移除,使得其无法为经验信念或判断提供辩护。

我们看到,两种自然的区分的学说在麦克道尔的哲学中的确扮演着十分重要的角色。不过,在这个区分之中存在着许多让人感到困惑之处。首先,它究竟是一种存在论的区分,还是一种方法论上的区分?其次,在此是否存在着陷入单纯的语词游戏的危险?

首先,我们来讨论第一个问题。在麦克道尔的大量讨论中,他几乎明确地认为两种自然的区分是一种存在论上的区分,是实在中的两种不同的自然现象的区分。但是,令人困惑的是,他在一些地方却又明确地告诫人们不要将他的这个区分简单地理解成一种存在论上的区分:"我怀疑如下做法是否是有帮助的:将第二自然本身看成实在的一个存在论上说截然不同的部门(an

## 人：遵守规则的动物

ontologically distinct compartment of reality )。"[①]为此,他提出了这样一个理由：在有些情况下我们很难清楚地做出这个区分。比如,家猫都有埋脸的习惯,但是这种行为倾向并不是生下来就有的。那么,如果在小猫成熟的过程中没有大猫的陪伴,它们还能发展出这样的习惯吗？假定不能,那么这样的行为习惯是猫的第一自然还是第二自然？这个问题显然很难回答。在我看来,这个理由不可接受。一个客观的区分存在与否实际上并不取决于我们是否能够给出一个严格的区分标准,更不取决于我们是否能够根据这个标准在具体的情形中将相关的事物清楚地区分开来。

其次,麦克道尔之所以提出第二自然的观念进而做出两种自然的区分,是为了消解相关的哲学忧虑,泛而言之,消解有关理性与自然的和谐问题的忧虑。在他看来,我们的有理性即我们的概念能力真正说来就渗透于我们的自然的存在方式之中,因而也是自然的——它们是我们的第二自然的能力。麦克道尔的这种消解方案无法免除玩弄语词游戏之嫌。即使我们承认我们的概念能力渗透于我们的自然的存在方式之中,比如,在我们的感性的运作中它们便起作用了,这也并没有表明麦克道尔的如下说法是有道理的：我们的概念能力进而我们的有理性本身就是自然的。像麦克道尔那样辩称说这里的"自然"意指的是"第二自然",这不能不说是一种单纯的语词游戏。

与此相关的一个问题是麦克道尔对维特根斯坦《哲学研究》第25节的误读。按照他的解读,该节谈到的"我们的自然史"不仅包括我们的第一自然的历史,而且还包括我们的第二自然的历

---

① McDowell 2008: 221。

## 第4章 人性与教化

史：走路、吃饭、喝水、玩游戏属于我们的第一自然的历史,而下命令、提问、讲述什么、闲聊这些语言游戏则属于我们的第二自然的历史。①在这样的解读之下,维特根斯坦这段话便变得索然无味了：他仅仅是要为"自然"这个词赋予一种新的用法。为了准确地理解相关的评论的意思,我们需要将该节完整地引述出来："人们有时说：动物不说话,因为它们缺乏精神能力（die geistigen Fähigkeiten）。而这就意味着：'它们不思维,所以它们不说话。'但是：它们恰恰不说话。或者这样说更好：它们不运用语言——如果我们不考虑最为原始的语言形式的话。——下命令、提问、讲述什么、闲聊属于我们的自然史,正如走路、吃饭、喝水、玩游戏一样。"这节的大意是这样的：按照一些人的观点,语言的运用需要以复杂的精神能力,特别是思维,为基础。由于动物没有这种能力,所以它们不能说话。维特根斯坦认为,如果不是将思维或精神能力理解成独立于身体行为和外部环境的事项,那么说语言的运用有赖于一定的精神能力当然没有问题。但是,由于思维或精神能力并非独立于身体行为和外部环境,也并非独立于语言行为,所以就动物来说,与其说它们不说话是因为它们不能思维,不如说它们恰恰不说话或不运用语言,即不下命令、不提问、不讲述什么、不彼

---

① 在另一个地方,麦克道尔是这样解释维特根斯坦这句话的："下命令等等属于我们的自然史这点传达了这样的意思：它们并非比走路等等更为神秘莫测。维特根斯坦的观点是这样的：我们不应当想着在比如一个语词之为表示一个事物的语词这件事情之中发现某种**魔术般的**东西。"(McDowell 2008：218.) 前文曾经提到,麦克道尔有时倾向于坚持这样的观点：将第二自然现象与第一自然现象统一在一起的东西不过是这样的事实——它们均不是超自然的,或者说均不是怪异的、玄妙的。因此,他在此所给出的有关维特根斯坦的这句话的解释与我们在文中讨论的那个解释是一致的。

## 人：遵守规则的动物

此闲聊等等。相反,对于人类成员来说,语言的运用是构成性的,即为其本质的一个构成要素。当然,对于人类成员来说,其走路、吃饭、喝水、玩游戏等等也构成了其本质的一个方面。实际上,对于一个正常的、成熟的人类成员的生活来说,通常所说的自然与文化——其核心要素是语言的运用进而概念能力的现实化——的区分根本就没有任何意义;其走路、吃饭、喝水、玩游戏这些通常被认为纯粹自然的或动物性的事项也是充分语言化进而概念化了的事项,也充满了意义。

如果我们的这种解释是正确的,那么这个评论中出现的unsere Naturgeschichte这个术语当与unsere Entwicklungsgeschichte同义,进而当泛指人类或人类成员的发生、发育或成熟的历史。语言的运用不仅标志着作为一个物类的人类的出现,而且标志着作为一个个体的人类成员的形成。①

前面我们提到,麦克道尔声称,他有关第二自然的构想是在亚里士多德的伦理学说的影响下形成的。不过,他并不否认如下事实:亚里士多德自己没有明确地将实践智慧或者说合乎美德的行为看成是"自然的",更没有将其称为"第二自然"。②实际上,我们可以在亚里士多德的思想中为麦克道尔有关第二自然的构想找到更好的出处。按照一些作者的解释,在亚里士多德那里,"自然"有两种意义:其一是指一类事物所内在地包含的其自身变化和静止的本原或原因——这样的事物被称为"自然的事物";其二是指自然的事物的充分实现了的状态或者说其达于完善的状态,即

---

① 事实上,麦克道尔也完全认同这样的语言观和人性观。(参见McDowell 1996:123-126,184-186;2009a:134-51。)

② 参见McDowell 2008:219。

### 第4章 人性与教化

其最终的目的。①相应地,人之自然(即人之本性)首先是指人之各种各样的生命活动的内在的本原或原因,即人之形式即其灵魂,特别是其灵魂之理性部分;其次还指人之最终的目的,即人之充分实现了的状态或者说人之达于完善的状态,特别是其拥有成熟了的理性的状态,进而其获得了首要的好的生活状态——幸福的生活状态。亚里士多德明确指出,人之充分实现或人之完善——即其理性的成熟进而其首要的好或幸福的生活的获得——需要历经特定的共同体所给予其的长期的教化,进而需要经过长期的习惯养成过程。②显然,亚里士多德的这种自然观构成了麦克道尔有关第二自然的构想的直接的理论来源。

在我看来,亚里士多德、康德和麦克道尔的人性观完全可以用西晋玄学家郭象的说法精当地加以刻画:"习以成性,遂若自然。"接下来我们简单地介绍一下郭象的相关观点。

## 4.4 郭象的人性观:习以成性,遂若自然

郭象的人性观是其哲学体系的重要组成部分。它是以对庄子的人性观的创造性解读为基础而提出来的,而庄子的人性观则是建立在其道论基础之上的。我们知道,郭象不接受庄子的道论。在他看来,世界中的诸种区分是真实无妄的,庄子所谓的道根本就不存在。在坚决地否定了创造和支配万物的道的存在之后,

---

① 参见Aristotle, Phys., ii 1, 8; Poli., 1252b30-1253a1。
② 参见Aristotle, DA, 408b18, 417a27-28, b16-26, 429b6-10, 430a19-22; NE, i 1-2, 7-9, ii 1-2, 5-6, vi 1, 5, 7, x 6-9。进一步参见:Miller 1995: 40-45, 59-61; Polansky 2007: 439, 443-444, 462, 466。

## 人：遵守规则的动物

郭象对万物产生和变化的最终的原因——更准确地说，最终的根据——提出了自己的看法。他断言，万物最终说来均是自生自灭自成自毁自变自化的。此即其"独化"概念的一种意义。郭象不仅认为根本不存在创造和支配万物的道，而且进一步认为万物彼此之间也没有任何因果依赖关系。在这种意义上，万物也是自生自灭自成自毁自变自化的。此即其"独化"概念的另一种意义。如果说任何一个特定的事物既不可能是由无或道创生的，又不可能是由另一个事物创生的，也不可能是由自己创生的（因为此时它还根本没有存在），那么其生成就只能是不知其所以生而生的结果。而且，任何一个特定的事物的变化情况也是一样的：这样的变化既不是由无或道造成的，也不可能是由另一个事物造成的，更不是由自己造成的，而只能是不知其所以然而然的结果。在郭象看来，就一个事物来说，发生于其上的不知所以然而然的事项进而不得不然的事项、无可奈何的事项即其自然，进而即其本性。以这样的物性观为基础，郭象提出了其独特的人性观。人生中不得不如此事项（必然的事项）、无可奈何的（无法改变的、无法控制的）事项（不得已的事项）、不知为何如此的事项构成了人的本性。

按照庄子的理解，所有人的本性均是一样的，即与道为一的状态。郭象不接受这种观点。在他看来，每个人的本性均不一样，而且圣人的本性与常人的本性更有天壤之别，不可同日而语：圣人之本性无限、无极，而常人之本性均有限、有极，各有定分或至分。因此，在谈及常人的本性时，郭象常常使用如下说法："本性之分""天然之分""自然之分""性命之分""所受（禀）之分"等等；简言之，"性分""本分""素分"等等。

人之性均是天生的或命定的，圣人有圣人之性，贤人有贤人

## 第4章 人性与教化

之性,常人有常人之性。人性之不同可以说是因不同的人所借以构成的气之异质性所造成的。特别说来,圣人所禀之气为自然之正气(或自然之妙气),其他人不可能禀受此气。因此,常人不能妄想成为圣人。郭象认为,仁、义、礼、智、信等等德性(特别是其中的仁、义)构成了人之本性的基本要素。不过,不同的人的本性中的这些基本要素的具体内容并非是相同的。比如,作为圣人本性之基本要素的仁、义、礼、智、信等等便不同于常人——特别是儒家——所谓的仁、义、礼、智、信等等。通常意义上的仁是以亲为基础的。有亲才有爱,有爱才有孝。孝是仁的最为基本的表现形式。如果孝都不能做到,那么一个人决不可能做到仁。但是,作为圣人之本性的仁当与亲、爱、孝等无关,因为圣人总是独化于玄冥之境的,进而与事物总是处于相与于无相与、相为于无相为关系之中的。这样的仁可称之为"至仁"。正是在这种意义上,我们可以说:至仁不仁。同理,作为圣人之本性之基本要素的义、礼、智、信等等也与常人——特别是儒家——所谓的义、礼、智、信等等有本质的区别。

郭象声称,一个人无法逃离自己的本性,也无法对其有所添加。因此,人们要无条件地安于其本性,守其分内。如果一个人完全地做到了这点,那么他的人生就是自由、安全、幸福的,进而就生活于逍遥之境——常人将生活于有待逍遥之境,而圣人则生活于无待逍遥之境;否则,其人生就不会是自由、安全、幸福的,进而也不可能是逍遥的。

人之本性是天生的或命定的,因此似乎与学习无关,因为学习者学习到的是外在于其本性的东西。不过,只是就通常意义上的学习来说,事情才是如此。郭象认为,对人来说,还存在着另一种

## 人：遵守规则的动物

更为重要意义上的学习，即以成性为目的的学习。这样的学习旨在成就本性中本来已有的东西，使其充分地实现出来，或者说使与其相应的行动能力能够充分地发挥出来——所谓"假学以成性"或"习以成性"，而非为其额外添加一些内容。通常意义上的学习则与此恰恰相反。相应地，通常意义上的教学是为了将外在于教学对象的本性的知识灌输给他们，而以成性为目的的教学则与此相反：其目的是让内在于教学对象的本性之中的东西充分地实现出来。请参见如下注文：

> 玄冥者，所以名无而非无也。夫阶名以至无者，必得无于名表。故虽玄冥犹未极，而又推寄于参寥，亦是玄之又玄也。夫自然之理，有积习而成者。盖阶近以至远，研粗以至精，故乃七重而后及无之名，九重而后疑无是始也。[①]

> 言天下之物，未必皆自成也，自然之理，亦有须冶锻而为器者耳。故此之三人，亦皆闻道而后忘其所务也。此皆寄言，以遣云为之累耳。夫率性直往者，自然也；往而伤性，性伤而能改者，亦自然也。庸讵知我之自然当不息黥补劓，而乘可成之道以随夫子耶？而欲弃而勿告，恐非造物之至也。[②]

> 心中无受道之质，则虽闻道而过去也。中无主，则外物亦无正己者，故未尝通也。由中出者，圣人之道也，外有能受之者乃出耳。由外入者，假学以成性者也。虽性可学成，然要当内有其质，若无主于中，则无以藏圣道也。[③]

---

① 郭象2013：234-235。
② 同上书，第255-256页。
③ 同上书，第462页。

## 第4章 人性与教化

> 言物虽有性,亦须数习而后能耳。①
>
> 习以成性,遂若自然。②
>
> 教因彼性,故非学也③。彼意自然,故承而用之,则夫万物各全其我。④
>
> 夫积习之功为报,报其性,不报其为也。然则学习之功,成性而已,岂为之哉!彼有彼性,故使习彼。言缓自美其儒,谓己能有积学之功,不知其性之自然也。夫有功以贱物者,不避其亲也,无其身以平〔性〕者,贵贱不失其伦也。夫穿井所以通泉,吟咏所以通性。无泉则无所穿,无性则无所咏,而世皆忘其泉性之自然,徒识穿咏之末功,因欲矜而有之,不亦妄乎!观缓之缪以为学,父故能任其自尔而知,故无为其间也。仍自然之能以为己功者,逃天者也,故刑戮及之。⑤

按照上引段落,郭象是完全承认学习在人的本性的充分实现过程中的作用的。但是,在其注解中的一些地方,郭象似乎又否认了这种作用,比如在如下段落中:

> 此言物各有性,教学之无益也。当古之事,已灭于古矣,虽或传之,岂能使古在今哉!古不在今,今事已变,故绝学任性,与时变化而后至焉。⑥

---

① 郭象2013:569。
② 同上书,第570页。
③ 此处所谓"学"是指通常意义上的学,而非指以成性为目的的学。
④ 郭象2013:824。
⑤ 同上书,第916-917页。
⑥ 同上书,第440页。

## 人：遵守规则的动物

> 知之所遇者即知之,知之所不遇者即不知也。所不能者,不能强能也。由此观之,知与不知,能与不能,制不〔由〕我也,当付之自然耳。受生各有分也。皆自得也。夫由知而后得者,假学者耳,故浅也。①

不过,这两段注文与前引段落所表述的观点并不矛盾,其意当为:轮扁之子没有成为优秀斫轮手的潜质,所以轮扁没有办法教给他斫轮之术。相反,如果他拥有这样的潜质,轮扁还是能够教给他斫轮之术的。相应地,就学(或习)以成性这件事来说,通常意义上的教学——为让某个人获得外在于其本性的知识——当然于此无益。但是,如果相关的教学旨在让教学对象的性分充分地实现出来,那么它还是有益的。

下面的注似乎也与前引段落所表达的"假学以成性"观点直接矛盾,甚至于是自相矛盾的:"夫假学〔而成者〕可变,而天性不可逆也。"②不过,相关的矛盾是表面上的,可以轻而易举地得到消解:依赖于通常意义上的学习而成就者是可以主观地(或随意地)加以变动的,而性分之内的事项,进而依赖于以成性为目的的学习而成就者,是不可主观地(或随意地)加以变动的,也是无法逃脱、无法损益(减少或添加)的,更是不可违背的。

最后,有必要特别指出下面这点:就郭象来说,"假学以成性"或"习以成性"这样的命题只是针对常人而言才是成立的,因为圣人生下来就是神全且性全之人。就常人来说,其性分虽然也是生就的或命定的,但是其充分的实现则有赖于进一步的学习。而

---

① 郭象2013:676-677。
② 同上书,第444页。

## 第4章 人性与教化

且,常人不可能通过任何形式的学习过程而获得圣人之性,成为圣人。因此,郭象当接受圣人不可学不可至这个著名论题。

> 故世之所谓知者,岂欲知而知哉? 所谓见者,岂为见而见哉? 若夫知见可以欲为〔而〕得者,则欲贤可以得贤,为圣可以得圣乎? 固不可矣。①
>
> 非以此言〔指如下言论:"夫至人者,相与交食乎地而交乐乎天,不以人物利害相撄,不相与为怪,不相与为谋,不相与为事,翛然而往,侗然而来。是谓卫生之经已"〕为不至也,但能闻而学者,非自至耳。苟不自至,则虽闻至言,适可以为经,胡可得至哉! 故学者不至,至者不学也。②

我们看到,郭象与亚里士多德、康德和麦克道尔一样,也认为后天教化在人的本性的最终形成过程中的重要作用。不过,他们之间的不同之处也是非常明显的:首先,郭象认为每个人的本性均不一样,而亚里士多德、康德和麦克道尔不会接受这样的理解;其次,亚里士多德、康德和麦克道尔均认为人的本性中的大部分内容都不是天生的或命定的,而郭象则相反,认为人的本性基本上是天生的或命定的,只是其充分的实现要依赖于后天的教化。

郭象说"习以成性,遂若自然"。从字面上看,这个表述似乎是说因学习而成就的"性"只是类似于或接近于自然。不过,前面引述过的注文("夫自然之理,有积习而成者"、"言天下之物,未必皆自成也,自然之理,亦有须冶锻而为器者耳"、"夫率性直往者,

---

① 郭象2013:141。
② 同上书,第696页。

人：遵守规则的动物

自然也；往而伤性，性伤而能改者，亦自然也"）清楚地表明，郭象实际上认为因学习而成就的（更准确地说，经由学习所充分实现出来的）"性"就是自然。这也就是说，与亚里士多德和康德一样，郭象并没有像麦克道尔那样，将自然一分为二，好像人之自然是由两个异质的部分构成的"统一体"一样。在我看来，郭象、亚里士多德和康德的观点显然更为合理。

# 结 束 语

维特根斯坦自己没有明确地断定人是遵守规则的动物。在前面的讨论中,我们不仅从亚里士多德和康德等哲学家们的人性理论中找到了这个命题明确的历史线索,而且借助于维特根斯坦及其他思想家的思想资源对其进行了论证,反驳了一些现存的和可能的反对意见。

维特根斯坦之所以要探讨遵守规则现象,其实是为了回答语言的本性问题。显然,语言的使用是人类生活各种事务中最为普遍、最为典型、最为重要的遵守规则现象。如果我们可以正当地断言人是遵守规则的动物,那么我们更可以正当地断言人是语言动物。

由于遵守规则现象之本质在于其规范性的辩护结构,因此,人的本性也在于这样的结构,而并非在于某种独特的因果机制。

严格说来,只有人类成员能够遵守规则,单纯的动物不具有这样的能力。因为单纯的动物不过是单纯的因果机制,它们是依据本能并出于习惯,而并非是依据概念能力或者说在理性的指导下,按照相关的规则的要求而进行各种各样的生存活动的。

如果我们将人是遵守规则的动物这个命题看成有关人的定义,那么人们自然而然会想到如下反驳:机器难道不是也能遵守规则吗?在我们所处的这个人工智能时代,这样的反驳似乎更加

人：遵守规则的动物

具有说服力。对于这个反驳,我们只需指出,我们的命题的完整的形式是这样的:人是能够自主制定规则并且能够遵守自己所制定的规则的动物。显然,即使具有一定程度上的"智能"的机器人也不具备自主制定规则的能力;而且,其貌似遵守规则的活动也仅仅是单纯的因果机制中的一个环节,而决不可能是真正意义上的规范性活动。

# 参考书目

（书目信息后方括号内字符为本书引用相关著作时所用简写）

## 一、亚里士多德原著及研究文献

### 原著

*The Complete Works of Aristotle*, edited by J. Barnes, The Revised Oxford Translation, 2 vols., Princeton: Princeton University Press, 1995.

*Categories*, in *The Complete Works of Aristotle*. [ Cat. ]

*De Anima*, tr. C. Shields, Oxford: Clarendon Press, 2016. [ DA ]

*Eudemian Ethics*, in *The Complete Works of Aristotle*. [ EE ]

*History of Animals*, in *The Complete Works of Aristotle*. [ HA ]

*Metaphysics*, in *The Complete Works of Aristotle*. [ Meta. ]

*Meteorology*, in *The Complete Works of Aristotle*. [ Mete. ]

*Nicomachean Ethics*, tr. T. Irwin, Indianapolis: Hackett Publishing Company, 1999. [ NE ]

*Nicomachean Ethics*, tr. R. Crisp, Cambridge: Cambridge University Press, 2004. [ NE ]

*Nicomachean Ethics*, tr. C. Reeve, Indianapolis: Hackett Publishing Company, 2014. [ NE ]

*On Dreams*, in *The Complete Works of Aristotle*. [ OD ]

*On Generation and Corruption*, in *The Complete Works of Aristotle*. [ GC ]

*On Memory*, in *The Complete Works of Aristotle*. [ OM ]

*On the Heavens*, in *The Complete Works of Aristotle*. [ OH ]

*On Sleep*, in *The Complete Works of Aristotle*. [ OS ]

*Parts of Animals*, in *The Complete Works of Aristotle*. [ PA ]

*Physics*, in *The Complete Works of Aristotle*. [ Phys. ]

*Politics*, tr. C. Reeve, Indianapolis: Hackett Publishing Company, 1998. [ Poli ]

*Posterior Analytics*, in *The Complete Works of Aristotle*. [ Post. An. ]

*Rhetoric*, in *The Complete Works of Aristotle*. [ Rhet. ]

## 研究文献

Ackrill, J. ( 1872-1873 ) "Aristotle's Definitions of Psuche", *Proceedings of the Aristotelian Society*, New Series, Vol. 73.

Aquinas, St. T. ( 1999 ) *Commentary on Aristotle's De Anima*, tr. R. Pasnau, New Haven: Yale University Press.

Beck, L. ( 1960 ) *Commentary on Kant's Critique of Practical Reason*, Chicago, IL: University of Chicago Press.

Bolton, R. ( 1978 ) "Aristotle's Definitions of the Soul: De Anima II, 1-3", *Phronesis* 23.

Bolton, R. ( 2005 ) "Perception Naturalized in Aristotle's De Anima", in Salles ( ed. ) 2005.

Bos, A. ( 2003 ) *The Soul and Its Instrumental Body: A Reinterpretation of Aristotle's Philosophy of Living Nature*, Leiden: Brill.

Bostock, D. ( 2006 ) *Space, Time, Matter, and Form: Essays on Aristotle's Physics*, Oxford: Clarendon Press.

Bradshaw, D. ( 1997 ) "Aristotle on Perception: The Dual-Logos Theory", *Apeiron* 30.

Bremmer, J. ( 1983 ) *The Early Greek Concept of the Soul*, Princeton: Princeton University Press.

# 参考书目

Brennan, S. (1981) "Is Aristotle's Prime Mover a Pure Form?", *Apeiron* 15.

Broadie, S. (1993) "Aristotle's Perceptual Realism", *Southern Journal of Philosophy*, Supplement 31.

Burnyeat, M. (1995a) "Is Aristotle's Philosophy of Mind Still Credible?", in Nussbaum and Rorty (eds.) 1995.

Burnyeat, M. (1995b) "How Much Happens When Aristotle Sees Red and Hears Middle C? Remarks on *De Anima* 2. 7–8", in Nussbaum and Rorty (eds.) 1995.

Burnyeat, M. (2002) "De Anima II 5", *Phronesis* 47.

Caston, V. (1996) "Why Aristotle Needs Imagination", *Phronesis* 41.

Caston, V. (1998) "Aristotle and the Problem of Intentionality", *Philosophy and Phenomenological Research* 58.

Caston, V. (1999) "Aristotle's Two Intellects: A Modest Proposal", *Phronesis* 44.

Caston, V. (2001) "Connecting Traditions: Augustine and the Greeks on Intentionality", in Perler (ed.) 2001.

Caston, V. (2002) "Aristotle on Consciousness", *Mind* 111.

Caston, V. (2005) "The Spirit and the Letter: Aristotle on Perception", in Salles (ed.) 2005.

Charlton, W. (1970) *Aristotle: Physics, Books I and II*, Oxford: Clarendon Press.

Charlton, W. (1983) "Prime Matter: a Rejoinder", *Phronesis* 28.

Cherniss, H. (1944) *Aristotle's Criticism of Plato and the Academy*, Baltimore: Johns Hopkins Press.

Cooper, J. (1975) *Reason and Human Good in Aristotle*, Cambridge, Mass.: Harvard University Press.

Cooper, J. (1990) "Political Animals and Civic Friendship", in Kraut and Skultety (eds.) 2005.

Corcilius, K. and Gregoric, P. (2010) "Separability vs. Difference: Parts and Capacities of the Soul in Aristotle", *Oxford Studies in Ancient Philosophy* 39.

Corcilius, K and Perler, D. (eds.)(2014) *Partitioning the Soul: Ancient Medieval, and Early Modern Debates*, Berlin: De Gruyter.

Depew, D. (1995) "Humans and Other Political Animals in Aristotle's *History of Animals*", *Phronesis* 40.

Everson, S. (1997) *Aristotle on Perception*, Oxford: Clarendon Press.

Fine, G. (1984) "Separation", *Oxford Studies in Ancient Philosophy* 2.

Fine, G. (2003) *Plato on Knowledge and Forms*, Oxford: Clarendon Press.

Frede, D. and Reis, B. (eds.)(2009) *Body and Soul in Ancient Philosophy*, Berlin: De Gruyter.

Frede, M. (1996) "Aristotle's Rationalism", in Frede and Striker (eds.) 1996.

Frede, M. and Striker, G. (eds.)(1996) *Rationality in Greek Thought*, Oxford: Clarendon Press.

Gill, M. (1991) "Aristotle on Self Motion", in Judson (ed.) 1991.

Graham, D. (1987) "The Paradox of Prime Matter", *Journal of the History of Philosophy* 25.

Irwin, T. (1988) *Aristotle's First Principles*, Oxford: Clarendon Press.

Irwin, T. (1999) *Nicomachean Ethics*, Indianapolis: Hackett Publishing Company.

Jaeger, W. (1923) *Aristoteles. Grundlegung einer Geschichte seiner Entwicklung*, Berlin: Weidmannsche Buchhandlung.

Johansen, T. (1998) *Aristotle on the Sense-Organs*, Cambridge: Camcbridge University Press.

Judson, L. (ed.)(1991) *Aristotle's Physics: A Collection of Essays*, Oxford: Clarendon Press.

Keyt, D. (1987) "Three Fundamental Theorems in Aristotle's Politics",

## 参考书目

*Phronesis* 32.

Keyt, D. and Miller, F. (eds.)(1991) *A Companion to Aristotle's Politics*, Oxford: Blackwell.

Kosman, L. (1969) "Aristotle's Definition of Motion", *Phronesis* 14.

Kostman, J. (1987) "Aristotle's Definition of Change", *History of Philosophy Quarterly* 4.

Kraut, R. (2002) *Aristotle. Political Philosophy*, Oxford: Oxford University Press.

Kraut, R. and Skultety, S. (eds.)(2005) *Aristotle's Politics: Critical Essays*, Oxford: Rowman and Littlefield Publishing Inc.

Kullmann, W. (1980) "Der Mensch als Politisches Lebeswesen bei Aristoteles", *Hermes* 108.

Lear, J. (1988) *Aristotle: The Desire to Understand*, Cambridge: Camcbridge University Press.

Lewis, F. (2008) "What's the Matter with Prime Matter?", *Oxford Studies in Ancient Philosophy* 34.

Lloyd, G. (1996) *Aristotelian Explanations*, Cambridge: Cambridge University Press.

McPherran, M. (2010) *The Cambridge Companion to Plato's Republic*, Cambridge: Cambridge University Press.

Miller, F. (1995) *Nature, Justice, and Rights in Aristotle's Politics*, Oxford: Clarendon Press.

Miller, F. (1999) "Aristotle's Philosophy of Perception", *Proceedings of the Boston Area Colloquium in Ancient Philosophy* 15.

Miller, F. (2012) "Aristotle on the Separability of Mind", in Shields (ed.) 2012.

Modrak, D. (1987) *Aristotle: The Power of Perception*, Chicago: The University of Chicago Press.

Mulgan, R. (1974) "Aristotle's Doctrine that Man is a Political Animal",

*Hermes* 104.

Nussbaum, M. (1978) *Aristotle's De Motu Animalium*, Princeton: Princeton University Press.

Nussbaum, M. and Putnam, H. (1995) "Changing Aristotle's Mind", in Nussbaum and Rorty (eds.) 1995.

Nussbaum, M., and Rorty, A. (eds.) (1995) *Essays on Aristotle's De Anima*, Oxford: Clarendon Press.

Perler, D. (ed.) (2001) *Ancient and Medieval Theories of Intentionality*, Leiden: Brill.

Polansky, R. (2007) *Aristotle's De Anima*, Cambridge: Cambridge University Press.

Price, A. (1996) "Aristotelian Perceptions", *Proceedings of the Boston Area Colloquium in Ancient Philosophy* 9.

Reeve, C. (1992) *Practices of Reason: Aristotle's Nicomachean Ethics*, Oxford: Clarendon Press.

Reeve, C. (1998) "Introduction", in Aristotle, *Politics*, Indianapolis: Hackett Publishing Company, 1998.

Robinson, H. (1974) "Prime Matter in Aristotle", *Phronesis* 19.

Rorty, A. and Nussbaum, M. (eds.) (1995) *Essays on Aristotle's De Anima*, Oxford: Oxford University Press.

Ryan, E. (1973) "Pure Form in Aristotle", *Phronesis* 18.

Salles, R. (ed.) (2005) *Metaphysics, Soul, and Ethics in Ancient Thought: Themes From the Work of Richard Sorabji*, Oxford: Clarendon Press.

Sealey, R. (1976) *A History of the Greek City States, 700–338 BC*, Berkeley: University of California Press.

Shields, C. (1988) "Soul and Body in Aristotle", *Oxford Studies in Ancient Philosophy* 6.

Shields, C. (1995) "Intentionality and Isomorphism in Aristotle", *Proceedings of the Boston Area Colloquium in Ancient Philosophy* 11.

## 参考书目

Shields, C. (1999) *Order in Multiplicity: Homonymy in the Philosophy of Aristotle*, Oxford: Clarendon Press.

Shields, C. (2007) "The Peculiar Motion of Aristotelian Souls", *Proceedings of the Aristotelian Society*, Supplementary, Vol. 81.

Shields, C. (2009) "The Priority of Soul in Aristotle's *De Anima*: Mistaking Categories?" in Frede and Reis (eds.) 2009.

Shields, C. (2010) "Plato's Divided Soul", M. McPherran (ed.) 2010.

Shields, C. (ed.) (2012), *The Oxford Handbook on Aristotle*, Oxford: Oxford University Press.

Shields, C. (2014a) "Virtual Presence: Psychic Mereology in Francisco Suarez", in Corcilius and Perler (eds.) 2014.

Shields, C. (2014b) *Aristotle*, 2nd edn, London: Routledge.

Shields, C. (2016) *Aristotle. De Anima*, translated with an introduction and commentary, Oxford: Clarendon Press.

Silverman, A. (1989) "Color and Color-Perception in Aristotle's De Anima", *Ancient Philosophy* 9.

Sisko, J. (1996) "Material Alteration and Cognitive Activity in Aristotle's De Anima", *Phronesis* 41.

Sisko, J. (1998) "Alteration and Quasi-Alteration: A Critical Notice of Stephen Everson, *Aristotle on Perception*", *Oxford Studies in Ancient Philosophy* 16.

Sisko, J. (1999) "On Separating the Intellect From the Body: Aristotle's De Anima III 4.429a10-b5", *Archiv für Geschichte der Philosophie* 81.

Slakey, T. (1961) "Aristotle on Sense Perception", *Philosophical Review* 70.

Sorabji, R. (1974) "Body and Soul in Aristotle", *Philosophy* 49.

Sorabji, R. (1993) *Animal Minds and Human Morals: The Origins of the Western Debate*, Ithaca: Cornell University Press.

Sorabji, R. (1995) "Intentionality and Physiological Processs: Aristotle's Theory of Sense Perception", in Nussbaum and Rorty (eds.) 1995.

Sorabji, R. (2001) "Aristotle on Sensory Processes and Intentionality. A Reply to Myles Burnyeat", in Perler (ed.) 2001.

Ward, J. (1996) "Souls and Figures: Defining the Soul in *De Anima* II 3", *Ancient Philosophy* 16.

Wedin, M. (1988) *Mind and Imagination in Aristotle*, New Haven: Yale University Press.

White, S. (1990) "Is Aristotelian Happiness a Good Life or the Best Life?", *Oxford Studies in Ancient Philosophy* 8.

Wiggins, D. (1975-1976) "Deliberation and Practical Wisdom", *Proceedings of the Aristotelian Society* 76.

Williams, B. (1986) "Hylomorphism", *Oxford Studies in Ancient Philosophy* 4.

Witt, C. (1996) "Aristotelian Perceptions", *Proceedings of the Boston Area Colloquium in Ancient Philosophy* 12.

Woolf, R. (1999) "The Coloration of Aristotelian Eye-Jelly: A Note on On Dreams 459b-460a", *Journal of the History of Philosophy* 37.

Yack, B. (1993) *The Problems of a Political Animal: Community, Justice, and Conflict in Aristotelian Political Thought*, Berkeley: University of California Press.

## 二、康德原著及研究文献

### 原著

*Kant's Gesammelte Schriften*, hg. von der Königlich Preußischen Akademie derWissenschaften (Bde. 1-16), der Preußischen Akademie derWissenschaften (Bde. 17-22), der Deutschen Akademie der Wissenschaften zu Berlin und/oder der Akademie der Wissenschaften zu Göttingen (Bde. 23-25 und 27-29), und der Berlin-Brandenburgischen

# 参考书目

Akademie der Wissenschaften ( Bd. 26 ), Berlin: Reimer, jetzt: de Gruyter,1900ff. [ AA ]

*Anthropologie in pragmatischer Hinsicht* [ AA 7 ]. [ Anth ]

"Briefwechsel an Carl Leonhard Reinhold" [ AA 11 ].

*Der einzig mögliche Beweisgrund zu einer Demonstration des daseins Gottes* [ AA 2 ].

*Grundlegung zur Metaphysik der Sitten* [ AA 4 ]. [ GMS ]

"Idee zu einer allgemeinen Geschichte in weltbürgerlicher Absicht" [ AA 8 ]. [ Idee ]

*Kritik der praktischen Vernunft* [ AA 5 ]. [ KpV ]

Critique of Practical Reason, translated by Mary J. Gregor, in *Practical Philosophy*, edited by Mary J. Gregor, *The Cambridge Edition of the Works of Immanuel Kant*, Cambridge: Cambridge University Press,1996.

Critique of Practical Reason, translated by Werner S. Pluhar, Indianapolis: Hackett Publishing Company,2002.

*Kritik der reinen Vernunft* [ AA 3-4 ]. [ KrV ]

Critique of Pure Reason, Unified Edition, translated by Werner S. Pluhar, Indianapolis: Hackett Publishing Company,1996.

Critique of Pure Reason, translated and edited by Paul Guyer and Allen Wood, *The Cambridge Edition of the Works of Immanuel Kant*, Cambridge: Cambridge University Press,1998.

*Kritik der Urteilskraft* [ AA 5 ]. [ KU ]

Critique of the Power of Judgment, translated by Werner S. Pluhar, Indianapolis: Hackett Publishing Company,1987.

Critique of the Power of Judgment, translated by Paul Guyer and Eric Mathews, edited by Paul Guyer, *The Cambridge Edition of the Works of Immanuel Kant*, Cambridge: Cambridge University Press,2000.

*Kritik der Urteilskraft*, Erste Fassung der Einleitung [ AA 20 ].

*Logik* [ AA 9 ].

## 人：遵守规则的动物

*Metaphysik der Sitten* [ AA 6 ]. [ MS ]

*The Metaphysics of Morals*, translated by Mary J. Gregor, in *Practical Philosophy*, edited by Mary J. Gregor, *The Cambridge Edition of the Works of Immanuel Kant*, Cambridge: Cambridge University Press, 1996.

*Mutmaßlicher Anfang der Menschengeschichte* [ AA 8 ]. [ Mut ]

*Pädagogik* [ AA 9 ]. [ Päda ]

*Principiorum primorum cognitionis metaphysicae nova dilucidatio* [ AA 1 ]. [ ND ]

*A New Elucidation of the First Principles of Metaphysical Cognition* (1755), translated by David Walford, in *Theoretical Philosophy 1755-1770*, edited by David Walford in collaboration with Ralf Meerbote, *The Cambridge Edition of the Works of Immanuel Kant*, Cambridge: Cambridge University Press, 1992.

*Prolegomena zu einer jeden künftigen Metaphysik, die als Wissenschaft wird auftreten können* [ AA 4 ]. [ Pro ]

*Reflexionen* [ AA 17-19 ].

*Notes on Metaphysics*, translated by Paul Guyer, in Notes and Fragments (68-404), edited by Paul Guyer, *The Cambridge Edition of the Works of Immanuel Kant*, Cambridge: Cambridge University Press, 2005.

*Die Religion innerhalb der Grenzen der blossen Vernunft* [ AA 6 ]. [ Reli ]

*Religion within the Boundaries of Mere Reason*, translated by George Di Giovanni, in *Religion and Rational Theology*, edited by Allen W. Wood and George Di Giovanni, *The Cambridge Edition of the Works of Immanuel Kant*, Cambridge: Cambridge University Press, 1996.

"Über eine Entdeckung, nach welche alle neue Kritik der reinen Vernunft durch eine ältere entbehrlich gemacht werden soll" [ AA 8 ]. [ ÜE ]

## 研究文献

Adickes, E. (1920) *Kant und das Ding an sich*, Berlin: Pan Verlag.

## 参考书目

Adickes, E. (1929) *Kants Lehre von der doppelten Affektion des Ich als Schlüssel zu seiner Erkenntnistheorie*, Tübingen: J. C. Mohr.

Allison, H. (1983) *Kant's Transcendental Idealism: An Interpretation and Defense*, New Haven: Yale University Press.

Allison, H. (1990) *Kant's Theory of Freedom*, Cambridge: Cambridge University Press.

Allison, H. (2001) *Kant's Theory of Taste: A Reading of the Critique of Aesthetic Judgment*, Cambridge: Cambridge University Press.

Allison, H. (2004) *Kant's Transcendental Idealism: An Interpretation and Defense*, Revised and enlarged edn., New Haven: Yale University Press.

Allison, H. (2015) *Kant's Transcendental Deduction: An Analytical Historical Commentary*, Oxford: Oxford University Press.

Allison, H. (2020) *Kant's Conception of Freedom. A Developmental and Critical Analysis*, Cambridge: Cambridge University Press.

Bennett, J. (1966) *Kant's Analytic*, Cambridge: Cambridge University Press.

Bennett, J. (1974) *Kant's Dialectic*, Cambridge: Cambridge University Press.

Eidam, H. (2000) *Dasein und Bestimmung*, Walter de Gruyter.

Esler, R. (1984) *Kant-Lexikon*, Hildescheim: George Olms Verlag.

Ewing, A. (1924) *Kant's Treatment of Causality*, London: Routledge & Kegan Paul.

Guyer, P. (1979) *Kant and the Claims of Taste*, Cambridge, MA: Harvard University Press; rev. edn. Cambridge: Cambridge University Press, 1997.

Guyer, P. (1987) *Kant and the Claims of Knowledge*, Cambridge: Cambridge University Press.

Guyer, P. (1993) *Kant and the Experience of Freedom*, Cambridge: Cambridge University Press.

Guyer, P. (2000) *Kant on Freedom, Law, and Happiness*, Cambridge: Cambridge University Press.

Guyer, P. (2005) *Kant's System of Nature and Freedom*, Oxford: Oxford University Press.

Guyer, P. (ed.) (2007) *Kant's Groundwork for the Metaphysics of Morals: A Reader's Guide*, London: Continuum.

Guyer, P. (2014) *Kant*, second edition, London: Routledge.

Haag, J. (2007) *Erfahrung und Gegenstand, Zum Verhältnis von Sinnlichkeit und Verstand*, Frankfurt/M.: Klostermann.

Hanna, R. (2001) *Kant and the Foundations of Analytic Philosophy*, Oxford: Clarendon Press.

Hanna, R. (2006) *Kant, Science, and Human Nature*, Oxford: Oxford University Press.

Henrich, D. (1969) "The Proof-Structure of Kant's Transcendental Deduction", *Review of Metaphysics* 22.

Henrich, D. (1994) *The Unity of Reason: Essays on Kant's Philosophy*, ed. Richard L. Velkley, Cambridge, MA: Harvard University Press.

Jacobi, J. (1968) "Über den transzendentalen Idealismus", Beilage in: ders.: *David Hume über den Glauben, oder Idealismus und Realismus*, in: ders. *Werke*, hg. von Friedrich Roth und Friedrich Köppen, Darmstadt: Wissenschaftliche Buchgesellschaft 1968, Bd. 2, 291–310.

Jacobs and Kain (eds.) (2003) *Essays on Kant's Anthropology*, Cambridge: Cambridge University Press.

Longuenesse, B. (1998) *Kant and the Capacity to Judge*, Princeton, NJ: Princeton University Press.

Louden, R. (2011) *Kant's Human Being*, Oxford: Oxford University Press.

Pereboom, D. (2006) "Kant on Transcendental Freedom", *Philosophy and Phenomenological Research*, Vol. 73, No. 3.

# 参考书目

Prauss, G. (1974) *Kant und das Problem der Dinge an sich*, Bonn: Bouvier Verlag.

Smith, N. (2003) *A Commentary to Kant's Critique of Pure Reason*, New York: Palgrave Macmillan.

Stang, N. (2010) "Adickes on Double Affection", in *Akent des XI Kant Kongresses*.

Stang, N. (2015) "Who's Afraid of Double Affection?", *Philosophers' Imprint*, Vol. 15.

Strawson, P. F. (1966) *The Bounds of Sense: An Essay on Kant's Critique of Pure Reason*, London: Methuen.

Vaihinger (1881) *Commentar zu Kants Kritik der reinen Vernunft*, Bd. 1, Stuttgart: W. Spemann.

Vaihinger (1892) *Commentar zu Kants Kritik der reinen Vernunft*, Bd. 2, Stuttgart u. a.: Union Deutsche Verlagsgesellschaft.

van Cleve, J. (1999) *Problems from Kant*, New York and Oxford: Oxford University Press.

Watkins, E. (2005) *Kant and the Metaphysics of Causality*, Cambridge: Cambridge University Press.

Willaschek, Stolzenberg, Mohr, Bacin (hrsg.) (2015) *Kant-Lexikon*, Walter de Gruyter.

Wolff, R. (1962) *Kant's Theory of Mental Activity*, Cambridge, MA: Harvard University Press.

Wood, A. (ed.) (1984) *Self and Nature in Kant's Philosophy*, Ithaca, NY: Cornell University Press.

Wood, A. (1999) *Kant's Ethical Thought*, Cambridge: Cambridge University Press.

Wood, A. (2003) "Kant and the Problem of Human Nature", in Jacobs and Kain (eds.) 2003.

# 三、维特根斯坦原著及研究文献

**原著**

*Wittgenstein's Nachlass*: *The Bergen Electronic Edition*, Oxford: Oxford University Press, 2000.

*The Big Typescript*: *TS 213*, German-English Scholars' Edition, ed. and tr. C. G. Luckhardt and M. A. E. Aue, Oxford: Blackwell, 2005. [TS 213]

*Philosophische Grammatik*, *Werkausgabe*, Band 4, hrsg. von R. Rhees, Frankfurt: Suhrkamp, 1984. [PG]

*Bemerkungen über die Grundlagen der Mathematik*, *Werkausgabe*, Band 6, hrsg. von G. E. M. Anscombe, Frankfurt: Suhrkamp, 1984. [BGM]

*Zettel*, in *Werkausgabe*, Band 8, G. E. M. Anscombe und G. H. von Wright, Frankfurt: Suhrkamp, 1984. [Z]

*Philosophische Untersuchungen*: *Kritisch-genetische Edition*, hrsg. von J. Schulte, in Zusammenarbeit mit H. Nyman, E. von Savigny and G. H. von Wright, Frankfurt am Main: Suhrkamp, 2001.

*Über Gewißheit*, in *Werkausgabe*, Band 8, G. E. M. Anscombe und G. H. von Wright, Frankfurt: Suhrkamp, 1984.

**口授笔记:**

*The Blue and Brown Book*, ed. R. Rhees, Oxford: Blackwell, 1958. [BB]

*Eine philosophische Betrachtung*, in *Werkausgabe*, Band 5, Frankfurt: Suhrkamp, 1984. [EPB]

**学生笔记:**

*Wittgenstein's Lectures*, *Cambridge 1932-1935*, from the notes of A. Ambrose and M. MacDonald, ed. A. Ambrose, Oxford: Blackwell, 1979.

# 参考书目

[AWL]

*Wittgenstein's Lectures on the Foundation of Mathematics, Cambridge 1939*, ed. C. Diamond, Chicago: University of Chicago Press, 1989.

[LFM]

*Wittgenstein's Lectures on Philosophical Psychology 1946-1947*, notes by P. T. Geach, K. J. Shah, and A. C. Jackson, ed. P. T. Geach, London: Harvester, 1988. [LPP]

## 研究文献

Ayer, A. (1954) "Can There Be a Private Language?", *Proceedings of the Aristotelian Society*, Supp. Vol. XXVIII.

Baker, G. and Hacker P. (1984) *Scepticism, Rules and Language*, Oxford: Blackwell.

Baker, G. and Hacker P. (1990) "Malcolm on Language and Rules", *Philosophy* 65.

Baker, G. and Hacker P. (2009) *Wittgenstein: Rules, Grammar and Necessity. An Analytical Commentary on the Philosophical Investigations*, Vol. 2, Second Edition, Wiley-Blackwell.

Budd, M. (1984) "Wittgenstein on Meaning, Interpretation and Rules", *Synthese* 58.

Canfield, J. (1996) "The Community View", *The Philosophical Review* 105.

Hacker, P. M. S. (1986) *Insight and Illusion: Themes in the Philosophy of Wittgenstein*, revised 2nd edn., Oxford: Clarendon. 1st edn., 1972.

Hacker, P. (1993a) *Wittgenstein: Meaning and Mind: An Analytical Commentary on the Philosophical Investigations*, Vol. 3, Part I, Essays, Oxford: Blackwell. First published 1990.

Hacker, P. (1993b) *Wittgenstein: Meaning and Mind: An Analytical Commentary on the Philosophical Investigations*, Vol. 3, Part II,

Exegesis §§243-427, Oxford: Blackwell. First published 1990.

Hacker, P. (1996) *Wittgenstein's Place in Twentieth-century Analytic Philosophy*, Oxford: Blackwell.

Hacker, P. (2000a) *Wittgenstein: Mind and Will: An Analytical Commentary on the Philosophical Investigations*, Vol. 4, Part I, Essays, Oxford: Blackwell. First published 1996.

Hacker, P. (2000b) *Wittgenstein: Mind and Will: An Analytical Commentary on the Philosophical Investigations*, Vol. 4, Part II, Exegesis §§428-693, Oxford: Blackwell. First published 1996.

Hacker, P. (2001) *Wittgenstein: Connections and Controversies*, Oxford: Clarendon Press.

Hacker, P. (2019a) *Wittgenstein: Meaning and Mind: An Analytical Commentary on the Philosophical Investigations*, Vol. 3, Part I, Essays, Second Edition, Wiley-Blackwell.

Hacker, P. (2019b) *Wittgenstein: Meaning and Mind: An Analytical Commentary on the Philosophical Investigations*, Vol. 3, Part II, Exegesis §§243-427, Second Edition, Wiley-Blackwell.

Holtzman, S. and Leich, C. (eds.) (1981) *Wittgenstein: To Follow a Rule*, London: Routledge and Kegan Paul.

Kripke, S. (1982) *Wittgenstein on Rules and Private Language*, Oxford: Blackwell.

Malcolm, N. (1989) "Wittgenstein on Language and Rules", *Philosophy* 64.

McGinn, Colin (1984) *Wittgenstein on Meaning*, Oxford: Basil Blackwell.

Mounce, H. (1986) "Following a Rule", *Philosophical Investigations*, 9, No. 3.

Peacocke, C. (1981) "Rule-Following: The Nature of Wittgenstein's Arguments", in Holtzman and Leich (eds.) (1981).

Rhees, R. (1954) "Can There Be a Private Language?", *Proceedings of the Aristotelian Society*, Supp. Vol. XXVIII.

## 参考书目

Waismann, F. (1965) *The Principles of Linguistic Philosophy*, ed. R. Harré, London: Macmillan.

Waismann, F. (1976) *Logik, Sprache, Philosophie*, hg. Von G. Baker und B. McGuinness, Stuggart: Reclam.

Waismann, F. (2003) *The Voices of Wittgenstein*, transcribed and edited by Gordon Baker, tr. Gordon Baker, Michael Mackert, John Connolly and Vasilis Politis, London: Routledge. [VoW]

Winch, P. (1985) *The Idea of a Social Science and its Relation to Philosophy*, London: Routledge.

韩林合(2010)《维特根斯坦〈哲学研究〉解读》(上下册),商务印书馆。

韩林合(2016)《〈逻辑哲学论〉研究》,商务印书馆。

## 四、其他文献

Alvarez, M. (2010) *Kinds of Reasons. An Essay in the Philosophy of Action*, Oxford: Oxford University Press.

Anscombe, G. (1957) *Intention*, Oxford: Blackwell.

Anscombe, G. (1958) "On Brute Facts", *Analysis*, Vol. 18.

Audi, R. (2014) *Naturalism, Normativity and Explanation*, Kraków: Copernicus Center Press.

Austin, J. (1962) *How to Do Things with Words*, Oxford: Clarendon Press.

Black, M. (1958) "Notes on the Meaning of 'Rule'", *Theoria*, 24.

Black, M. (1962) *Models and Metaphor*, Ithaca: Cornell University Press.

Chang, R. (2004) "Can Desires Provide Reasons for Action?", in Wallace et al. (eds.) 2004.

Dancy, J. (1995) "Why There Is Really No Such Thing as the Theory of Motivation", *Proceedings of the Aristotelian Society*, 95.

## 人：遵守规则的动物

Dancy, J. (2000) *Practical Reality*, Oxford: Oxford University Press.

Dancy, J. and Sandis, C. (eds.) (2015) *Philosophy of Action. An Anthology*, Oxford: Blackwell.

Davidson, D. (1980) *Essays on Actions and Events*, Oxford: Clarendon Press.

Diggs (1964) "Rules and Utilitarianism", *American Philosophical Quarterly*, Vol. 1, No. 1.

Feigl, H. and Scriven, M. (eds.) (1956) *Minnesota Studies in the Philosophy of Science*, Vol., Minneapolis: University of Minnesota Press.

Fischer, J. (1994) *The Metaphysics of Free Will*, Oxford, Blackwell Publishers.

Fischer, J., Kane, R., Pereboom, D and Vargas, M. (2007) *Four Views on Free Will*, Oxford: Blackwell.

Frankfurt, H. (1969) "Alternate Possibilities and Moral Responsibility", *Journal of Philosophy* 66.

Frankfurt, H. (1971) "Freedom of the Will and the Concept of a Person", *Journal of Philosophy* 68.

Ginet, C. (1990) *On Action*, Cambridge: Cambridge University Press.

Heuer, U. (2004) "Reasons for Actions and Desires", *Philosophical Studies*, 121.

Kane, R. (1996) *The Significance of Free Will*, New York: Oxford University Press.

Kim, J. (1993) *Supervenience and Mind*, Cambridge: Cambridge University Press.

Kim, J. (2010) *Essays in the Metaphysics of Mind*, Oxford: Oxford University Press.

Kim, J. (2011) *Philosophy of Mind*, third edition, Boulder: Westview Press.

Korsgaard, C. (1996) *The Sources of Normativity*, Cambridge: Cambridge

## 参考书目

University Press.

Lewis, D. (1988) "Desire as Belief", *Mind*, 97.

Lindgaard, J. (ed.) (2008) *John McDowell: Experience, Norm, and Nature*, Oxford: Blackwell.

Macdonald, C. and Macdonald, G. (eds.) (2006) *McDowell and His Critics*, Oxford: Blackwell.

McDowell, J. (1996) *Mind and World*, Cambridge, Mass.: Harvard University Press.

McDowell, J. (1998) *Mind, Value, and Reality*, Cambridge, Mass.: Harvard University Press.

McDowell, J. (2000) "Responses", in Willaschek 2000.

McDowell, J. (2006) "Response to Macdonald", in Macdonald and Macdonald 2006.

McDowell, J. (2008) "Responses", in Lindgaard 2008,

McDowell, J. (2009a) *The Engaged Intellect*, Cambridge, Mass.: Harvard University Press.

McDowell, J. (2009b) *Having the World in View*, Cambridge, Mass.: Harvard University Press.

McKenna, M. and Pereboom, D. (2016) *Free Will. A Contemporary Introduction*, New York and London: Routledge.

Mele, A. (2003) *Motivation and Agency*, Oxford: Oxford University Press.

Mele, A. and Rawling, P. (eds.) (2004) *The Oxford Handbook of Rationality*, Oxford: Oxford University Press.

Nagel, T. (1970) *The Possibility of Altruism*, Princeton: Princeton University Press.

Pereboom, D. (2001) *Living without Free Will*, Cambridge: Cambridge University Press.

Pereboom, D. (2014) *Free Will, Agency, and Meaning in Life*, Oxford: Oxford University Press.

## 人: 遵守规则的动物

Plato ( 1961 ) *The Collected Dialogues of Plato*, ed. E. Hamilton and H. Cairns, Princeton: Princeton University Press.

Plato ( 1997 ) *Complete Works*, ed. J. Cooper, Indianapolis: Hackett Publishing Company.

Rawls, J. ( 1955 ) "Two Concepts of Rules", *The Philosophical Review*, 64.

Rawls, J. ( 1999 ) [ 1971 ] *A Theory of Justice*, Cambridge, MA: Harvard University Press. Revised edition.

Raz, J. ( 1975 ) *Practical Reason and Norms*, London: Hutchinson.

Raz, J. ( 1999 ) "Explaining Normativity: On Rationality and the Justification of Reason", in *Ratio*, 12.

Raz, J. ( 1999 ) *Engaging Reason*, Oxford: Oxford University Press.

Raz, J. ( 2011 ) *From Normativity to Responsibility*, Oxford: Oxford University Press.

Reid, T. [ 1788 ] ( 1969 ) *Essays on the Active Powers of the Human Mind*, Cambridge, Mass.: MIT Press.

Rorty, R. ( 1979 ) *Philosophy and the Mirror of Nature*, Princeton: Princeton University Press.

Rundle, B. ( 1997 ) *Mind in Action*, Oxford: Oxford University Press.

Scanlon, T. ( 1998 ) *What We Owe to Each Other*, Cambridge, Mass.: Harvard University Press.

Schueler, G. ( 1991 ) "Pro-Attitudes and Direction of Fit", *Mind*, 100.

Schueler, G. ( 1995 ) *Desire: Its Role in Practical Reason and the Explanation of Action*, Cambridge, Mass.: MIT Press.

Schueler, G. ( 2003 ) *Reasons and Purposes: Human Rationality and the Teleological Explanation of Action*, Oxford: Oxford University Press.

Searle, J. ( 1969 ) *Speech Acts: An Essay in the Philosophy of Language*, Cambridge: Cambridge University Press.

Searle, J. ( 2001 ) *Rationality in Action*, Cambridge, Mass.: MIT Press.

Sellars, W. ( 1956 ) "Empiricism and the Philosophy of Mind", in Feigl and

# 参考书目

Scriven ( eds. ) 1956.

Smith, M. ( 1987 ) "The Humean Theory of Motivation", *Mind*, 96.

Smith, M. ( 1988 ) "Reason and Desire", *Proceedings of the Aristotelian Society*, 88.

Smith, M. ( 1994 ) *The Moral Problem*, Oxford: Blackwell.

Sosa, E. And Villanueva, E. ( eds. ) ( 2005 ) *Normativity, Philosophical Issues*, Vol. 15, Oxford: Blackwell.

Star, D. ( ed. ) ( 2018 ) *The Oxford Handbook of Reasons and Normativity*, Oxford: Oxford University Press.

Tanney, J. ( 1995 ) "Why Reasons May Not Be Causes", *Mind and Language*, 10.

Taylor, C. ( 1975 ) *Hegel*, Cambridge: Cambridge University Press.

van Inwagen, P. ( 1983 ) *An Essay on Free Will*, Oxford: Oxford University Press.

von Wright, G.H. ( 1963 ) *Norm and Action*, London: Routledge and Kegan Paul.

Wallace, R. J., Smith, M., Scheffler, S., and Pettit, P. ( eds. ) ( 2004 ) *Reason and Value: Themes from the Moral Philosophy of Joseph Raz*, Oxford: Oxford University Press.

Wedgwood, R. ( 2007 ) *The Natur of Normativity*, Oxford: Oxford University Press.

Willaschek, M. ( ed. ) ( 2000 ) *John McDowell, Reason and Nature: Lecture and Colloquium in Münster, 1999*, Münster: LIT Verlag.

Williams, B. ( 1981 ) *Moral Luck*, Cambridge: Cambridge University Press.

Williams, B. ( 1995 ) *Making Sense of Humanity*, Cambridge: Cambridge University Press.

郭象（2013）《庄子郭象注》,载于《庄子集释》（中华国学文库本）,郭庆藩撰,王孝鱼点校,中华书局。

韩林合（2013）《分析的形而上学》,商务印书馆。

韩林合（2014）《虚己以游世》,商务印书馆。

# 后　记

在十年前出版的《维特根斯坦〈哲学研究〉解读》中，我曾经在一处脚注中提到：基于维特根斯坦有关遵守规则的观点，我们不妨说，"所谓人就是能够制定规则并且能够遵守规则的动物。"（第1177页）但遗憾的是，限于篇幅，当时我并没有对这个论题进行必要的论证。希望本书在一定程度上能够弥补这个缺憾。

在本书出版过程中商务印书馆陈小文、关群德和赵星宇诸位提供了许多帮助。在此表示感谢！（本书后期修改工作受到如下项目支持：教育部人文社会科学重点研究基地重大项目"西方哲学中的自我与主体性研究"，项目号22JJD720003。）

韩林合
北京大学外国哲学研究所
北京大学哲学系
二〇二三年二月二十四日
记于燕园一隅　無方齋